SETON HALL UNIVERSITY
P9-APA-257

.31.

As *Anthrenas* chegadas ao seu ul-
timo estado, são activas: as *Larvas*,
pelo contrario, parecem que apenas
se movem; fogem da luz do dia, e
se occultão no interior das substancias,
que ellas devorão.

Ainda que as *Anthrenas*, ao depois de sua methamorphoze, procurão
pôr-se em liberdade, e vêem sobre as
flores, das quaes ellas tem maior ap-
petite, do que de outro algum alimen-
to. Se ellas se achão encerradas em
bocetas, das quaes não possão sahir,
se accommodão muito bem, com substancias animaes; e se devorão por pre-
ferencia humas, ás outras, sem toda
a via se matarem; mas a medida, que
isto he, quando seus esforços forão bal-
dados, e que elles não chegarão a
achar, ou a fazer huma sahida; porque muitas vezes chegão a furar, as
bocetas que são de papelão, e a pô-
rem-se em liberdade.

As *Anthrenas* apparecem debaixo de sua ultima fórma, no mez de Maio,
Junho, e Julho, seus óvos se tião pello

não cauzem damno aos animaes grandes; mas destroem a collecção dos infectos. Descobrem-se facilmente; porque continuamente caminhão, e não
se empenhão em se occultar, e a qualquer estiondo por pequeno que seja,
se intimidão, se mostrão, e expõe fugindo.

Concluirei este artigo, trazendo
á lembrança, que os indicios, que fazem reconhecer os infectos destruidores, são quazi todos tomados da vista, e da figura dos excrementos, que
lanção estes infectos. Mas advirto ao
mesmo tempo, que he preciso distin-
guir estes excrementos de duas sortes
de pós, que se vem muitas vezes acima dos animaes defeccados; porque
sem ella serião obrigados a fazer esforços vãos, e inuteis. Estes pós são
fragmentos do arame, passados pelos
pés dos animaes, e emanações da me-
dulla, e gordura. Os fragmentos do
arame de ferro, que se defpegão pel
effeito da ferrugem, e que esendem
aliás a amarellidão, se assemelhão
alás a amarellidão, se assemelhão
exames; ou são negros, ou de côr de
fer-

"Sem livros
não há instrução"

SETON HALL UNIVERSITY
UNIVERSITY LIBRARIES
SOUTH ORANGE, NJ 07079

OVERSIZE
Z
232
.C35
C37
1999

FICHA TÉCNICA

Comissão Organizadora

Fernanda Maria Guedes de Campos
(Biblioteca Nacional)

Margarida Ortigão Ramos Paes Leme
(Imprensa Nacional - Casa da Moeda)

Miguel F. Faria
(Universidade Autónoma de Lisboa)

Margarida Cunha
(Biblioteca Nacional)

Manuela D. Domingos
(Biblioteca Nacional)

Autores dos Estudos

Diogo Ramada Curto
Maria de Fátima Nunes e João Carlos Brigola
Margarida Ortigão Ramos Paes Leme
Manuela D. Domingos
Miguel F. Faria
Ana Paula Tudela

Catálogo

Margarida Cunha
Margarida Ortigão Ramos Paes Leme

Colaborações

Ana Paula Tudela
Paula Gonçalves
Dulce Figueiredo
Luís F. Farinha Franco
Rita Barros

Execução Gráfica

INCM

EXPOSIÇÃO

Responsável Científico

Miguel F. Faria

Responsável Técnico

Margarida Cunha

Concepção e Montagem

Biblioteca Nacional
Divisão de Relações Externas

Apoios

Biblioteca Nacional
Divisão de Preservação e Conservação
Área de Iconografia

Cedência de Peças

Arquivo Histórico Ultramarino
Biblioteca Nacional do Rio de Janeiro
Imprensa Nacional - Casa da Moeda
Museu Nacional de Arte Antiga

Agradecimentos

Maria Luísa Abrantes (AHU)
Maria da Trindade Mexia Alves (MNAA)
Isabel Arnaud (INCM)
Luís P. Burnay
Livreiro Antiquário J. M. Almarjão

Catalogação na Publicação

A Casa Literária do Arco do Cego (1799-1801) – Bicentenário: «sem livros não há
instrução» / org. Fernanda Maria Guedes de Campos... [et al.]; estudos Diogo Ramada
Curto... [et al.] – Lisboa: Imprensa Nacional-Casa da Moeda: Biblioteca Nacional, 1999. - p.
ISBN 972-27-0988-7 (INCM)
ISBN 972-565-282-7 (BN)

I – Campos, Fernanda Maria Guedes de, 1949-
II – Curto, Diogo Ramada, 1959-

CDU 02(091)"1799/1801"(083.81)
061.4

A CASA LITERÁRIA DO ARCO DO CEGO
(1799-1801)
Bicentenário

"Sem livros
não há instrução"

BIBLIOTECA NACIONAL * IMPRENSA NACIONAL-CASA DA MOEDA

APRESENTAÇÃO

A exposição "Sem livros não há instrução", centrada na actividade da Casa Literária do Arco do Cego, assinala uma efeméride, mas significa mais do que isso.

A efeméride é a que regista a passagem de duzentos anos sobre o início da breve existência (de 1799 a 1801) dessa que foi, apesar da notada fugacidade, uma empresa relevante para a cultura portuguesa, na passagem do século XVIII para o século XIX, empresa porventura hoje mal conhecida e, por isso, insuficientemente valorizada. O facto, porém, é que a Casa Literária do Arco do Cego registou, no curto lapso temporal em que durou, uma abundante e fecunda produção bibliográfica, directamente orientada para o Brasil e para o leitor dessa que era então uma colónia, a viver já as primícias de uma independência que estava para chegar. Uma independência talvez retardada pelas limitações impostas, na colónia, à produção bibliográfica: à sua maneira, a Casa Literária do Arco do Cego veio a ser uma espécie de compensação à distância para tais limitações, como prova também a presença dos estudos que antecedem o catálogo, da autoria dos Prof. Doutores Diogo Ramada Curto, da Universidade Nova de Lisboa e Maria de Fátima Nunes, da Universidade de Évora e ainda do Dr. João Carlos Brigola da mesma Universidade.

Não é, por isso, excessivo associar a presente exposição às comemorações dos 500 anos da chegada dos portugueses ao Brasil. De facto, para além daquilo que nessas comemorações possa existir de festa e de espectáculo – e é bem sabido que ambos constituem factores de legitimação ideológica e cultural que, sobretudo em tais circunstâncias, não é possível ignorar -, será por certo oportuno que a celebração inclua também a recuperação da memória e a reflexão que ela sustenta. É essa reflexão que a exposição "Sem livros não há instrução" vem favorecer, reforçada pelo catálogo que a acompanha: neste e a par do inventário bibliográfico propriamente dito, podem encontrar-se estudos muito valiosos que ajudam a melhor entender um momento muito significativo da história do livro em Portugal.

Com a exposição "Sem livros não há instrução", a Biblioteca Nacional cumpre mais uma vez um seu fundamental objectivo estratégico: abrir à comunidade científica os fundos bibliográficos que lhe cabe guardar. Só assim os tesouros que conservamos podem ser instrumentos de cultura viva e não objectos mortos. Para além disso, importa dizer que a realização desta exposição e o respectivo catálogo são o resultado da cooperação da BN com a Imprensa Nacional-Casa da Moeda e com a Universidade Autónoma de Lisboa, o que se regista com o agrado inerente à certeza de ser essa cooperação uma prática já corrente, com aquelas e com outras instituições.

Resta sublinhar, com o apreço devido, o labor dedicado e competente de quem directamente contribuiu para o resultado final desta iniciativa: antes de mais, o da subdirectora da BN, Dra. Fernanda Guedes de Campos, que assegurou a coordenação dos trabalhos e, desde a primeira hora, se empenhou com entusiasmo para que exposição e catálogo fossem a realidade que hoje são; o do Dr. Miguel Faria, da Universidade Autónoma de Lisboa, responsável científico da exposição; o das Dras. Margarida Ortigão Ramos Paes de Leme, directora da Biblioteca da Imprensa Nacional-Casa da Moeda, Manuela D. Domingos e Margarida Cunha Seixas, da Biblioteca Nacional, que tiveram a seu cargo o levantamento e estudo bibliográfico bem como o acompanhamento técnico do catálogo e da exposição.

CARLOS REIS
DIRECTOR DA BN

NO BICENTENÁRIO
DA CASA LITERÁRIA DO ARCO DO CEGO

Da Ideia
à Prática

«Sem livros não há instrução...»: nesta afirmação de frei José Mariano da Conceição Veloso consubstancia-se toda a génese de um projecto literário, científico e artístico que, em 1799, encontrou forma de se desenvolver na criação da oficina tipográfica do Arco do Cego.

A celebração da efeméride interessou a Biblioteca Nacional por tudo aquilo que, no nosso imaginário, constituía o ineditismo do programa editorial do Arco do Cego, da figura de frei Veloso e do mistério que envolvia a história brevíssima mas intensa da vida da Casa Literária do Arco do Cego. Igual interesse manifestou a Imprensa Nacional – Casa da Moeda, herdeira do espólio do Arco do Cego, tendo-se verificado convergência de propósitos por parte da Universidade Autónoma de Lisboa. Assim, as três instituições acordaram num projecto de comemoração do bicentenário do Arco do Cego que compreenderia, entre várias manifestações, uma Exposição, um Catálogo que, para além do repertório bibliográfico, incluiria estudos sobre frei José Mariano da Conceição Veloso em abordagens de síntese e em contextos multidisciplinares, a fim de perspectivar uma leitura mais rigorosa sobre o significado do Arco do Cego no seu tempo e a sua relevância na actualidade. A efeméride assinala-se ainda através de um Colóquio onde o objectivo é o debate em torno destas questões.

O estabelecimento dos critérios para a exposição e para o conteúdo do catálogo não foi imediato. Se, por um lado, parecia óbvio colocar a maior ênfase na produção tipográfica da Casa Literária do Arco do Cego, por outro lado tornava-se quase impossível dissociá-la da própria obra científica e do percurso editorial de frei José Mariano da Conceição Veloso.

O catálogo que se apresenta e o percurso lógico da exposição são, afinal, o resultado do compromisso entre esses dois vectores: conhecer melhor o que foi a produção da Casa Literária do Arco do Cego, desde a sua fundação em 1799 até à extinção em 1801, e procurar em edições coevas da última década do século XVIII e na primeira do século XIX a marca mais ou menos reconhecível de frei Veloso.

Assim, encontramos na primeira parte do Catálogo Bibliográfico as referências a todas as edições que levaram a chancela do Arco do Cego, nas diferentes designações pelas quais foi conhecida e que são em número de 83. Dentro desse acervo constam:

— As obras que foram localizadas materialmente e de que se expõe o exemplar existente na Biblioteca Nacional ou, nos casos em que nela não exista, o exemplar da Biblioteca da Imprensa Nacional – Casa da Moeda;
— As edições de que foram recolhidas notícias seguras, através de informações colhidas em bibliografia compulsada e de que se dispusesse de descrições bibliográficas consistentes;

Na segunda parte elencam-se, então, as edições provenientes de outras tipografias, por forma a tornar compreensível o trajecto editorial do Arco do Cego e, sobretudo, o projecto de divulgação científica e cultural a que se associa a figura de frei José Mariano da Conceição Veloso. Nas impressões encomendadas a outras oficinas tipográficas consideraram-se:

— As edições encomendadas por D. Rodrigo de Sousa Coutinho no período em que esteve à frente do Ministério da Marinha;

— As publicações em que exista menção específica, na folha de rosto, ao nome de Frei Veloso;

— As edições que incluam gravuras identificadas como provenientes das oficinas do Arco do Cego;

— As obras constantes dos próprios catálogos de edições do Arco do Cego, publicados na época e que, não raro, se encontram no fim das obras;

— As obras que vêm referidas nos livros de pagamento;

— As publicações em série em que um dos volumes se relaciona com os critérios atrás enunciados;

— As edições que contenham alguma informação no prefácio, texto, notas, etc. que certifique uma ligação objectiva aos trabalhos literários e científicos promovidos por D. Rodrigo de Sousa Coutinho e Frei Mariano Veloso;

— Em casos duvidosos, as obras confirmadas pelo catálogo dos livros à venda da Impressão Régia, de 1831.

A perspectiva de todos os que trabalharam neste levantamento é de que, em termos das edições do Arco do Cego, este é um repertório exaustivo e fidedigno. Já no tocante a edições coevas, de outras tipografias, onde se pretendeu encontrar a influência de frei Veloso e/ou alguma comparticipação do Arco do Cego, este é o elenco possível, onde poderão ainda faltar referências.

Quanto à arrumação das referências bibliográficas, atribuiu-se numeração sequencial, representando-se assim, com as referências 1 a 83, as obras impressas no Arco do Cego, e da 84 à 140, as impressões encomendadas a outras tipografias. Dentro de cada parte a ordem é a alfabética de autores e/ou títulos das obras.

Na referência bibliográfica propriamente dita consta a bibliografia consultada, uma descrição sucinta da encadernação sempre que justificada, as cotas relativas aos exemplares existentes na Biblioteca Nacional e, na sua falta, aos da Biblioteca da Imprensa Nacional – Casa da Moeda, as menções dos antigos possuidores e o estado de conservação, sempre que se trate de assinalar exemplares imperfeitos.

As reproduções fotográficas dos rostos das obras foram digitalizadas, por razões de ordem prática, a partir, sobretudo, dos exemplares da Biblioteca da Imprensa Nacional – Casa da Moeda.

Os índices foram elaborados por forma a complementar as estratégias de busca no catálogo e referem-se a autores secundários, títulos e datas de edição.

Uma última palavra sobre a Exposição: «Sem livros não há instrução» é o percurso que nela se propõe e que se constrói em torno do núcleo essencial que é a produção do Arco do Cego. Há aqui uma inequívoca confluência com o Catálogo, porém, a obra de frei Veloso, o seu plano de edições construído na mesma perspectiva iluminista em que, aliás, nascera em 1796 a Real Biblioteca Pública da Corte, e em que avulta a temática brasileira, os seus colaboradores, as técnicas utilizadas e o grande dinamizador da sua obra, D. Rodrigo de Sousa Coutinho, são outras tantas sugestões na leitura desta exposição, excedendo na concepção e na apresentação as propostas que no Catálogo se apresentam.

Esperamos, com a comemoração desta efeméride, dar um testemunho rigoroso e exaustivo que permita, após dois séculos, conhecer melhor esse grande empreendimento cultural e científico que foi a Casa Literária do Arco do Cego.

Outubro de 1999

FERNANDA MARIA GUEDES DE CAMPOS
Subdirectora da Biblioteca Nacional

...a muito proluxo, e inutil, o
...r todas as especies, que co-
...ela qualidade de arruinas os
...e pennas dos animaes. Conten-
...ei em dizer, que a mais nu-
...a mais commua, e a mais te-
...he a especie, que pelo estio se
...em as cazas, e que todos co-
...pelo estrago que faz em os mo-
...restidos tecidos de lã.
...cluo a historia das *Traças*,
...que pelo Outomno, Inver-
...principalmente na Primavera,
...os de se temer os seus destro-

...o Outomno; e as *Larvas* comem
pelo Inverno: mais ellas parecem
como insensibilizadas no espaço dos
frios fortes, caem muitas vezes em
huma especie de Lethargia, da qual
sahem para recahir de novo.

Ficando Coleopteros, logo se pa-
tenteão; mas he precizo descobrir suas
Larvas. Reconhecem-se, procurando
os seus despojos, armados das cobertas
das duas pontas, de que fallei. Fazem
pouco damno aos animaes; mas fazem hum grande destroço nos insectos:
são timidos, ao menor choque se dei-

D. Rodrigo de Sousa Coutinho
e a Casa Literária do Arco do Cego

Diogo Ramada Curto [1]

Instituto de Sociologia Histórica — FCSH- UNL

D. Rodrigo de Sousa Coutinho
M.N.A.A., inv. 490

A Revolução industrial, o amplo movimento constituído pela difusão das Luzes e o impacto de acontecimentos políticos, como a Independência dos Estados Unidos, a Revolução Francesa e a série de eventos subsequentes até às invasões napoleónicas e o Congresso de Viena, alteraram profundamente a Europa e as Américas. Em Portugal, os membros de uma elite alargada foram sensíveis às mudanças e deixaram-nos ricos testemunhos das suas tomadas de posição. Neste ensaio, procurarei reconstituir estas mesmas posições a dois níveis distintos, mas muito mais imbricados nas consciências da época que muitas das interpretações de hoje tendem a fazer crer. Por um lado, será necesssário situar a política portuguesa num contexto internacional, tentando explicar as opções e o sentido de algumas decisões. Por outro lado, serão passadas em revista as novas sociabilidades e instituições centradas na produção e na difusão dos saberes, que geralmente correspondem a modelos de larga difusão a uma escala internacional. A Casa Literária do Arco do Cego (1799-1801), criada por D. Rodrigo de Sousa Coutinho (Chaves, 1755 – Rio de Janeiro, 1812), exemplifica bem esta dupla preocupação quanto às perspectivas de política externa e à organização dos saberes. Mas o estudo dos contextos em que ganha sentido essa mesma instituição terá de explicitar o que é da ordem das posições ou das consciências da época, demarcando--se das interpretações que sobre elas incidem. Uma preocupação em separar o domínio dos factos, os quais incluem diversas posições dos agentes da época, do das interpretações historiográficas afigura-se tanto mais importante quanto estas últimas parecem revestir uma forte dimensão ideológica.

I

No período posterior à Revolução Francesa, a diplomacia portuguesa procurou manter-se neutral e reclamou esse mesmo estatuto junto das suas delegações em Paris e em Londres. Após 1792, a política expansionista francesa, à primeira vista baseada num distante conflito com o imperador e os príncipes

---

[1] Colaboração de Luís F. Farinha Franco.

da Alemanha, concretizou-se na rápida conquista da Flandres e da Sabóia. Nesse mesmo ano – coincidindo com o momento em que o príncipe D. João passou a regente do reino, qualidade que só lhe foi reconhecida a 15 de Julho de 1799 – , Portugal esquivou-se a participar na aliança monárquica contra a França, para a qual foi convidado por Francisco II, rei da Húngria e da Boémia. Fez então depender a entrada nessa liga da decisão da Inglaterra e da Espanha, fugindo a um confronto directo com a França. D. Vicente de Sousa Coutinho, tio de D. Rodrigo de Sousa Coutinho, escrevia, a 6 de Fevereiro de 1792, da delegação portuguesa em Paris: «a rainha, nossa senhora, conservando a neutralidade, abraçou o partido mais judicioso» [2]. A este respeito, o historiador liberal que foi Latino Coelho considerou ser «difícil imaginar uma política mais tortuosa e inconsistente, ao mesmo passo mais tímida e arrojada, mais aventureira e mais sem norte do que a seguida pelo gabinete português na quadra mais difícil e tormentosa na história moderna da humanidade. Os queixumes e os despeitos contra os dois íntimos aliados, a Inglaterra e a Espanha, são a cada passo declamados numa estéril lamentação, e ao mesmo tempo são contínuos os testemunhos de que Portugal humilde e abatido está disposto, como um fiel e submisso servidor, a ajustar o seu procedimento ao que lhe houvessem de ditar os seus dois guias e directores» [3]. Era esta visão feita de inconsistências que o liberalismo pretendia dar do período final do Antigo Regime. Assim, incapaz de se fazer representar numa qualquer liga internacional, Portugal parecia degenerar «no mais submisso acatamento aos arbítrios da Inglaterra» [4]. A neutralidade dava, assim, lugar à colaboração. A convenção de Madrid foi assinada a 15 de Julho de 1793 e o tratado de mútuo auxílio e recíproca protecção firmou-se em Londres a 26 de Setembro de 1793, cabendo a Portugal o papel de potência auxiliar. Nesse mesmo ano, Portugal não reconheceu a Convenção e o agente diplomático francês, Darbeaux, como legítimo enviado a Lisboa.

Ora, foi em 1793 que a França – tendo Portugal como seu inimigo e com o pretexto de encontrar a expedição de Lapérouse – intensificou as operações de reconhecimento da costa do Brasil. Estas operações traziam forte preocupação para Portugal, pelo estado precário das forças militares [5]. A urgente reorganização da marinha nacional iniciou-se, nessa mesma ocasião, por iniciativa de Martinho de Melo e Castro, o qual conseguiu o auxílio de

---

[2] *Apud* Latino Coelho, *História Política e Militar de Portugal desde os fins do XVIII século até 1814*, t. II, Lisboa, Imprensa Nacional, 1885, p. 304

[3] Idem, *idem*, t. II, p. 328.

[4] Idem, *idem*, t. II, p. 340.

[5] Idem, *idem*, t. II, pp. 347-349.

alguns oficiais britânicos, a reorganização do arsenal e a contrução de dezoito navios de guerra [6]. Como ministro da marinha e ultramar, Melo e Castro costuma ser caracterizado como um inimigo da República Francesa e claramente favorável à aliança com a Inglaterra [7]. Falecido em 24 de Março de 1795, foi substituído em 7 de Setembro de 1796 por D. Rodrigo de Sousa Coutinho – o qual servira desde 1779, portanto desde os seus vinte e três anos, como ministro em Turim [8]. Com esta substituição várias medidas foram tomadas: foi criado o Conselho do Almirantado, instituição que reproduzia o modelo britânico, seguindo-se-lhe em 1796 o estabelecimento da Real Junta da Fazenda da Marinha e de um quadro de oficiais da armada; reorganizou--se a engenharia naval, diferenciando-a dos ofícios mecânicos; e, em 1797, foi fundado o Hospital da Marinha [9]. Entre muitas outras iniciativas que procuraram uma reorganização das nossas forças navais, tendo em vista a necessidade de efectivar a defesa de Portugal e muito em especial do Brasil, há que considerar a criação de uma Sociedade Real Marítima, Militar e Geográfica, por alvará de 30 de Junho de 1798. A D. Rodrigo atribuem-se muitas outras medidas, postas em prática sobretudo após a sua nomeação para presidente do Real Erário em 6 de Janeiro de 1801, na sequência da remodelação ministerial causada pela morte do velho marquês de Ponte de Lima. Assim, há que considerar: as diligências tomadas desde a sua entrada no governo em Setembro de 1796 de molde a proporcionar uma «racionalização da administração financeira [...], o acréscimo das receitas do Estado [...], e, finalmente a melhor afectação das despesas públicas» [10]; o desenvolvimento da Guarda Real da Polícia, em que avulta a figura de Pina Manique; o estabelecimento da iluminação pública em Lisboa e a melhoria das condições sanitárias da capital, etc. Tal actuação não convenceu Luz Soriano, outro grande historiador liberal, que, ao considerar a remodelação ministerial de 1800-1801, julgou a nomeação de D. Rodrigo para a presidência do Erário como revelando que «a sua fama se mostrou muito mais superior do que foi a sua gerência, que na verdade foi desgraçada» [11]. A historiografia do liberalismo, representada pelas obras de Latino Coelho e de Luz Soriano, não se mostra, pois, pródiga em elogios aos anos finais do antigo regime, nem tão

---

[6] Idem, *idem*, t. II, pp. 355, 359-360.

[7] Idem, *idem*, t. III, Lisboa, Imprena Nacional, 1891, p. 488..

[8] Simão José da Luz Soriano, *Historia da Guerra Civil e do estabelecimento do Governo Parlamentar em Portugal*, 1.ª Época, t. III, Lisboa, Imprensa Nacional, 1879, p. 363.

[9] Idem, *idem*, t. II, pp. 361-362.

[10] José Luís Cardoso, *O Pensamento Económico em Portugal nos finais do século XVIII 1780-1808*, Lisboa, Editorial Estampa, 1989, p. 169.

[11] Soriano, *Historia da Guerra Civil e do estabelecimento do Governo Parlamentar em Portugal*, 1.ª Época, t. II, p. 296.

pouco em relação a Sousa Coutinho [12]. Melhor fortuna conheceram os mesmos tempos e os seus políticos, na pena dos historiadores do século XX, gerando-se uma espécie de consenso entre os autores mais conservadores e os que reivindicam para si uma objectividade académica ou progressista.

No plano da política externa, a Espanha deu uma reviravolta, aliando-se à França contra a Inglaterra por tratado assinado em 18 de Agosto de 1796. Portugal procurou, então, manter a neutralidade entre a Espanha e a Inglaterra, ensaiando ao mesmo tempo outras soluções. Por exemplo, o nosso ministro em Haia, António de Araújo de Azevedo, deslocou-se a Paris, tendo chegado a assinar um tratado a 10 de Agosto de 1797, o qual D. Rodrigo de Sousa Coutinho se negou a ratificar, entre outras razões porque o dito negociador tinha cedido à França uma parte dos territórios do Amazonas permitindo assim a expansão da Guiana francesa [13]. Pela mesma ocasião, foram vários os que ergueram a voz por se poder vir a «perder a América e Portugal»; sendo que Luís Pinto de Sousa, ministro da guerra e estrangeiros, era também um dos que mais veementemente declarava que sua majestade não pretendia «ceder nem uma só polegada de terreno na América meridional, além do que tem cedido, nem ilha alguma na África, nem na Ásia» [14]. Se tanto, seria possível ceder Solor e Timor, mas nunca os territórios do Amazonas [15]. Anos depois, D. Manuel Godoy não hesitou em atribuir a não rectificação do acordo tão

---

[12] Soriano, *Historia da Guerra Civil e do estabelecimento do Governo Parlamentar em Portugal*, 1ª Época, t. II, pp. 267-268: referindo-se a D. Rodrigo de Sousa Coutinho, ministro da marinha e ultramar: «é forçoso dizer que no meio das suas fantasias alguma coisa fez de utilidade pública, ouvindo-se a cada passo falar nos seus grandes planos de reforma e melhoramentos que os homens da sua roda e valimento apregoavam como maravilhas no seu género, elevando-se até onde a lisonja podia chegar com os seus hiperbólicos elogios, sendo estes homens de espírito laudatório aqueles mesmos a quem D. Rodrigo empregou nas numerosas juntas que criara, e nas quais ou se não deram contas, ou se se deram, nunca o público delas teve notícia, sendo todavia líquido que a multiplicidade dos indivíduos assim colocados, tendo bons ordenados para as circunstâncias de então, se tornou uma das causas de se aumentarem sem precisão as despesas do Estado».

[13] Francisco Adolfo Varnhagen, *Historia geral do Brazil*, 2.ª ed., t. II, Rio de Janeiro, E. & H. Laemmert, s.d., p. 1041; Simão José da Luz Soriano, *Historia da Guerra Civil e do estabelecimento do Governo Parlamentar em Portugal*, 1.ª Época, t. II, Lisboa, Imprensa Nacional, 1867, pp. 181, 304; António Viana, *Introdução aos apontamentos para a historia diplomatica contemporanea 1789-1815*, Lisboa, Livraria Ferin, 1907, pp. 64-66; Eduardo Brazão, *História Diplomática de Portugal*, vol. II – 1640-1815, pref. de Moses Bensabat Amzalak, Lisboa, Livraria Rodrigues, 1932, p. 408; António Pedro Vicente, *Memórias políticas, geográficas e militares de Portugal 1762-1796*, sep. do Arquivo Histórico Militar, vol. 41, Lisboa, 1971, p. 66; José Baptista Barreiros, *O Tratado de paz de 10 de Agosto de 1797 e a prisão de António de Araújo de Azevedo no Templo*, sep. da Revista «Independência» da Sociedade Histórica da Independência de Portugal, n. 18, s.l., s.d.; Valentim Alexandre, *Os Sentidos do Império: Questão nacional e questão colonial na crise do Antigo Regime português*, Porto, Edições Afrontamento, 1993, pp. 110-116.

[14] Simão José da Luz Soriano, *Historia da Guerra Civil e do estabelecimento do Governo Parlamentar em Portugal*, 1.ª Época, t. III, Lisboa, Imprensa Nacional, 1879, pp. 348, 350.

[15] Viana, *Introdução aos apontamentos para a historia diplomatica contemporanea 1789-1815*, cit., p. 68.

vantajoso para Portugal ao domínio directo da Inglaterra sobre o governo português [16]. Este episódio levou a França a ordenar a retirada do negociador português o qual por incumprimento chegou a ser preso, ficando desfeitas as pazes [17]. Ora, a firmeza da posição sustentada por D. Rodrigo induziu Varnhagen, décadas depois e na tentativa de constituir uma consciência nacional brasileira, a considerá-lo «um grande patriota, que do próprio Brasil descendia pelo costado materno, e tinha na província de Minas um morgado» [18]. E, neste sentido, acrescentou «começou a manifestar-se o influxo benéfico de D. Rodrigo pelo Brasil no rodear-se ele de muitos brasileiros, ouvindo-os, e facilitando-lhes a imprensa» [19]. Trata-se aqui da criação da tipografia e calcografia do Arco do Cego, dirigida mais directamente por fr. José Mariano da Conceição Veloso, natural do Brasil, mas patrocinada por D. Rodrigo, destinada a difundir obras que fomentassem o progresso do Brasil, na agricultura, e que o afirmassem enquanto colónia portuguesa.

Em finais de 1799, a 18 de Brumário, Napoleão foi nomeado primeiro consul. Em Novembro de 1800 era ocupada a Toscana. Logo em 1801, com as demonstrações de força dadas pela França napoleónica e perante a recusa de Portugal fechar os seus portos à Inglaterra, a aliança entre a França e a Espanha conduziu a uma invasão de Portugal conhecida como Guerra das Laranjas, cujo epílogo custou Olivença e que foi regulado pelos tratados de Badajoz e de Madrid, de Junho e Setembro de 1801 [20]. Traduziu-se esta situação por pesada indemnização de guerra a ser paga aos franceses, e pelo

---

[16] D. Manuel Godoy, *Cuenta dada de su vida política*, t. III, Madrid, Imprenta de I. Sancha, 1836, pp. 418.

[17] Simão José da Luz Soriano, *Historia da Guerra Civil e do estabelecimento do Governo Parlamentar em Portugal*, 1ª Época, t. II, Lisboa, Imprensa Nacional, 1877, pp. 170-172, 182-184; Idem, *op. cit.*, 1.ª Época, t. III, pp. 351-361.

[18] Varnhagen, *Historia geral do Brazil*, t. II, p. 1041. Sobre os antepassados de D. Rodrigo no Brasil, cf. Luiz de Mello Vaz de São Payo, «Indevida admissão na Ordem de Malta», *Filermo – Publicação anual da assembleia dos Cavaleiros Portugueses da Ordem Soberana e Militar de Malta*, vol. 3 (1994), pp. 94-96. De facto, D. Rodrigo de Sousa Coutinho, no *post-scriptum* a uma carta datada da Quinta da Lagoalva de 3 de Abril de 1807, escreveu: «Tive uma carta do nosso Manuel Jacinto, que juntamente com seu irmão tem feito coisas maravilhosas nas minhas Fazendas de Minas, e com grande admiração minha principio a esperar que venham ainda a ser mui produtivas», cf. BN, cód. 8710 (sem indicação de foliação). Poderão estas raízes de D. Rodrigo no Brasil explicar a formação de uma clientela onde avultam alguns brasileiros? É uma hipótese que, a ser confirmada, demonstraria a importância do mecenato e do patrocinato nobre na formação de identidades coloniais.

[19] Varnhagen, *Historia geral do Brazil*, t. II, p. 1041.

[20] José Maria das Neves Costa, *Memórias para servirem à história da campanha do Alentejo em 1801*, ed. Henrique de Campos Ferreira Lima, sep. do *Boletim da Segunda Classe da Academia das Sciências de Lisboa*, Coimbra, Imprensa da Universidade, 1914; António Ventura, *A «Guerra das Laranjas» na poesia coeva: uma sátira atribuída a Nicolau Tolentino*, sep. da *Revista da Biblioteca Nacional*, Lisboa, 1994; Idem, *Guerra de 1801. Diário de Operações das Divisões espanholas e do Exército contra Portugal*, sep. do *Boletim do Arquivo Histórico Militar*, n.º 61, Lisboa, 1995.

compromisso de se fecharem os portos portugueses aos navios de guerra ingleses, tendo estado de novo em jogo a cedência de territórios na zona que fazia fronteira com a Guiana [21]. A Inglaterra ocupa, então, a Madeira como moeda de troca por Olivença [22]. Neste sentido, Portugal, ao contrário do que defendia um observador estrangeiro, acabava por sofrer com o que menos receara, ou seja, a invasão das tropas espanholas; porém, mais grave seria abandonar uma política de neutralidade e assistir a uma invasão das colónias, muito em especial do Brasil, a partir do momento em que os portos se fechassem aos navios ingleses [23]. Entre as vozes que se fazem ouvir relativas às condições em que foi celebrada a paz com franceses e espanhóis, encontra-se a de D. Rodrigo que reage em relação à perda de Olivença, e ao facto de não ter ficado assegurada «a conservação das Conquistas que a Coroa de Portugal fizera na América depois de repelir a invasão dos espanhóis», quando o que estava em causa era «consolidar o Grande Império do Brasil que é verdadeiramente a base fundamental da Monarquia» [24]. A partir de então, D. Rodrigo manifesta-se claramente adverso à apatia dos diversos gabinetes da Europa frente ao sonho de formação de um império universal por parte de Napoleão [25]. Mas, como já foi notado por Valentim Alexandre, as consequências políticas da Guerra das Laranjas não implicaram, no imediato, uma submissão à França, podendo dizer-se que é o denominado partido inglês que reforça a sua posição: D. Rodrigo é nomeado em 1801 presidente do Erário; Luís Pinto, visconde de Balsemão como prémio das negociações de 1801, é nomeado para o Ministério do Reino; e D. João de Almeida de Melo e Castro, conde das Galveias, assume os Negócios Estrangeiros e a Guerra, podendo dizer-se

---

[21] D. Manuel Godoy, *Cuenta dada de su vida política*, t. II, Madrid, Imprenta de I. Sancha, 1836, pp. 423-432; Visconde de Santarém, *Quadro elementar das relações politicas e diplomaticas de Portugal com as diversas potencias do Mundo*, t. II, Paris, J. P. Aillaud, 1842, pp. 326-327; Soriano, *Historia da Guerra Civil e do estabelecimento do Governo Parlamentar em Portugal*, 1.ª Época, t. II, p. 398-414; José Maria Queiroz Veloso, *Como perdemos Olivença*, 2.ª ed., Lisboa, Academia das Ciências de Lisboa, 1932; Joaquim Veríssimo Serrão, *História de Portugal*, vol. VI – *O Despotismo iluminado (1750-1807)*, Lisboa, Editorial Verbo, 1982, pp. 324-328; Alexandre, *Os Sentidos do Império: Questão nacional e questão colonial na crise do Antigo Regime português*, pp. 125-126.

[22] Soriano, *Historia da Guerra Civil e do estabelecimento do Governo Parlamentar em Portugal*, 1.ª Época, t. I, pp. 439-443.

[23] Carl Ruders, *Viagem em Portugal 1798-1802*, trad. de António Feijó, pref. e notas de Castelo Branco Chaves, Lisboa, Biblioteca Nacional, 1981, p. 162.

[24] Ângelo Pereira, *D. João VI Príncipe e Rei*, vol. I – *A retirada da Família Real para o Brasil (1807)*, Lisboa, Empresa Nacional de Publicidade, 1953, p. 110.

[25] BN, cód. 8710, fls. 20, 56 (sem indicação de foliação): Cartas de D. Rodrigo da Cunha a João Paulo Bezerra de Seixas datadas de 3 de Abril de 1802 e 12 de Abril de 1803. Este códice já mereceu a atenção de Andrée Mansuy Diniz-Silva, que publica algumas cartas antecedidas de um importante estudo introdutório, apontando dados biográficos dos dois correspondentes, amigos de infância, cf. «Une voie de connaissance pour l'histoire de la société portugaise au XVIIIe siècle: les micro-biographies (Sources – Méthodes – Étude de cas)», *Clio – Revista do Centro de História da Universidade de Lisboa*, vol. I (1979), pp. 21-65.

que, neste momento, «a situação está inteiramente nas mãos de estadistas para quem a aliança inglesa representava a trave mestra da política externa de Portugal» [26].

Na sequência do retorno de Napoleão à guerra, o embaixador francês, Lannes, reconhece, num tratado celebrado a 19 de Dezembro de 1803, a neutralidade de Portugal, que se vê assim obrigado a pagar um milhão de francos enquanto durasse a guerra marítima. Esta cedência à França está, com certeza, relacionada com a resignação de D. Rodrigo de Sousa Coutinho, bem como do conde das Galveias, D. João de Almeida de Melo e Castro, ambos identificados como chefes do denominado partido inglês. Foi, aliás, o próprio Lannes, chegado a Lisboa a 25 de Março de 1802, quem identificou o Ministro dos Estrangeiros, D. João de Almeida, e o Presidente do Erário, D. Rodrigo de Sousa Coutinho, como fazendo parte do partido inglês, exigindo a demissão do primeiro, bem como do Intendente da Polícia, Pina Manique; a resistência do príncipe a tais exigências levou à retirada do embaixador francês, que em Março de 1803 regressou com a sua posição reforçada e capaz de impor as bem pesadas condições de submissão [27]. Importante será notar que a demissão do Intendente não é devida apenas a Lannes; advém de uma oposição mais vasta à sua figura, a qual tinha na base as perseguições por ele movidas aos suspeitos de pertencerem à maçonaria, de veicularem ideias francesas anti-monárquicas ou de serem pura e simplesmente uns jacobinos; perseguição que, no caso dos estrangeiros, culminava na sua expulsão do país e confisco de bens e que, em Lisboa, incidia sobre alguns locais de sociabilidade, desde o café Nicola, no Rossio, às tabernas do Cais do Sodré, sem esquecer outros cafés, casas de bilhar e outros lugares de encontro, do Passeio Público ao Terreiro do Paço [28]. Aliás, se Lannes era considerado por D. Rodrigo um autêntico «louco», duvidando-se da sua utilidade para o próprio Napoleão, que «não se podia comportar com honestidade» [29], sabe-se que desde a sua chegada a Portugal, na companhia de sua mulher, suscitou imitações na maneira de vestir e de exibir insígnias [30].

---

[26] Alexandre, *Os Sentidos do Império: Questão nacional e questão colonial na crise do Antigo Regime português*, p. 128.

[27] Soriano, *Historia da Guerra Civil e do estabelecimento do Governo Parlamentar em Portugal*, 1.ª Época, t. II, pp. 476-482; Eduardo Brazão, *História Diplomática de Portugal*, vol. I – 1640-1815, pp. 430-435; Manuel Lopes de Almeida refere como data de afastamento de D. Rodrigo 23 de Agosto, cf. «As imposições de Napoleão», in Damião Peres, ed., *História de Portugal*, vol. VI, Barcelos, Portucalense Editora, 1934, pp. 289-290; Ângelo Pereira, *D. João VI Príncipe e Rei*, vol. I – *A retirada da Família Real para o Brasil (1807)*, p. 105; António Pedro Vicente, *Um soldado na Guerra Peninsular – Bernardim Freire de Andrade e Castro*, sep. do *Boletim Histórico Militar*, vol. 40, Lisboa, 1970, p. 101.

[28] Soriano, *Historia da Guerra Civil e do estabelecimento do Governo Parlamentar em Portugal*, 1.ª Época, t. II, pp. 484-491.

[29] BN, cód. 8710, fls. 22, 39 (sem indicação de foliação).

[30] Carl Israel Ruders, *Viagem em Portugal 1798-1802*, p. 268.

Em Agosto de 1803, foram afastados do governo D. João de Almeida e D. Rodrigo de Sousa Coutinho. Este último, demitido por decreto de 31 de Agosto de 1803 [31], foi substituído por José Luís de Vasconcelos e Sousa, agraciado com o título de marquês de Belas em 1801, e o primeiro por Luís Pinto. Com a morte deste último, a 14 de Abril de 1804, sucedeu-lhe na mesma pasta António de Araújo de Azevedo, que será conde da Barca em 1815 [32]. Segundo António Viana, «assim se completou a obra da intriga francesa», com o partido francês, chefiado por Lannes, a dominar o governo [33]. Contudo, este alinhamento de Portugal pelos interesses franceses não pode ser reduzido a uma espécie de cabala, pois corresponde a novos interesses forjados através das trocas económicas luso-francesas [34]. Nesta sequência, Junot foi mandado para Portugal como plenipotenciário de Bonaparte em Abril de 1805, prosseguindo a obra de submissão iniciada por Lannes. O passo seguinte foi o bloqueio continental decretado por Napoleão em 1806. Perante o incumprimento desta ordem, em Agosto de 1807, a França e a Espanha impuseram um *ultimatum* ao governo português e, dois meses depois, assinaram em Fontainebleau um tratado de partilha de Portugal, que não esquecia a colónia do Brasil. Por essa altura, já D. Rodrigo tinha recuperado a sua influência junto do príncipe D. João. Em Novembro desse mesmo ano, as tropas de Junot ocuparam Portugal e a corte retirou-se para o Rio de Janeiro. O Brasil passou, então, de colónia a centro da monarquia. E D. Rodrigo, no princípio de 1808, foi nomeado Ministro dos Negócios Estrangeiros e da Guerra, tendo sido feito, nesse mesmo ano, conde de Linhares. No início de 1812, faleceu no Rio de Janeiro.

As limitações impostas por uma narrativa baseada numa organização cronológica, como a que foi adoptada até aqui, poderão ser compensadas se nos detivermos em três aspectos que se afiguram essenciais para compreender as tomadas de posição do Conde de Linhares. O primeiro destes aspectos diz respeito a um tipo de *cultura diplomática*. Não se pretende com isto designar um conjunto fixo de ideias, mas sim um conjunto de hábitos sociais, de práticas e de maneiras de fazer, cuja conotação se identifica antes de mais pela referência

[31] José Pedro Ferraz Gramosa, *Sucessos de Portugal Memorias Historicas Politicas e Civis em que se descrevem os mais importantes sucessos ocorridos em Portugal desde 1742 até ao anno de 1804 extrahida fielmente do original do auctor*, ed. Francisco Maria dos Santos, t. I, Lisboa, Tipografia do *Diário da Manhã*, 1882

[32] Soriano, *Historia da Guerra Civil e do estabelecimento do Governo Parlamentar em Portugal*, 1.ª Época, t. II, pp. 550-551.

[33] Viana, *Introdução aos apontamentos para a historia diplomática contemporanea 1789-1815*, p. 124.

[34] Alexandre, *Os Sentidos do Império: Questão nacional e questão colonial na crise do Antigo Regime português*, pp. 127, 137.

a personagens concretas. No caso concreto de D. Rodrigo, tais figuras poderão ser tanto as de antepassados, que servem de modelo a seguir, como as de concorrentes cuja acção se desenvolve em paralelo, tal como se se tratasse de participantes no mesmo jogo. Esta maneira de pensar a política em função das acções de personagens não diz apenas respeito à esfera das relações diplomáticas, em que D. Rodrigo tivera um tio embaixador em Paris, ela é extensiva ao conjunto de formas de serviço ao rei, incluindo o exemplo do seu próprio pai, no momento em que serviu como governador de Angola [35]. De facto, D. Luís da Cunha e o marquês de Pombal – «le célèbre Da Cunha, et le Grand Pombal", nas suas palavras [36] – são os dois exemplos que sugere a seu irmão, Domingos, quando este foi nomeado embaixador em Londres, em 1802. Teriam sido eles os principais inspiradores dos modelos de estudo do país, exemplificado pela Inglaterra, incluindo «son gouvernement, les loix et ses rapports Politiques et Commerciaux» [37]. D. Rodrigo tinha seguido os seus passos, ao contribuir com numerosos relatórios e com uma *Relação política da Casa de Sabóia*, durante a sua longa permanência, entre os anos de 1779 e 1796, à frente da legação portuguesa em Turim [38]. Trata-se, aliás, do resultado de hábitos de escrita que implicam a capacidade de observar e descrever outras unidades políticas, que tanto podem incluir uma sistematização por temas, como por personagens ou facções [39]. A par destas práticas de escrita

---

[35] D. Rodrigo de Sousa Coutinho, «Memória sobre o melhoramento dos domínios de Sua Magestade na América (1797 ou 1798)», in Idem, *Textos políticos, económicos e financeiros 1783-1811*, ed. Andrée Mansuy da Silva, t.II, Lisboa, Banco de Portugal, 1993, p. 59.

[36] BN, cód. 8710, fl. 44v (sem indicação de foliação). Um exemplo da circulação manuscrita das obras de D. Luís da Cunha, em 1798, encontra-se na Academia de Ciências de Lisboa, Ms., *série vermelha*, n.º 506: *Carta de conselhos ou instrucção ao senhor rei D. José 1.º sendo príncipe. Por D. Luiz da Cunha, ministro em Inglaterra França e Holanda*. Obras do mesmo autor encontravam-se em finais do século, por exemplo, na biblioteca de Fr. Vicente Salgado, cf. A. C. L:, Ms., *série vermelha*, n.º 595: *Máximas discretas*. Para mais indicações e discussão da difusão e recepção das obras de D. Luís da Cunha, cf. Luís Ferrand de Almeida, «A autenticidade do «Testamento Político» de D. Luís da Cunha», *Anais da Academia Portuguesa da História*, II série, vol. 17 (1968), pp. 81-114. Sobre as ligações entre D. Rodrigo e Pombal, nomeadamente o facto deste ter sido seu padrinho de baptismo, cf. Luiz de Mello Vaz de São Payo, «Indevida admissão na Ordem de Malta», *Filermo – Publicação anual da assembleia dos Cavaleiros Portugueses da Ordem Soberana e Militar de Malta*, vol. 3 (1994), p. 110. E, a propósito de D. Rodrigo, já foi dito que fez a sua «formação na escola pombalina», Graça e José S. da Silva Dias, *Os Primórdios da Maçonaria em Portugal*, vol. I, t. II, Lisboa, Instituto Nacional de Investigação Científica, 1980, p. 429.

[37] BN, cód. 8710, fl. 44v (sem indicação de foliação).

[38] BN, cód. 891- *Relação política da Caza de Sabóia*; cód. 8720 (copiador de ofícios e relatórios enviados de Turim); ANTT, Ministério dos Negócios Estrangeiros – *Legação de Portugal em Turim*, caixas 860-870; ANTT, Ministério do Reino, maço 358. No arquivo Linhares, encontrava-se também um copiador dos ofícios enviados de Turim em 1797-1798, cf. BN, cód. 8724.

[39] Exemplo admirável da capacidade de observar personagens e partidos, parte integrante dos hábitos dos diplomatas, encontra-se num ofício de D. Alexandre de Sousa e Holstein, enviado de Berlim em 1790, *apud* António Ferrão, *Prussianos de hontem e alemães de hoje (1790-1914) – As Impressões de um diplomata português na Côrte de Berlim – Correspondência oficial de D. Alexandre de Sousa e Holstein, primeiro ministro de Portugal na Côrte da Prussia, no tempo de Frederico-Guilherme II (1789-1790)*, sep. do *Boletim da Segunda Classe da Academia das Ciências*, Coimbra, Imprensa da Universidade, 1919, pp. 183-190.

de cartas, ofícios e relatórios, será necessário considerar hábitos de leitura bastante enraizados, tanto no que respeita a jornais e gazetas, como no que concerne a obras de referência. Por exemplo, não é um dado isolado o facto de D. Rodrigo solicitar ao ministro de Portugal em Haia, João Paulo Bezerra de Seixas, o envio de livros que tratassem pormenorizadamente dos impostos de selo estabelecidos em Inglaterra, bem como do próprio impresso contendo «le Bill de l'income tax»; o mesmo se passando quanto à tradução para o francês de Adam Smith, «avec des notes», bem como com os «papiers publics de France qui y parraissant tels que ceux des sciences, statistiques et de commerce»; pretendendo também saber qual a livraria em Haia a que poderia encomendar livros novos [40]. Ao lado dos hábitos de escrita e de leitura – onde o recurso ao francês se faz notar mesmo na comunicação entre D. Rodrigo e João Paulo Bezerra de Seixas –, há que considerar outras formas de comunicação tais como as que se estabelecem em momentos cerimoniais. A audiência ou a participação nas cerimónias de capela constituem, talvez, os momentos em que mais regularmente se detecta esta cultura diplomática e cortesã. Porém, no Portugal de finais do século XVIII, as novas inscrições espaciais de tais cerimónias – nas academias, no teatro e na ópera – servem para alargar o círculo dos que participam numa esfera pública centrada na figura do príncipe e no ideal de representação da monarquia, permitindo ver e ser visto [41]. Um último elemento que importa relacionar com uma cultura diplomática em mutação diz respeito à viagem de instrução e ao tipo de sociabilidade letrada que se lhe associa. A este respeito, D. Rodrigo recordava em 1802, quando se encontrava à frente do Erário, as viagens realizadas um quarto de século antes pela França, Suiça e Itália, as quais lhe tinham permitido fazer «des observations sur les Hommes et sur les Gouvernements, ce qui sans doute est bien plus doux que d'être dans le cas de se voir observer» [42]. Teria, então, podido participar em círculos de homens de letras, onde figuravam d'Alembert, Laplace, ou Mallet du Pan [43]. Neste

[40] BN, cód. 8710, fls. 33, 36, 54v (sem indicação de foliação): Cartas de D. Rodrigo da Cunha a João Paulo Bezerra de Seixas datadas de 22 de Maio, 2 de Agosto e 15 de Setembro de 1802.

[41] Sobre a ópera enquanto espaço de relações diplomáticas, no momento da chegada de Lannes, embaixador da França em Lisboa, cf. Ruders, *Viagem em Portugal 1798-1802*, p. 268. Para um enquadramento sociológico da questão, cf. Mário Vieira de Carvalho, *Pensar é Morrer ou o Teatro de São Carlos na mudança de sistemas sociocomunicativos desde fins do séc. XVIII aos nossos dias*, Lisboa, Imprensa Nacional – Casa da Moeda, 1993, pp. 50-63.

[42] BN, cód. 8710, fl. 46 (sem indicação de foliação): Carta de D. Rodrigo da Cunha a João Paulo Bezerra de Seixas datada de 6 de Maio de 1802.

[43] BN, cód. 8710, fl. 44v-45, 48-48v (sem indicação de foliação): Cartas de D. Rodrigo da Cunha a João Paulo Bezerra de Seixas datadas de 4 e 14 de Maio de 1802.

sentido, a viagem, directamente relacionada com o exercício da diplomacia, acabava por ultrapassar os limites dos círculos cortesãos, permitindo a descoberta de esferas mais vastas de relações envolvendo intelectuais e homens esclarecidos.

Os diversos elementos que compõem uma cultura diplomática em evolução encaixam mal na oposição – sustentada pela recente historiografia interessada na análise de relações externas – entre processos de tomada de decisão organizados em função de interesses práticos e outros baseados numa fundamentação ideológica. A existência de hábitos de comunicação – patenteados por práticas de escrita ou de leitura, por rotinas cerimoniais, e por relações estabelecidas entre viajantes – parece implicar o estabelecimento de: um campo de referências pessoais, nomeadamente através da criação de uma espécie de cânone de antepassados cujo exemplo importava seguir; uma série de modelos ou sistemas políticos (entre os quais D. Rodrigo não escondia a sua preferência em relação à Inglaterra), cuja descrição se baseava num conjunto de temas ou de personagens situadas nos centros de decisão política; uma competência para observar e caracterizar países, situações e personagens, directamente ligada à formação de hábitos de escrita, leitura e cerimoniais, com largas implicações nos comportamentos e tomadas de posição; sendo que esta última competência, com raízes profundas no âmbito das relações diplomáticas, se alarga a um universo cada vez maior de viajantes, pondo em causa os limites de uma cultura que, no seu início, dizia sobretudo respeito à comunicação entre cortes. A este último propósito, fica por esclarecer de que modo uma cultura diplomática – que em Portugal se desenvolve desde a Restauração, tendo um dos seus momentos fortes no reinado de D. João V – é progressivamente alterada por uma cultura cosmopolita de viajantes, capaz de difundir, no âmbito de uma elite cada vez mais alargada, formas de observar ou comparar e práticas de consumo. Assim, os relatos de autores estrangeiros – como os de Murphy, Dumouriez, Carrère, Ruders, e do suposto Chatelêt [44] – constituem apenas um dos elementos de uma configuração mais vasta. As suas imagens, por vezes a repetição dos mesmos estereótipos acerca do atraso

---

[44] J. B. F. Carrère, *Panorama de Lisboa no ano de 1796*, ed. Castelo Branco Chaves, Lisboa, Biblioteca Nacional, 1989; *Voyage du ci-devant duc de Chatelet en Portugal, où se trouvent des détails interessants sur ce Royaume, ses habitants, ses colonies, etc.*, Paris, Bourgoing, 1798 (em nome do duque de Chatelet, mas da autoria do Barão de Comartin-Desoteux, autor do livro *Adminstration de Sébastien Joseph de Carvalho*, cf. Teófilo Braga, *História da Universidade de Coimbra*, t. III, Lisboa, Tipografia da Academia Real das Ciências, 1898, p. 579).

português, suscitaram respostas e críticas por parte de figuras como António de Araújo de Azevedo [45]. Porventura, mais importante será a presença de um número crescente de viajantes em Portugal, favorecendo novas possibilidades e experiências [46]. Talvez, por estas razões, importa não tomar demasiado à letra os relatos de viajantes estrangeiros e suspender a crença de que eles contêm descrições etnográficas sobre o atraso português. Melhor será considerá-los como um indicador da capacidade, sobretudo de Lisboa, para atrair viajantes e promover a formação de uma cultura cosmopolita [47].

O segundo aspecto que merece atenção está directamente relacionado com uma versão específica do mesmo cosmopolitismo. Trata-se, aqui, de uma cultura política que concebe os domínios portugueses na Europa, África, Ásia e em especial o Brasil como uma unidade, um «sistema político», no qual o Reino é apenas «a capital e o centro», ou ainda um «entreposto para o comércio da Europa»; considerando-se, ao mesmo tempo, que só através da manutenção destas «províncias ultramarinas» – administradas segundo princípios de uniformidade, com o objectivo de que «o português nascido nas quatro partes

---

[45] Sobre um desses estereótipos, cf. *Voyage du ci-devant Duc de Chatelet en Portugal*, ed. J. Fr. Bourgoing, t. II, p. 71: «Les fidalgos, ou les grands des portugais, sont très bornés dans leur éducation; orgueilleux et insolens, vivant dans la plus grande ignorance, ils ne sortent presque jamais de leur pays pour aller voir les autres peuples. La famille de M. le marquis de Pombal, que j'ai beaucoup frequentée, est à-peu-près la seule où j'aie trouvé de l'acquis, une connoissance assez étendue des autres peuples: elle parle notre langue, l'anglais, l'italien avec facilité; et ce qui me plut infinement en elle, c'est de voir qu'elle jugeoit très-sainement, et sans aucun préjugé, sa propre patrie; chose rare, même chez les peuples les plus instruits et les plus policiés. Si quelque seigneur portugais voit jamais ce que j'écris, j'acquerrai des titres à sa haine; car il a voué ce sentiment À tout ce qui tient au nom de Pombal. Il y a quelques autres maisons, en très-petit nombre, où l'on trouve des bibliothèques; encore ces maisons et leurs bibliothèques, sont-elles fermées aux étrangers.» Sobre respostas portuguesas a tais relatos de viagem, cf. Arquivo Distrital de Braga, *Fundo Barca-Oliveira*, Livraria, Pasta n.º 41 – António de Araújo de Azevedo, *Un voyageur contre quatre* (resposta a Dumouriez, Murphy, Chatelêt publicado por Bourgoing), cf. Joaquim António de Sousa Pintassilgo, *Diplomacia, política e economia na transição do século XVIII para o século XIX – O pensamento e acção de António de Araújo de Azevedo (Conde da Barca)*, Lisboa, 1987 (policopiado, Dissertação de mestrado em História Cultural e Política apresentada à Faculdade de Ciências Sociais e Humanas da Universidade Nova de Lisboa), p. 339, nota 1. V. também acerca do problemas destas mesmas respostas a interessante obra de Luís Caetano Altina de Campos, *Viagens d'Altina nas cidades mais cultas da Europa*, 4 vols., Lisboa, Simão Tadeu Ferreira, 1790.

[46] Ruders, *Viagem em Portugal 1798-1802*, pp. 268-269.

[47] Excelente exemplo deste cosmopolitismo encontra-se em Leopoldo Berchtold, *Ensaio sobre a extensão dos limites da beneficencia a respeito, assim dos homens, como dos mesmos animaes*, Lisboa, Régia Oficina Tipográfica, 1793: O autor, cavaleiro da Ordem Militar de Santo Estêvão da Toscana, apresenta-se como tendo sido agraciado pela Academia das Ciências e também como sendo um viajante estrangeiro; mas, ao mesmo tempo, e ao contrário de outros viajantes, esclarece não ter residido em Portugal tempo bastante, para ter estudado, debaixo da direcção de algum sábio, as obras dos melhores clássicos portugueses. Este e outros viajantes estrangeiros deverão ser comparados à figura e ao cosmopolitismo do célebre impostor Cagliostro, cf. *Compendio da vida e feitos de José Bálsamo chamado o Conde de Cagliostro ou o Judeo Errante tirado do processo formado contra elle em Roma no anno de 1790 e que pode servir de regra para conhecer a indole da seita dos franc-maçons*, intr. de Camilo Castelo Branco, Porto-Braga, Ernesto Chardron, 1874; e Carlos Malheiro Dias, *O Grande Cagliostro – Novella romantica*, Lisboa, Livraria Clássica, 1905.

do mundo se julgue somente português, e não se lembre senão da glória e grandeza da monarquia a que tem a fortuna de pertencer» – é que Portugal poderia ter «peso na balança política da Europa» [48]. Estas ideias de D. Rodrigo de Sousa Coutinho coincidem com a defesa intransigente dos limites territoriais da Amazónia com a Guiana, demonstrada nas referidas negociações diplomáticas; porém, esta posição muito dificilmente se inscreve numa espécie de ideário proto-nacionalista como pretendia Varnhagen. Isto porque uma das ideias estratégicas propostas por D. Rodrigo diz precisamente respeito à partilha do Brasil, logo à não aceitação da sua unidade: de um lado, deveriam ficar as capitanias do norte, formando um «centro de forças» com o seu vice-rei residindo no Pará; do outro, as capitanias que, desde Pernambuco ao Rio Grande e, no interior, fazendo fronteira com o Paraguai, teriam no vice-rei do Rio de Janeiro o seu «centro de reunião e de força» [49]. O então ministro da Marinha e Ultramar procurava, desta maneira, participar no debate em curso sobre uma política ultramarina, e não se escusava a completar as suas ideias com diversos pareceres, a que chama «luminosos escritos» [50]. Em sua opinião, as posições mercantilistas – em que à metrópole caberia o exclusivo dos produtos manufacturados, e às colónias competiria apenas a produção de matérias-primas e géneros agrícolas – deveriam dar lugar a um sistema mais flexível, onde fosse permitido estabelecer manufacturas nas «províncias», sem no entanto se negar que «a agricultura deve ainda por muitos séculos ser-lhes [referindo-se às províncias ultramarinas] mais proveitosa do que as artes» [51]. Paralelamente, haveria que contrariar uma ancestral tendência para o fiscalismo, isto é, para o predomínio dos interesses fiscais do Estado sobre a criação da «riqueza nacional»; bem como evitar a apropriação da administração fiscal por parte de contratadores e, ainda, as fugas por via do contrabando; assim, as principais medidas propostas consistem na reforma da «taxação», com a criação de novos impostos e a redução de outros centrados nas alfândegas, dos quais resultavam bloqueios nomeadamente à circulação de escravos, e sobretudo a abolição do regime da cobrança baseada em contratos (tal como ao longo do antigo regime é tantas vezes discutido), substituindo-os por uma administração directa baseada numa rede de intendentes, distintos dos

---

[48] D. Rodrigo de Sousa Coutinho, «Memória sobre o melhoramento dos domínios de Sua Magestade na América (1797 ou 1798)», in Idem, *Textos políticos, económicos e financeiros 1783-1811*, ed. Andrée Mansuy Diniz-Silva, t. II, pp. 48-49 (entre as cópias desta Memória, sem data, nem assinatura, referidas pela erudita e estudiosa editora de D. Rodrigo, cf. Biblioteca Nacional do Rio de Janeiro, *Fundo Linhares*, I-29, 16, 32, manuscrito de 22 pp.).

[49] Idem, *idem*, t. II, p. 50.

[50] Idem, *idem*, t. II, p. 63.

[51] Idem, *idem*, t. II, p. 54.

magistrados judiciais e dotados de uma formação estatística[52]. Estas e outras medidas, desenvolvidas sobretudo em relação ao Brasil e à rica região de Minas Gerais – que não se confundem com o mercantilismo de inspiração colbertiana, nem tão pouco o susbstituem pela fisiocracia, que ele próprio denuncia no que respeita às propostas fiscais[53] –, mostram alguma abertura em relação às teorias da livre-circulação de Adam Smith. Tal como escrevia em carta a João Paulo Bezerra, plenipotenciário em Haia, datada de 20 de Novembro de 1802: «Prenez garde á faire bien connoître que le Baye de Lourenço Marques appartient à S. A. R., pourqu'on nous evite des querelles deplacées et injustes. En attendant que cela ait lieu vous ne pouvez point vous former une idée de l'élan que la liberté de commerce a produit au Bresil, et surtout á Bahia, ou il y a tout plein de nouveaux Armateurs»[54]. Esta síntese entre as novas ideias liberais e o «sistema de províncias com que luminosamente se consideram os domínios ultramarinos»[55] constitui, sem dúvida, uma base argumentativa para as tomadas de posição contrárias ao sonho napoleónico de um império universal[56].

O terceiro e, por ora, último aspecto que deverá ser considerado diz respeito à relação existente entre a dinâmica das relações externas e a das questões internas, na cultura política da época. Trata-se de um problema que tem suscitado um rico debate e que pode ser reduzido a dois tipos de interpretações: por um lado, as que consideram como factores determinantes das atitudes de D. Rodrigo o seu envolvimento nos conflitos geoestratégicos e a sua preocupação máxima em defender as províncias ultramarinas, muito concretamente o Brasil, o que implicava privilegiar a aliança com a Inglaterra, que também era tomada como modelo de organização política a adoptar[57];

---

[52] Idem, *idem*, t. II, pp. 55-60.

[53] Idem, *idem*, t. II, p. 55 (cf. importante nota 7 de Andrée Manusy Diniz-Silva).

[54] BN, cód. 8710, fl. 28v (sem indicação de foliação).

[55] D. Rodrigo de Sousa Coutinho, «Memória sobre o melhoramento dos domínios de Sua Magestade na América (1797 ou 1798)», in Idem, *Textos políticos, económicos e financeiros 1783-1811*, ed. Andrée Mansuy Diniz-Silva, t. II, pp. 53-54.

[56] BN, cód. 8710, fl. 52 (sem indicação de foliação): Carta de D. Rodrigo de Sousa Coutinho a João Paulo Bezerra de Seixas, 3 de Abril de 1802, «je crains que [...] le reve d'empire Universel devienne une realité». O sentido do projecto político no que respeita às províncias ultramarinas incluía também o fomento de casamentos entre índias do Brasil e portugueses. Ideias desta natureza tiveram uma recepção contraditória. Por exemplo, o intelectual e ideólogo A. A. Mendes Correia, num período do Estado Novo em que se faziam ouvir várias vozes contrárias à mestiçagem, mostrou o seu cepticismo relativamente aos projectos de Sousa Coutinho, cf. «Os mestiços nas colónias portuguesas», in *Trabalhos do 1.º Congresso Nacional de Antropologia Colonial*, vol. I, Porto, Edições da 1.ª Exposição Colonial Portuguesa, 1934, p. 346.

[57] Esta interpretação foi recentemente assumida por Alexandre, *Os Sentidos do Império: Questão nacional e questão colonial na crise do Antigo Regime português*, pp. 135-136. Mas as suas origens podem ser detectadas em Varnhagen, Lúcio de Azevedo ou Borges de Macedo. Importa clarificar que a utilização da Inglaterra como modelo, tal como se passava com os seus usos da literatura económica, era feita «adaptando criadoramente os modelos de interpretação construídos no exterior», para utilizar a expressão de Cardoso, *O Pensamento Económico em Portugal nos finais do século XVIII 1780-1808*, p. 129.

por outro lado, as leituras que tendem a considerar como decisivos os projectos de reforma fiscal do Estado, os quais tiveram consequências económicas de vária ordem, e suscitaram uma forte oposição interna por parte de grupos privilegiados [58]. Se ambas as interpretações deverão ser tidas em conta, um dos documentos que tem estado no centro deste debate necessita de ser reavaliado. Trata-se de uma carta de D. Rodrigo ao Príncipe Regente – publicada no início deste século cujo original se encontrava no arquivo de família –, em que aquele se demite do cargo de Presidente do Erário Régio [59]. O documento exibe no final a data de 15 de Novembro, mas omite a indicação do ano que não poderá ser 1801 – como propõe Valentim Alexandre – , devido à referência explícita ao marquês de Belas, D. José Luís de Vasconcelos e Sousa, pois que este só obteve o título por carta de 17 de Dezembro de 1801 [60]. Ficam, por isso, reduzidas as hipóteses de datação, sendo que a hipótese mais provável e passível de verificação parece ser a de 1802, uma vez que se sabe que o marquês de Belas já tinha sido nomeado para Presidente do Erário Régio em 31 de Agosto de 1803 [61]. Fica, assim, aparentemente resolvida a questão da datação da carta de demissão, que aliás não revela um procedimento inédito, como notou Valentim Alexandre, mas tem antecedentes pelo menos num outro exemplo destinado a produzir um efeito de ameaça e a reforçar a autoridade de uma instituição e dos seus membros no interior do governo. Foi o que aconteceu quando D. Rodrigo encabeçou o pedido de demissão do Conselho do Almirantado, em carta enviada ao rei de 25 de Novembro de 1800 [62]. Mas convém insistir que se trata de uma hipótese que não exclui totalmente a tradicional datação da carta como sendo de 1803, uma vez que, na correspondência de D. Rodrigo de Sousa Coutinho, será possível detectar que: um dos seus interlocutores ainda falava a 5 Setembro de 1803 da sua demissão como estando eminente, e não propriamente como um facto já

[58] Miriam Halpern Pereira, «A Crise do Estado de Antigo Regime», *Ler História*, 2 (1983), p. 6; Nuno Luís Madureira, *Mercado e Privilégios: A Indústria Portuguesa entre 1750 e 1834*, Lisboa, Estampa, 1997, pp. 27-28; Idem, A «sociedade civil» do Estado. Instituições e grupos de interesses em Portugal (1750-1847)», *Análise social*, vol. XXXII, n.º 142 (1997), p. 619.

[59] Marquês do Funchal, *O Conde de Linhares – Dom Rodrigo Domingos António de Sousa Coutinho*, Lisboa, Tipografia Bayard, 1908, pp. 265-268.

[60] Alexandre, *Os Sentidos do Império: Questão nacional e questão colonial na crise do Antigo Regime português*, p. 135. Sobre a data da concessão do título de marquês de Belas, concedido a D. Maria Rita de Castelo-Branco Correia e Cunha, 6.ª condessa de Pombeiro, cf. *Anuário da Nobreza de Portugal*, vol. III, t. I Lisboa, Instituto Português de Heráldica, 1985, p. 55.

[61] Gramosa, *Sucessos de Portugal*, t.º I, pp. 22-23.

[62] Biblioteca Nacional do Rio de Janeiro, *Fundo Linhares*, I-29, 16, 22. Esta carta de demissão terá de ser relacionada com uma outra de Janeiro do mesmo ano de 1800, onde se revela um conflito claro de jurisdições entre D. Rodrigo, ministro da Marinha, e o marquês de Ponte de Lima, presidente do Erário, cf. *Textos políticos, económicos e financeiros 1783-1811*, ed. Andrée Mansuy Diniz-Silva, t. II, pp. 14-21.

consumado [63]; e, também ele próprio, nas suas frequentes cartas a João Paulo Bezerra, só a 19 de Novembro se refere pela primeira vez à demissão e retiro para a Quinta da Lagoalva [64]. Nesta última hipótese, seria necessário pensar numa série de acontecimentos que teriam levado à demissão e retiro de D. Rodrigo situados entre finais de Agosto e 15 de Novembro de 1803. Salvaguardadas estas hesitações no que respeita à datação da carta, valerá a pena avaliar do seu conteúdo.

Antes de mais, urge interrogar o próprio significado da demissão de um cargo público. Tanto nesta como em outras cartas escritas do seu próprio retiro, existem ecos de uma cultura nobiliárquica, vivida numa oposição entre a vida virtuosa e salutar do campo e os negócios da corte. Os trabalhos agríco-las, as alegrias domésticas, a regeneração do corpo sobre o qual pesavam problemas de saúde, a memória dos anos de juventude e o despertar para o conhecimento parecem ser qualidades inerentes a um retiro campestre na Lagoalva, onde era possível estar afastado de Lisboa, sem notícias. D. Rodrigo escreve em 1806, estar apartado «de toda a comunicação [...] para evitar que se me atribuam opiniões ou ideias contrárias ao sistema de governo, que V. A. R. foi servido adoptar» [65]. É, pois, esta dimensão de uma cultura nobiliárquica

---

[63] BN, cód. 11233, número 37: Diz o abade Garnier – capelão de S. Luís dos Franceses, coleccionador e erudito – numa carta (sublinhado nosso): «Ainda esta manhã, é que penetrou no meu profundo retiro de S. Luís, a notícia que tem consternado as almas honestas, que respiram do belo céu da vossa Pátria. É com grande pezar de todos aqueles que pensam com sabedoria, prudência, e solidez, que vós *ides demitir-vos*, Senhor, de um Ministério, em cuja duração haveis manifestado talentos raros, um zelo útil e glorioso, uma inteireza que tem assinalado os grandes homens da Antiguidade, e projectos os mais vantajosos aos vossos contemporâneos, e à posteridade. Que prazeres doces, e permanentes não nos tinheis vós preparado? Esta era a esperança dos pais e dos filhos. Ah! Senhor, será possível que o amor da Pátria, que sempre influenciou o vosso coração, repentinamente se extinguisse? Seríamos nós porventura tão desgraçados, tão culpáveis, que fizessemos desmaiar em vós o prazer de continuar a empregar-vos na promoção da nossa felicidade? Não, Senhor, nós temos presentes as vossas virtudes, elas nos afiançam de que a nossa sorte, jamais vos será indiferente; mas como poderei eu desenvolver-vos os pensamentos, que me ocupam neste instante? Eu devo confessar, Senhor, o meu espírito não tem forças, com que possa satisfazer o coração; que distância enorme entre o pensar e o sentir...»

[64] BN, cód. 8710, fl. 12 (sem indicação de foliação): A 19 de Novembro de 1803, D. Rodrigo comentava a sua demissão referindo-se aos motivos «qui m'avaient obligé á ne point écrire á aucun de mes Amis au moment ou graces au Meilleur des princes j'au pu me retirer des affaires, pour consacrer le reste de mes jours à l'étude et aux joies domestiques», nomeadamente aos trabalhos de agricultura na Lagoalva. Em 1820, seu irmão escrevia, apontando também, no mesmo sentido incerto: «A 26 de Agosto (salvo erro, se o há, no dia somente) foi demitido do Ministério dos Negócios Estrangeiros D. João de Almeida (depois conde das Galveias). Dali a poucos dias ofereceu D. Rodrigo de Sousa (depois conde de Linhares) a sua demissão, e foi-lhe aceita», *apud* R. da C. Gouvea (D. Domingos de Sousa Coutinho), *Resposta Publica á Denuncia Secreta que tem por titulo «Representação que a Sua Magestade fez Antonio de Araujo de Azevedo em 1810»*, Londres, Oficina de R. E. A. Taylor, 1820, p. 7.

[65] BN, Ms. 219, n.º 53A; cf. BN, cód. 8710, fls. 3, 12 (sem indicação de foliação); Funchal, *O Conde de Linhares – Dom Rodrigo Domingos António de Sousa Coutinho*, p. 267.

que se afigura necessário ter em conta quando procuramos explicar as relações políticas de então: frente à adversidade na corte, à falta de crédito ou ao desfavor manifestado pelo príncipe, D. Rodrigo não defende qualquer tipo de debate, nem tão pouco a utilização dos canais representativos de uma sociedade civil em construção, mas simplesmente uma outra forma de fazer a política fundada no auto-exílio e numa oposição entre o público e o privado. Mais. A necessidade de preservar o respeito pelo príncipe, leva-o mesmo a ocultar publicamente as razões da sua demissão junto de um público mais alargado, evocando apenas razões de saúde na sua correspondência com o abade de Garnier [66]. Um tal comportamento – pelo que revela, em contraste com uma cultura liberal ou democrática contemporânea, fundada em mecanismos de representatividade e de debate no seio de uma opinião pública em construção – poderá ser aproximado da explicação apresentada por Alexis de Tocqueville: «Dans les aristocraties les hommes ont souvent une grandeur et une force qui leur sont propres. Lorsqu'ils se trouvent en contradiction avec le plus grand nombre de leurs semblables, ils se retirent en eux-mêmes, s'y soutiennent et s'y consolent. Il n'en est pas de même parmi les peuples démocratiques.» [67]

Depois, há que reconstituir as diversas dimensões da acção política, concebida antes de mais como serviço à monarquia. O conselho assume, então, a primazia. E, directamente associada à capacidade para fazer ouvir opiniões e influir nas decisões do príncipe, surge a demonstração da competência destinada a introduzir reformas. Donde, a importância atribuída por D. Rodrigo ao «nenhum conceito» ou falta de «crédito» que merecia do príncipe, quando propusera alvarás e decretos ou procurara expor as suas razões em momentos concretos [68]. Numa lógica de relações claramente cortesãs, D. Rodrigo revela, então, que a sua falta de crédito corresponderia à crescente influência de alguns dos seus concorrentes, a saber: o Intendente Pina Manique, o visconde de Anadia, que tinha a seu cargo o Ministério da Marinha e Ultramar, e o marquês de Belas que lhe sucedeu na presidência do Erário. Curiosamente, a luta política não se estabelece, aqui, em termos de facções, que algumas interpretações tendem a apresentar como partidos; mas parece traduzir-se num tipo de emulação mais personalizada, cujo principal critério de definição se encontra na capacidade para aconselhar o príncipe e influenciar o destino do Estado e das suas instituições. Estava em questão o favor do

---

[66] BN, cód. 11233, número 37.

[67] Alexis de Tocqueville, *De la Démocratie en Amérique*, vol. II (1.ª ed., 1840), ed. François Furet, Paris, Garnier-Flammarion, 1981, p. 321.

[68] Funchal, *O Conde de Linhares – Dom Rodrigo Domingos António de Sousa Coutinho*, pp. 266-267.

Príncipe. Para além da preocupação pelo conselho, pelas reformas sobretudo em matéria fiscal, e pela identificação pessoal dos concorrentes, D. Rodrigo recorre a uma classificação em que opõe, aos «Actos de generosidade» praticados pelo príncipe, «a boa Administração da Real Fazenda» que ele próprio ensaiava [69]. A condenação dos primeiros baseia-se na tradicional denúncia dos excessos na prática das virtudes, caso da liberalidade, a qual surge como um dos tópicos de maior difusão nos espelhos de príncipes e artes de governar. Isto é, D. Rodrigo denuncia, como prejudiciais ao bom governo, a abertura dos «Tesouros das Graças em Comendas, em Senhorios, em Alcaidarias móres, em lugares de Tribunais», num momento «em que a Política exigiria todas as demonstrações da maior reserva em fazer alienações da Coroa» [70].

Por último, será preciso reflectir sobre um aparente paradoxo, o qual se baseia numa oposição entre duas perspectivas políticas. Senão, vejamos. A oposição entre uma maneira de conceber a política fundada na reforma do aparelho de Estado, no domínio fiscal, militar ou da administração da justiça, e uma outra baseada em dádivas liberais, mercês e na formação de laços pessoais ou clientelares tinha as suas raízes bem localizadas numa cultura política de antigo regime. É certo que a linguagem da reformação conheceu um enorme desenvolvimento devido à difusão da economia política como discurso, dotado das suas próprias regras e dispondo de um campo de referências simultaneamente plural e autónomo. Os projectos reformistas de Sousa Coutinho e, de uma maneira geral, as suas intenções de racionalização das instituições políticas, bem documentadas por Andrée Mansuy Diniz--Silva, revelam bem esta última dimensão. Contudo, algumas das suas atitudes parecem contrariar o domínio exclusivo desta maneira de fazer e conceber a política. Trata-se aqui de compreender o sentido de uma denúncia que percorre a referida carta: «o nenhum conceito que mereço a V. A. R. se faz ainda mais manifesto quando vejo que estas mesmas Graças foram recair em Pessoas que com factos eu havia mostrado a V. A. R. merecerem até ser severamente castigadas por Peculatos qual Manique, não nomeando outras conhecidas no Público por malversações e imoralidades, de que V. A. R. muito ouvirá falar sem que eu as cite» [71]. A esta denúncia relativa à carência de mercês e ao facto de se ter sentido preterido em termos do governo liberal e gracioso do príncipe, o presidente do Erário acrescenta, a sua incapacidade para agir como

---

[69] Idem, *idem*, pp. 265-266.
[70] *Ibidem*.
[71] *Ibidem*.

patrono de uma rede clientelar, chegando mesmo a acusar o príncipe de o ter impedido: «acrescem ainda mais em semelhante matéria como provas do desgosto de V. A. R. a meu respeito que nenhum daqueles Empregados que propus, como devendo ser atendidos a benefício do Real Serviço mais do que deles, jamais mereci ser atendido, antes foi um motivo para o não ser» [72]. Seguindo-se uma pequena lista de nomes, exemplificando de que modo o Estado era visto na lógica de uma série de nomeações, capazes de alimentar clientelas ou redes de interesses pessoais. Aparentemente, foi dito no início deste parágrafo, esta concepção da política contraria as intenções reformistas e de racionalização do Estado; podendo, por isso, dizer-se que existe um paradoxo entre a modernidade do reformismo e o arcaísmo da privatização do Estado posto ao serviço da formação de clientelas. Contudo, à luz dos hábitos e da cultura política de antigo regime ambas as maneiras de compreender e fazer a política nada tinham de contraditório. Note-se, contudo, que o quadro geral desta mesma cultura política – reveladora de um mundo altamente politizado – pouco tem que ver com uma cultura política de massas, onde adquirem sentido os valores liberais ou democráticos da representatividade. Como se poderá demonstrar, a Casa Literária do Arco do Cego, iniciativa efémera de D. Rodrigo, mas que implicou elevados investimentos, revela bem essas duas maneiras de fazer política próprias das sociedades de antigo regime.

II

O reformismo sugerido pelos momentos inicais da Revolução Francesa encontrou bom acolhimento nalguns círculos portugueses. As razões profundas desta recepção devem buscar-se quer nos hábitos reformistas de uma cultura política de antigo regime, quer na difusão em Portugal dos autores e ideias iluministas [73]. Porém, o entusiasmo durou muito pouco: já em Setembro de

---

[72] *Ibidem*. Sobre a regência joaninacomo um período de inflação de título, Nuno Gonçalo Freitas Monteiro, *O crepúsculo dos grandes (1750-1832)*, Lisboa, Imprensa Nacional - Casa da Moeda, 1998, pp. 549-550.

[73] A este respeito, a reacção em Portugal ao iluminismo e enciclopedismo é um dado anterior à Revolução francesa. A título de exemplo, cf. o poema de Miguel Couto Guerreiro acerca dos maus leitores: «Há outros que são péssimos leitores; / Aprendem na lição de alguns autores / A vil libertinage, a impiedade; / Desprezam de Agostinho a authoridade / Por um Baile, um Volter, um Espinosa, / Um Jaques, e outra gente desta prosa, / Gente indigna de o ser, gente perdida, / Que fugindo os castigos desta vida, / Dos eternos se dão por absolutos; / Por isso vão vivendo como brutos», *Satiras em desabono de muitos vicios e elegias sobre as miserias do Homem*, Lisboa, Oficina Patriarcal de Francisco Luís Ameno, 1786, p. 6. Abundante de exemplos é *Voltaire et la Culture Portugaise. Exposition bibliographique et iconographique*, Paris, Fundação Calouste Gulbenkian – Centro Cultural Português, 1969. Uma interrogação sistemática sobre o sentido do reformismo, na época, pode ler-se em José Esteves Pereira, *O Pensamento político do século XVIII – António Ribeiro dos Santos*, Lisboa, Imprensa Nacional – Casa da Moeda, 1983.

1789, a *Gazeta de Lisboa* deixava de incluir notícias sobre a França; a 13 de Outubro do mesmo ano, António de Araújo de Azevedo informava Lisboa, a partir da Legação portuguesa em Haia, que «as desordens políticas de França apresentam uma cena tão horrorosa»; e, no final do ano, o embaixador em Paris, D. Vicente de Sousa Coutinho, que de início não escondera o seu entusiasmo frente aos acontecimentos, declarava que «já não sabia se tal havia sucedido para bem ou para mal daquela monarquia» [74]. Nesta sequência, o clima de suspeição e de perseguição desencadeado pela Revolução Francesa e acontecimentos subsequentes encontra-se directamente relacionado com a circulação de obras impressas e o aumento da actividade tipográfica. Logo em 3 de Dezembro de 1789, José Seabra da Silva avisava a Mesa da Comissão Geral sobre o Exame e Censura dos Livros que tinha aumentado a difusão de livros libertinos e sediciosos, que «confundiam a liberdade e felicidade das nações com a licença e ímpetos grosseiros dos ignorantes, desassossegavam o povo rude, perturbavam a paz pública e procuravam a ruína dos governos»; ao que a Mesa respondeu mandando apreender o *Pastor fido*, de Guarini, as poesias de Paulino António Cabral de Vasconcelos, o abade de Jazente, e a *Restauração da disciplina*, do P.ᵉ Francisco Álvares Vitório – obras que não são, aliás, um veículo de difusão dos valores revolucionários [75]. A 15 de Janeiro

---

[74] Maria Aquila Neves dos Santos, *Pré-revolução e Revolução em França (1788-1789)*, Coimbra, 1970 (policopiado, Dissertação de licenciatura apresentada à Faculdade de Letras da Universidade de Coimbra), p. 250; Joaquim António de Sousa Pintassilgo, *Diplomacia, política e economia na transição do século XVIII para o século XIX – O pensamento e acção de António de Araújo de Azevedo (Conde da Barca)*, Lisboa, 1987 (policopiado, Dissertação de mestrado em História Cultural e Política apresentada na Faculdade de Ciências Sociais e Humanas da Universidade Nova de Lisboa), pp. 80-83.

[75] Edital régio da Mesa Censória de 14 de Dezembro de 1789, cit. por Caetano Beirão, *D. Maria I 1777--1792*, Lisboa, Empresa Nacional de Publicidade, 1934, pp. 386-387. Um exame da obra de Francisco Álvares Vitório, *Restauração de disciplina, ou emendas que devem fazer-se no baptisterio, e ceremonial dos sacramentos*, Lisboa, Academia Real das Ciências, 1789, revelará algumas críticas relativas à maneira como se processava o culto; por exemplo o autor considerava que da numerosidade de Missas resultava «a falta de respeito, e o vilipêndio, que do Sacrifício, e do Sacrificado fazem assim os Sacerdotes, como os povos, pois estes fazem dos Templos casa de palestra, e murmuração, e aqueles dizem Missa sem cerimónia, e sem devoção, sim por ofício de *pane lucrando*» (p. 32); porém, apesar destas críticas o autor reivindica como necessário o retorno à boa ordem eclesiástica, bem longe do ideário das Luzes. De igual modo, a obra clássica de Guarini, traduzida do italiano por Tomé Joaquim Gonzaga, *O Pastor Fiel*, Lisboa, Régia Oficina Tipográfica, 1789, não contém nenhuma alusão às ideias da Revolução; embora se possa dizer que inclui referências eróticas capazes de serem confundidas com libertinagem; a este último respeito, é o próprio tradutor quem avisa a propósito da personagem Corisca, amante de Mirtilo: «É certo que os discursos de Corisca em muitas cenas são repreensíveis; mas as expressões desta mulher viciosa trazem consigo a sua mesma condenação. É de crer que o intento do autor foi combater com os últimos esforços o espírito de libertinagem, pela pintura, e imagem, que o Sátiro faz em particular de Corisca, e em geral de todas as que tiverem o mesmo procedimento estragado, e corrompido. Se da lição desta Peça se pode abusar, não haverá obra alguma neste género, que não encontre o mesmo perigo na fragilidade humana. Mas quem depois de a ler, consultar o seu coração, e quiser ter boa fé, há de confessar que o único efeito, que lhe resulta, é o horror do vício, pela comiseração da desgraça» (pp. VI-VII).

de 1792, o já referido D. Vicente de Sousa, embaixador de Portugal em Paris, informava Lisboa acerca de um livreiro francês estabelecido em Lisboa que fizera traduzir e publicar a Constituição da França, na altura ainda uma monarquia parlamentar, bem como o *Almanach du Père Gérard*. Era, pois, necessário punir o autor de tais atrocidades, se se quisesse evitar o que o embaixador considerava ser o «mefitismo filosófico», o qual, uma vez propagado, precipitaria «o universo na mais completa anarquia» [76].

É neste quadro de incitação à vigilância que emerge a figura de Pina Manique, Intendente Geral da Polícia. A respeito deste último, Maria Alexandre Lousada notou: «ninguém melhor do que Manique encarnou esse espírito iluminista, ao perseguir obsessivamente todos os suspeitos de libertinos ou de mações e ao promover, em simultâneo, a construção do teatro de S. Carlos, as 'boas' actividades académicas, as luxuosas festas públicas ou a iluminação de Lisboa» [77]. Esta versão da historiografia mais actual acerca do controlo exercido pelo Intendente coincide com uma imagem da época: por exemplo, numa descrição de Portugal impressa no estrangeiro, considerava-se que o poder de Pina Manique era de tal ordem que todos os ministros lhe estavam sujeitos [78]. Seria, provavelmente, um exagero, mas são bem conhecidos os esforços do Intendente para policiar e vigiar, desenvolvidos em paralelo com uma série de iniciativas e reformas, introduzidas nos domínios da assistência social, dos estudos científicos, médicos e artísticos, bem como das sociabilidades festivas [79]. Todos os lugares de reunião – tabernas, conventículos, bilhares, cafés e outras assembleias – pareciam conter sementes de uma oposição ao governo monárquico e absolutista. Os franceses residentes em Portugal eram os principais suspeitos da agitação política. Foi o que aconteceu com Broussonet, naturalista francês refugiado em Portugal que, através de Sir Joseph Banks, presidente da Royal Society de Londres e sócio correspondente da Academia das Ciências, foi acolhido na casa do duque de Lafões. O palácio do Grilo deste último fidalgo, tio da rainha D. Maria I, reunia homens notáveis como o abade Correia da Serra, Garção Stockler e José Veríssimo Álvares da Silva. Pina Manique considerava-o local de sedição, denunciando o facto do

---

[76] Varnhagen, *Historia geral do Brazil*, t. II, pp. 368-369.

[77] Maria Alexandre Lousada, *Espaços de Sociabilidade em Lisboa: finais do século XVIII a 1834*, , Lisboa, 1995 (policopiado, Dissertação de doutoramento apresentada à Faculdade de Letras, Universidade de Lisboa), p. 70.

[78] *Voyage du ci-devant Duc de Chatelet en Portugal*, t. I, p. 46.

[79] Maria Margarida Correia Biléu, *Diogo Inácio de Pina Manique. Intendente Geral da Polícia: inovações e persistências*, 2 vols., Sintra, 1995 (policopiado, Dissertação de mestrado em História Cultural e Política, apresentada à Faculdade de Ciências Sociais e Humanas da Universidade Nova de Lisboa).

pedreiro-livre Broussonet andar na carruagem do abade Correia da Serra e estar hospedado na própria Academia, e dava a entender que o duque de Lafões favorecia todo este grupo de perigosos livre-pensadores [80].

A Academia, criada por carta régia de 24 de Dezembro de 1779, passou a ser vista como um antro de revolucionários, que formavam uma rede perigosa – pelo menos era esta a perspectiva de Pina Manique [81]. Garção Stockler, por exemplo, tinha feito o elogio público de d'Alembert, famoso geómetra e enciclopedista. Mas a suspeição generalizada de Manique alargava-se a muitos outros sócios da Academia, como acontecia com Ferreira Gordo, João Guilherme Cristiano Müller (acusado de fazer louvores aos franceses na *Gazeta*), o P.ᵉ António Pereira de Figueiredo ou o P.ᵉ Teodoro de Almeida, oratoriano (que também acolheu no convento do Espírito Santo o naturalista Brussonet). Para o Intendente, os cabecilhas de uma suposta conspiração eram o duque de Lafões e o abade Correia da Serra, tido como «homem perigosíssimo» por manter relações com o Coronel Humphreys e Edward Church, respectivamente ministro e consul dos Estados Unidos da América. A esta lista de suspeitos, pertencia também o homem de negócios francês Jácome Ratton, que mantinha relações de amizade com o citado consul americano e que, em 1810, foi deportado em conjunto com outros liberais e pedreiros-livres, debaixo da acusação de simpatizante pelas instituições francesas [82]. Contudo, como notaram Teófilo Braga e António Ferrão, se em relação à Academia o governo pela mão do Intendente Geral pouco podia intervir, dada a cadeia de protecções que culminavam na figura do duque de Lafões, já o mesmo não acontecia quanto à Universidade [83].

[80] Latino Coelho, *op. cit*, t. II, pp. 381-384.

[81] António Ferrão, *A Academia das Sciências de Lisboa e o movimento philosophico, scientífico e económico da segunda metade do século XVIII – A fundação desse Instituto e a primeira phase da sua existencia*, sep. do *Boletim da Classe de Letras da Academia das Ciências*, vol. XV, Coimbra, 1923; Fidelino de Figueiredo, *História da Litteratura clássica*, 3.ª época, Lisboa, Portugália, 1924, pp. 151-159; Maria Alexandre Lousada, *Espaços de Sociabilidade em Lisboa: finais do século XVIII a 1834*, pp. 336-337 (muito interessante sobre a composição social e profissional dos académicos).

[82] Inocêncio Francisco da Silva, *Diccionario bibliographico portuguez*, t. VI, Lisboa, Imprensa Nacional, 1862, p. 179; Latino Coelho, *História Política e Militar de Portugal desde os fins do XVIII século até 1814*, t. II, pp. 385-387, 394-395 (cf. ANTT, *Intendência Geral da Polícia*, Ofícios do Intendente de 6 e 19 de Novembro, 17 de Dezembro de 1794). Sobre as relações de amizade de Ratton com Church e a sua deportação, cf. Nuno Daupias d'Alcochete, *Lettres Familières de Jacques Ratton 1792-1807*, sep. do *Bulletin des Etudes Portugaises*, t. XXIII, Lisboa, Livraria Bertrand, 1961, pp. 55-56; Idem, «A propósito das *Recordaçens* de Jácome Ratton», *Ocidente*, vol. LXVIII (1965), pp. 181-189.

[83] Teófilo Braga, *História da Universidade de Coimbra*, t. III, Lisboa, Tipografia da Academia Real das Ciências, 1898, p. 650; António Ferrão, *A 1.ª Invasão Francesa (A invasão de Junot vista através dos documentos da Intendência Geral da Polícia, 1807-1808). Estudo político e social*, Coimbra, Imprensa da Universidade, 1925, p. LXXXVII. Sobre a recepção crítica suscitada pela criação da Academia das Ciências, cf. Gramosa, *Sucessos*; Biblioteca Pública de Évora, espólio de fr. Manuel do Cenáculo; Academia das Ciências de Lisboa (ACL), Ms., *série vermelha*, n.º 458, fls. 1-15: «Carta academica e critica que escreveo ao Visconde de Barbacena como Secretario da Academia das Ciencias de Lisboa»; fls. 21-34: «Carta escrita ao Padre Theodoro d'Almeida sobre a oração de abertura da Academia.»

A Universidade de Coimbra, depois da Reforma Pombalina decretada em 1772, procurou realizar algumas mudanças significativas. Em inícios do reinado de D. Maria I, o espírito de reforma parece mostrar a sua vitalidade, por exemplo na nomeação de António Ribeiro dos Santos para bibliotecário em Outubro de 1777, e no pagamento em 1778 a Domingos Vandelli de um museu de história natural, o qual passou a integrar as colecções da Universidade. Contudo, neste último ano, mandaram-se apreender em Coimbra os «livros de perniciosa doutrina» (carta régia de 5 de Fevereiro de 1778) e iniciou-se o processo contra o matemático José Anastácio da Cunha[84]. Este processo faz parte de uma mudança geral do ambiente da Universidade, correspondendo à substituição do reitor D. Francisco de Lemos por José Francisco de Mendonça[85]. *O Reino da Estupidez* – poema herói-cómico que participa de uma efervescência da literatura de protesto, de circulação manuscrita, cuja atribuição não está ainda esclarecida – feriu o prestígio do reitor Mendonça, que acabou por ser susbstituído em 1785[86]. O novo reitor, D. Francisco Rafael de Castro, teve como vice-reitor o matemático José Monteiro da Rocha. Podendo dizer-se que até 1799, data em que Castro foi substituído de novo por D. Francisco de Lemos, mantendo-se o mesmo vice-reitor, se procurou retomar o espírito da reforma pombalina chamando por exemplo do estrangeiro, para uma nova cadeira de Botânica, o eminente naturalista Félix de Avelar Brotero[87]. Porém, Lemos acabou por instaurar uma verdadeira vigilância sobre o comportamento dos estudantes. O controlo sobre a leitura é particularmente evidente num dos seus ofícios datado de 25 de Maio de 1804: «que sendo um dos meios excogitados pelos falsos filósofos do tempo o de encherem o mundo de livros perniciosos contra a religião cristã; contra a moral evangélica; e contra os princípios da sã política; e de os espalharem pelos livreiros, difundidos por todos os estados; é necessário que se obste a este mal, impedindo-se que semelhantes livros passem às mãos da mocidade académica». Fundado neste arrazoado contra os «falsos filósofos do tempo», D. Francisco de Lemos solicitava para si a prerrogativa de poder visitar as casas dos livreiros e dos

---

[84] *Anastácio da Cunha 1744-1787 o matemático e o poeta. Actas do Colóquio Internacional*, coordenação Maria de Lurdes Ferraz, José Francisco Rodrigues e Luís Saraiva, Lisboa, Imprensa Nacional – Casa da Moeda, 1990.

[85] D. Francisco de Lemos na sua *Relação geral do estado da Universidade* tinha alertado para os problemas da Universidade, defendendo a execução dos objectivos da reforma pombalina, cf. Teófilo Braga, *Historia da Universidade*, t. III, cap. IV.

[86] Teófilo Braga, *História da Universidade de Coimbra*, t. III, p. 639; Luís de Albuquerque, *O «Reino da Estupidez» e a Reforma Pombalina*, Coimbra, Atlântida, 1975. Sobre a atribuição, cf. Alberto Pimentel, *Poemas herói-cómicos*, Porto, 1922, pp. 149-151.

[87] Ferrão, *A 1.ª Invasão Francesa*, pp. LXXVIII-LXXXVI

estudantes quando bem lhe parecesse, e a proibição dos livreiros de Coimbra venderem livros sem antes submeterem o catálogo das remessas. Procurava-se a todo o custo vigiar e punir a vida licenciosa dos estudantes – que as diversas peças do *Palito métrico* bem testemunham [88] – e, ao mesmo tempo, fomentar neles o gosto pelo catecismo [89]. O espírito da reforma pombalina dava, assim, lugar à perseguição e à censura. Porém, será necessário lembrar que as políticas pedagógicas e de missionação tinham sido, desde a época do próprio Pombal, defendidas como absolutamente necessárias por parte de homens tais como Frei Manuel do Cenáculo. Tais políticas eram, assim, uma forma de reacção frente ao que se considerava ser um «século presumido de ser a idade da razão» [90].

Um outro conjunto de instituições revela o impacto que tiveram em Portugal os ideais de promoção das ciências, das artes e da literatura. A benefício de inventário, atenda-se à criação da Academia Real de Marinha, em Lisboa, por Alvará de 5 de Agosto de 1779, a qual veio a ocupar algumas salas do Colégio dos Nobres, para que os alunos aproveitassem dos estudos de náutica e fortificação. Seguiu-se-lhe a Academia Real da Fortificação, Artilharia e Desenho, em 2 de Janeiro de 1790 – cujo engenheiros se vieram a designar desde 1794 como Real Corpo de Engenheiros –, inserida num processo de desenvolvimento da cartografia [91]. Ao mesmo quadro de criação de instituições pertence a fundação do teatro de São Carlos em 1793 e a instituição da Real Biblioteca Pública da Corte, feita por alvará datado de 29 de Fevereiro de 1796. Trata-se de um momento que coincide com a reorganização das instituições de censura, não sendo, por isso, um acaso que o primeiro fundo da Biblioteca Pública fosse proveniente da Real Mesa da Comissão Geral

---

[88] António Gomes da Rocha Madahil, ed., *Palito métrico e correlativa macarronea latino-portuguesa*, Coimbra, Oficinas da Coimbra-Editora, 1942.

[89] Ferrão, *A 1.ª Invasão Francesa*, pp. LXXXVII-LXXXVIII..

[90] Frei Manuel do Cenáculo, *Cuidados literarios*, Lisboa, Oficina de Simão Tadeu Ferreira, 1791, p. 549.

[91] António Pedro Vicente, *Memórias políticas, geográficas e militares de Portugal 1762-1796*, sep. do *Arquivo Histórico Militar*, vol. 41, Lisboa, 1971, pp. 47, 51-52. Recorde-se que a importância concedida aos estudos de cartografia e de marinha, associados à formação do engenheiro militar, foi de tal ordem que mesmo à Casa Pia tinham sido atribuídas funções nesta área. De facto, a criação da Casa Pia, com o objectivo de recolher os órfãos abandonados e procurando inicialmente o estabelecimento de uma rede com um instituto em cada província, data de 1780. E, segundo Pina Manique, em ofício de 9 de Abril de 1782, pretendia-se «que hajão colégios para neles se aplicarem alguns rapazes às ciências que se encaminham a fazer um homem um perfeito oficial de marinha, de engenharia, e também de artilharia, e também à ciência da história natural, para com mais claros conhecimentos, e maiores luzes se aplicarem à agricultura». Entre outros objectivos pedagógicos a alcançar, propunha-se também o desenvolvimento de uma espécie de ensino técnico, através de aulas práticas para o ensino das artes fabris e manufactureiras, cf. Ferrão, *A 1.ª Invasão Francesa*, pp. CLVIII, CLXX-CLXXI.

Superlibros com as
armas de D. Rodrigo
de Sousa Coutinho.
Col. J. M. Almarjão

sobre o Exame e Censura de Livros, extinta a 17 de Dezembro de 1794, em cujas casas foi instalada. Ribeiro dos Santos, que contava já com a experiência da Biblioteca da Universidade de Coimbra, foi o primeiro Bibliotecário-Mor. Outros fundos de impressos e manuscritos foram enriquecendo a Biblioteca [92]. É neste mesmo sentido renovador que surge, em 1798, por iniciativa de D. Rodrigo de Sousa Coutinho, a Sociedade Real Marítima, Militar e Geográfica para o Desenho, Gravura e Impressão das Cartas Hidrográficas, Geográficas e Militares [93]. O ano seguinte assiste ao estabelecer da imprensa do Arco do Cego.

As novas instituições de carácter científico, pedagógico e cultural, bem como o clima intelectual vivido no reinado de D. Maria têm suscitado diversas valorações. Os historiadores mais conservadores deram ênfase a estas iniciativas de carácter institucional e à difusão das luzes que então se experimentava, reconhecendo-lhes o fermento revolucionário [94]. Outra linha historiográfica, liberal e republicana, aponta em sentido contrário. Para António Ferrão, por exemplo, «o reinado de D. Maria I é a ideia, e, até, o ideal, de regressão, sob os pontos de vista cultural e religioso, aos tempos pré-pombalinos. A ideia, e, até, o ideal – repetimos – dos governantes marianos consistia na derrogação, na abolição e na destruição não só nas páginas da legislação pátria, como nas pregas do cérebro dos coevos de algumas das medidas do marquês de Pombal. Especialmente a que reformou a Universidade e criou a Mesa Censória» [95]. Ferrão persistia na senda de Latino Coelho, que vira a reforma da Universidade em 1772 e a criação da Mesa Censória enquanto baluartes da luta contra a absoluta dominação do poder eclesiástico, tido como ultramontano. Latino Coelho defendera que, perante o despertar de uma opinião pública inovadora e liberal, os instrumentos para a sua difusão eram escassos. Nesta situação, um dos principais aspectos consistia no «estado de apavorante analfabetismo»

[92] Manuela D. Domingos (em colaboração com Inês Lopes e António Braz de Oliveira), «Biblioteca Nacional (Portugal)», in *Historia de las Bibliotecas Nacionales de Iberoamerica: pasado y presente*, 2.ª ed., México, Universidad Nacional Autónoma de México, 1995, pp. 440-497.

[93] Fátima Nunes, «A Sociedade Real, Marítima e Geográfica (1798-1808)», in Colóquio Internacional *Carlos III y su publico*, t. II, Madrid, Universidad Complutense, 1992, pp. 765-771.

[94] Por exemplo, Caetano Beirão, *D. Maria I 1777-1792*, p. 367: «Desconhece o Portugal desse período – ou tenta encobri-lo aos olhos dos incautos – aquele que representa o governo de D. Maria embiocado no mais vergonhoso obscurantismo e armado até aos dentes na defesa macabra da invasão das chamadas ideias francesas, sem deixar que aquém fronteiras se suspeitasse sequer do vendaval de renovação e de insânia que soprava lá das bandas de Paris. Dava-se precisamente o contrário! O governo, se pecou, foi pelo excesso de liberdade com que permitiu que em Lisboa se conhecesse, em seus pormenores, o incêndio que começava a lavrar por toda a França, e apresentado como se duma redenção se tratasse»; p. 385: «O reinado de D. Maria I era justamente de restauração dessas liberdades, de reacção contra o despotismo *esclarecido*, de que entre nós, Pombal foi o representante.»

[95] Ferrão, *A 1.ª Invasão Francesa*, p. CXL.

confundida com a criação de mais uma loja maçónica, pese embora a sua inscrição numa tradição familiar de organização de salões, a qual tinha sido bem representada por sua mãe, a marquesa de Alorna e a Sociedade da Rosa[104]. Ora, o paradoxo consistia, nas palavras do marquês, em se querer: «[...] preservar a mocidade do desgarre desta ceita [a maçonaria, entenda-se], e arrancar dela por todos os modos possíveis o marquês de Loulé, que se tem afastado de todos nós, e que anda acompanhado de gente que ninguém conhece – os homens não se convencem tanto com violências, como com insinuações agradáveis, e por isso se acha arranjado entre nós, que haja uma casa de assembleia, em que se possa achar sempre a companhia de Fidalgos velhos e moços, cujas máximas religiosas, realistas, e briosas, façam reviver o tom nobre, e decente, que sempre reinou na nossa Corte, e que a desunião tem trocado em fraques, esconderijos, e egoísmo»[105].

Pouco adiantaram os pedidos do marquês de Alorna tendo em vista obter a protecção do príncipe D. João, para esta iniciativa em que todos seriam chamados «a professar inviolavelmente Deus – Rei – e honra»; protecção, note-se, bem diferente da que tinha sido dada pelo rei da Prússia «a Voltaire, d'Alembert e outros destruidores do Trono»[106]. O certo é que, em finais de Novembro de 1802, o Palácio de S. Domingos estava sob apertada vigilância policial. Pela mesma altura, D. Rodrigo de Sousa Coutinho explodia de indignação declarando, em carta enviada ao Príncipe, «que nada é tão perigoso na Monarquia como Sociedades de Classes que se querem arrogar direitos que não têm, e que certamente não são menos perigosas do que as sociedades secretas dos pedreiros livres; e que consequentemente umas e outras devem ser proscritas, e todos os membros das mesmas devem merecer a sua justa indignação. Digne-se V. A. R. dar sem perda de tempo as providências necessárias para extirpar este mal, e sobretudo digne-se tirar das Mãos de Doidos, e Mal-intencionados a Força Armada, pois que da mesma podem abusar quando menos se espera»[107]. Os receios de D. Rodrigo, pelo menos

---

[104] Maria Amália Vaz de Carvalho, «A Marquesa de Alorna – A sociedade e a literatura do seu tempo», *Boletim da segunda Classe da Academia das Sciências de Lisboa*, vol. IV, fasc. n.º 2 (Julho, 1912; Coimbra, Imprensa da Universidade, 1913), pp. 313-459.

[105] Pereira, *D. João VI Príncipe e Rei*, vol. IV, p. 20.

[106] Idem, *ibidem*, vol. IV, p. 20.

[107] Pereira, *D. João VI Príncipe e Rei*, vol. IV, p. 22. Sobre a actuação do marquês de Alorna na Beira em 1801 e como interveniente nas lutas ocorridas em Julho de 1803 conhecidas como os tumultos de Campo de Ourique, cf. Francisco de Borja Garção Stockler, *Cartas ao autor da Historia geral da Invazão dos Francezes em Portugal*, Rio de Janeiro, Impressão Régia, 1813, pp. 56-62; Soriano, *Historia da Guerra Civil e do estabelecimento do Governo Parlamentar em Portugal*, 1.ª Época, t. II, pp. 342, 565-567. Sobre a suspeição lançada por D. Rodrigo de Sousa Coutinho em relação à incompetência das chefias militares, em particular o duque de Lafões, e seu desastroso desempenho na Guerra das Laranjas de 1801, cf. Alexandre, *Os Sentidos do Império: Questão nacional e questão colonial na crise do Antigo Regime português*, p. 123.

em relação ao marquês de Alorna e à sua colaboração com a maçonaria britânica terão sido confirmados pelos tumultos de Julho de 1803, quando D. Pedro de Almeida se apresentou como conivente com Gomes Freire de Andrade, naquela que foi considerada por Luz Soriano como «provavelmente a primeira tentativa pública ou reacção política, destinada a conseguir alguma modificação liberal no sistema de governo existente por então» [108].

Outro exemplo de uma cultura política onde constantemente se detectam receios de uma conspiração e de um contágio de ideias encontra-se no caso de Manuel Maria Barbosa du Bocage. Em Agosto de 1797, o poeta Bocage é considerado pela Intendência Geral da Polícia como «autor de alguns papéis ímpios, sediciosos e críticos», do que resultou o seu internamento no Limoeiro. Pelos mesmos anos de 1798 e 1799, Pina Manique – seguindo uma política catequética e missionária desde há muito sugerida por homens como o Bispo Frei Manuel do Cenáculo – solicitava aos superiores dos seminários do Varatojo e Brancanes a organização de missões de catequese em Lisboa e Coimbra, ficando o Porto e outras cidades do Norte a cargo dos seminários de Vinhais e Mesão Frio. Neste quadro, Bocage foi transferido para o hospício das Necessidades em Março de 1798, com o objectivo de vir a ser doutrinado pelos oratorianos, entre os quais se contava o P.ᵉ Teodoro de Almeida. Ao ser solto, em 1801, foi encarregue da tradução de poemas didáticos franceses, e integrado na Casa Literária do Arco do Cego. Porém, estas medidas e a esperada reconversão de Bocage não impediram que tivesse sido de novo denunciado à Inquisição, em Dezembro de 1804, como pedreiro-livre [109]. Interessante será reparar que, nesta sequência, onde se assiste ao desenvolvimento de uma instituição de controlo e simultaneamente a formas de resistência baseadas na circulação de ideias, em suporte manuscrito ou impresso, os acontecimentos da primeira Invasão francesa, comandada por Junot, demonstraram a incapacidade da polícia em controlar a circulação da informação, presente em pasquins, folhas volantes, etc. [110]

A dificuldade em organizar uma narrativa – atenta simultaneamente às práticas culturais e às instituições, de controlo ou de promoção, que nelas se baseiam – tem diversas explicações. Por um lado, a necessidade de reflectir

---

[108] Soriano, *Historia da Guerra Civil e do estabelecimento do Governo Parlamentar em Portugal*, 1.ª Época, t. II, p. 567.

[109] Ferrão, *A 1.ª Invasão Francesa*, pp. XCVI-XCVII, CXXX.

[110] Idem, *idem*, p. CCXXXII.

sobre as tradições historiográficas que muitas vezes impregnam as formas de tematização e problematização, sob a forma subliminar do não-dito, constitui--se em obstáculo à construção de uma narrativa cronológica que conte, pura e simplesmente, a história dos factos tal como se passaram. Por outro lado, o mesmo tipo de obstáculo surge devido ao interesse em estabelecer relações de vária ordem entre diversas instituições, formas de sociabilidade, modos de comunicação, comportamento de diversos agentes e dimensões da cultura política. Recorrendo, por isso, a uma outra maneira de explicação será útil aprofundar alguns aspectos de diferente natureza, tendo em vista compreender o contexto em que se insere a Casa Literária do Arco do Cego.

O primeiro aspecto é um facto do vocabulário, com largas implicações. Trata-se da palavra filósofo, ou filosofia, e dos adjectivos derivados, uma das referências correntes nas letras do tempo. Já foi referido como é que Vicente de Sousa Coutinho, em 1792, e D. Francisco de Lemos, em 1804, se referem respectivamente ao «mefitismo filosófico» e aos «falsos filósofos do tempo». Já frei Manuel Cenáculo denunciara os perigos da «Filosofia de falso nome» [111]. E José Liberato Freire de Carvalho, nas suas memórias relativas ao início do século XIX, escreveria: «nesse tempo o nome de filósofo era um título de perseguição, que lentamente se nos [referindo-se a ele e ao irmão] ia preparando pelo ciúme que causava a geral estimação, que merecíamos a muita gente de nome» [112]. Mas uma das mais interessantes referências ao termo encontra-se na pena de Francisco de Borja Garção Stockler: «A nossa confiança não será em tempo algum desmentida; pois que os progressos da razão humana, já muito superiores à inércia da ignorância, e aos furores da barbaridade nos afiançam a perpétua duração daquela ordem de espíritos, que igualmente distantes da fatuidade que só preza o vão esplendor das distinções arbitrárias e do *orgulho filosófico*, que todas finge desprezar, respeitam na nobreza herdada o exemplo das virtudes sociais transmitido de Pais a Filhos por uma série não interrompida de gloriosas acções, e tributam aos talentos úteis, e ao amor da humanidade a veneração, que por si mesmos lhes é devida». E o mesmo Stockler explica em nota a expressão sublinhada: «Posto que o orgulho seja incompatível com a verdadeira Filosofia, não há sentimento mais ordinário naquela classe de homens que, condenados pela natureza ou pela sua própria indolência a ser perpétuos escravos das paixões mais baixas, e a vegetar no seio dos erros e das preocupações, aspiram contudo a ter a reputação de

---

[111] Cenáculo, *Cuidados literarios*, p. 550.
[112] José Liberato Freire de Carvalho, *Memórias da vida*, intr. de João Carlos Alvim, Lisboa, Assírio e Alvim, 1982 (1.ª ed., 1855), p. 23.

Filósofos. Estes seres essencialmente vaidosos, persuadidos de que a superioridade real dos espíritos transcendentes sobre as almas ordinárias consiste em desprezar tudo quanto o comum dos homens geralmente respeita, não duvidam, só para obter as aparências da quimérica grandeza, que constitui o objecto da sua principal ambição, sacrificar a este ídolo imaginário todos os outros sentimentos do seu coração, estendendo com estudada indiferença o seu afectado desprezo até áquelas mesmas coisas que mais prezam. O epíteto *filosófico* foi portanto o que nos pareceu mais adequado para especificar o orgulho desta classe de indivíduos, que só para passarem por Filósofos no conceito do vulgo não duvidam ser inconsequentes, e contraditórios consigo mesmos» [113]. É de notar que o elogio do progresso e da razão se articula com o elogio da nobreza, sendo contrário aos «filósofos» confundidos com o «conceito do vulgo». Da mesma forma, para José Liberato, o que estava em causa era o modo como era visto o convívio com a «gente de nome». Que conclusões se podem retirar destes factos de linguagem? Um dos resultados mais evidentes parece ser a de que uma cultura nobiliárquica de antigo regime se mostra permeável ás ideias de progresso e da razão; isto é, os valores do progresso e da razão não são um exclusivo de uma cultura em que a Revolução Francesa é referência. Mas existe uma outra conclusão que poderá ser enunciada sob a forma de hipótese: a formação de um estigma em relação à filosofia e aos filósofos parece sugerir a identificação na época de uma espécie de «política abstracta», pertencendo exclusivamente ao domínio das ideias, externa à realidade social, sendo esta concebida como uma ordem hierárquica que tinha no topo a referida gente de nome ou a nobreza. Ora, foi esta dicotomia – entre o domínio abstracto das ideias e o da realidade constituída pela ordem social – que Tocqueville utilizou para compreender o final do antigo regime [114].

Um outro aspecto a considerar é a relação entre instituições de controlo ou formas de promoção dos saberes e práticas culturais. De facto, nos finais do século XVIII e inícios do século XIX, assistiu-se a uma intensificação da circulação de materiais tanto manuscritos como impressos. Embora sem corresponder a uma revolução da técnica da tipografia e da impressão de

---

[113] Francisco de Borja Garção Stockler, *Elogio historico de Pascoal José de Melo Freire dos Reis pronunciado na Assembléa Publica da Academia R. das Sciencias de 17 de Janeiro de 1799*, Lisboa, Academia Real das Ciências, 1799, pp. 3-4. (A importância deste discurso foi notada na época, cf. Fidelino de Figueiredo, «Cartas inéditas de Joseph Andrés Cornide y Saavedra a Joseph Lòpez de la Torre Ayllón y Gallo (1799)», *apud* Idem, «Viajantes Espanhoes em Portugal», *Boletins da Faculdade de Filosofia, Ciência e Letras* (Universidade de São Paulo), vol. LXXXIV – *Letras*, n.º 3 (1947), pp. 62, 74.

[114] Alexis de Tocqueville, *L'ancien régime et la révolution* (1.ª ed., 1856), ed. J.-P. Mayer, Paris, Gallimard, 1967, pp. 229-241.

gravuras, os investimentos e o aproveitamento de recursos conduziram a uma expansão do número de materiais impressos nesse período [115]. Por exemplo, já bem entrado o século XIX, um observador da província escrevia, reagindo à crescente circulação de impressos, «Eu não refiro agora se não o que pertence particularmente a Braga, no resto há infinitos papéis públicos, notícias sobre notícias, umas falsas, outras verdadeiras e por isso só me ocupo no que vejo» [116]. Ao longo do último quartel do século XVIII, o comércio internacional do livro conhece também um dos seus momentos áureos, cabendo a Portugal uma parcela importante na procura do livro, sobretudo em língua francesa [117]. Certo é, porém, que a investigação tende a dar ênfase aos centros que controlam e promovem, em detrimento das práticas culturais, baseadas no uso de objectos impressos.

Claro que existem excepções, como a que foi mais recentemente proposta por Fátima Nunes, a propósito do *Prospecto da Obra Periódica sobre a Agricultura de Portugal* de 1788. Tratava-se de anunciar o aparecimento das *Memórias sobre Agricultura* da Academia das Ciências, procurando estabelecer a comunicação entre os lavradores, «chamados a colaborarem num plano de inquérito á agricultura do País» e a «estabelecer a ponte entre os conhecimentos estrangeiros e a sua aplicabilidade ao solo, clima, e situação de Portugal» [118]. A mesma historiadora demonstrou, a propósito do consumo dos periódicos contendo matérias científicas, a existência de uma cartografia de fraca concentração urbana, logo, firmada na província [119]. Contudo, apesar destas tentativas, pouco se sabe acerca da configuração do País a partir das suas práticas culturais de

---

[115] Ver a título de exemplo: A. Gonçalves Rodrigues, *A novelística estrangeira em versão portuguesa no período pré-romântico*, sep. do *Boletim da Biblioteca da Universidade de Coimbra*, vol. xx, Coimbra, Biblioteca da Universidade, 1951; Luís Cabral, coordenação, *Obras impressas no Porto Séc. XV a Séc. XVIII. Exposição. V Centenário dos Primeiros Livros Impressos no Porto*, Porto, Biblioteca Pública Municipal do Porto, 1997; Isabel Maria da Cruz Lousada, *Para o estabelecimento de uma Bibliografia Britânica em Portugal (1554-1900)*, Lisboa, 1998 (policopiado, Dissertação de doutoramento apresentada à Faculdade de Ciências Sociais e Humanas da Universidade Nova de Lisboa).

[116] Inácio José Peixoto, *Memórias particulares*, intr. de Luís A. de Oliveira Ramos, ed. coordenada por José Viriato Capela, Braga, Arquivo Distrital de Braga – Universidade do Minho, 1992, p. 282.

[117] Manuela D. Domingos, *Livreiros de Setecentos*, Lisboa, Biblioteca Nacional, 1999, p. 134 (no prelo).

[118] Maria de Fátima Nunes, *Leitura e Agricultura. A Imprensa Periódica Científica em Portugal (1772--1852)*, Évora, 1994 (policopiado, Dissertação de doutoramento apresentada à Universidade de Évora), pp. 89, 91. Sobre este mesmo problema da ligação entre uma instituição e um público, pensado como rede de agentes ou de outras micro-instituições, cf. a síntese de Pintassilgo, *Diplomacia, política e economia na transição do século XVIII para o século XIX – O pensamento e acção de António de Araújo de Azevedo (Conde da Barca)*, p. 265.

[119] Nunes, *Leitura e Agricultura. A Imprensa Periódica Científica em Portugal (1772-1852)*, p. 30. A importância cultural da província não é confirmada por outras análises, a partir de outros indicadores, onde surge apontada a macrocefalia de Lisboa, cf. João Luís Lisboa, *Ciência e política*, Lisboa, Instituto Nacional de Investigação Científica, 1991, p. 43; Maria Alexandre Lousada, *Espaços de Sociabilidade em Lisboa: finais do século XVIII a 1834*, p. 328.

consumo. Assim, as políticas culturais não podem ser avaliadas em função da sua eficácia e dos seus resultados. Estas reflexões servem de aviso à redução de sentido de uma empresa, como a Casa Literária do Arco do Cego, às estratégias da propaganda; embora seja certo dizer que o próprio D. Rodrigo de Sousa Coutinho conhecia bem tais mecanismos, podendo estes ser documentados, pelo menos, em dois momentos. O primeiro, em Abril de 1799, quando circulava em Lisboa um poema de crítica ao governo, clamando por uma renovação ministerial, exceptuando D. Rodrigo, ao tempo Ministro da Marinha. A este propósito um observador estrangeiro notou: «No habla el soneto de Dn. Rodrigo de Sousa Coutiño Ministro de Marina y de las Colonias por que esta bien visto del Pueblo, y pasa por hombre de facil acceso, y benefico al mismo tiempo que instruído en su Ramo.» [120] O segundo momento passa-se em Agosto de 1803 – quando estava eminente a demissão de D. Rodrigo – , e traduziu-se no apelo por ele lançado de «tentar todos os meios de fazer pregar estas verdades aos povos, nos púlpitos, nos confessionários, e pelos magistrados assim como por diversos folhetos que sem comprometerem a V. A. R. dispusessem os espíritos para o movimento que depois se lhes há-de imprimir»; propondo Sousa Coutinho que se fizessem «imprimir, publicar e distribuir em forma de gazeta ou papéis volantes milhares de papéis, que pintassem debaixo das mais justas e negras cores as vistas dos franceses, a sua ambição, a sua associação com os espanhóis, a perfídia destes últimos, os projectos de se senhorearem de Portugal, de reduzir os povos à mais cruel escravidão, e finalmente os exemplos de tudo o que têm praticado nos países que invadiram, das cruéis opressões de que os povos têm sido vítimas e dos enganos com que foram iludidos» [121].

Uma outra questão decorrente da própria noção de propaganda diz respeito aos modelos utilizados e ao contexto internacional. A experiência em Turim de D. Rodrigo afigura-se, a este respeito, decisiva [122]. Mas, para a compreensão do perfil de D. Rodrigo, será também necessário ter em conta a política cultural de protecção às academias e fomento das artes gráficas — muito em especial da gravura numa oficina de calcografia da imprensa régia, feitura e divulgação de cartas náuticas e hidrográficas, e incentivos à publicação de obras impressas — posta em prática, desde finais de 1792, por D. Manuel Godoy, Príncipe da Paz [123].

[120] Figueiredo, «Cartas inéditas de Joseph Andrés Cornide y Saavedra a Joseph Lòpez de la Torre Ayllón y Gallo (1799)», apud *op. cit.*, p. 71.

[121] D. Rodrigo de Sousa Coutinho, «Parecer de 16 Agosto de 1803», *apud* Ângelo Pereira, *D. João VI Príncipe e Rei*, vol. I – *A retirada da Família Real para o Brasil (1807)*, pp. 133-134.

[122] BN, cód. 891 – *Relação política da Caza de Saboia*.

[123] D. Manuel Godoy, *Cuenta dada de su vida política*, Madrid, Imprenta de I. Sancha, 1836, t. II, cap. XLIV, pp. 225-275; t. III, cap. XVIII, pp. 244-270.

Este modelo de protecção e mecenato cultural contrastava, no entender do próprio Godoy, com a política de suspeição e perseguição generalizada, nomeadamente a censura aos periódicos praticada em 1791 pelo ministro Floridablanca. Tratava-se, por isso, de pôr fim a uma política errada caracterizada pela falta de liberdade e de luzes: «La Gaceta hablaba menos de los sucesos de la Francia que podria haberse hablado de la China. Ni paró en esto solo, porque acrecidos los temores del gobierno, todos los directores de las sociedades patrióticas recibieron órdenes secretas de aflojar las tareas y de evitar las discusiones en asuntos de economia política; las universidades y colegios, de ceñir la enseñanza á los renglones mas precisos; los gefes de provincia, de disolver toda académia voluntaria, y de celar estrechamente las antiguas que existiesen bajo el amparo de las leyes. Tal pareció España entonces por dos años largos, como un claustro de rígida observancia. Todo hasta el cielo mismo y el amor de la pátria era temido por la corte» [124]. Este era, pois, um resumo de «los terrores de Floridablanca» [125].

Diga-se, enfim, que a Casa Literária do Arco do Cego se afigura exemplar na tradução efectiva do projecto político de Sousa Coutinho, nos seus diversos sentidos. De facto, a oficina do Arco do Cego inscreve-se no âmbito de uma política colonial que, tanto no plano interno como no plano externo, realçava o Brasil sem esquecer a Índia. E a produção tipográfica de obras relativas à América Portuguesa – onde o estabelecimento da tipografia e das artes de impressão mais não fora que episódico – era um imperativo, num momento em que a prosperidade comercial da metrópole se lhe devia. O aparato, nomeadamente iconográfico, que as obras publicadas ou em preparação pretendiam, tem muito a ver com a dimensão propagandística, que se entendia de Estado. A exemplo do modelo já ensaiado pela Academia das Ciências, visava difundir as luzes da ciência, sobretudo no domínio da agricultura, adaptando a ideia fisiocrática nas colónias. O interesse pelas ciências e pela história natural, promovido já pela Academia das Ciências, encontrava a sua difusão nas obras impressas da mesma oficina, acompanhadas de gravuras. Ora, a produção do livro e da gravura acerca das ciências naturais – sem dúvida com o propósito instrumental e prático de desenvolvimento económico das colónias – não pode ser dissociada de um gosto haurido e difundido pelas elites, e concretizado no coleccionismo, na criação de jardins botânicos e na constituição de gabinetes ou museus. A impressão de livros e gravuras flui, portanto, com estratégias sociais de validação do conhecimento científico,

---

[124] Idem, *idem*, p. 169.
[125] *Ibidem*.

contribuindo para um reforço das formas de aparato simbólico de distinção, a que não eram estranhas as sociabilidades académicas. Breve mas intensa, a Casa Literária do Arco do Cego pode ser vista como um dos elementos do processo de construção do Estado moderno – chamado a assumir um número cada vez maior de funções, baseado na divisão do trabalho e em objectivos de racionalização – , mas a sua existência deverá também ser compreendida no âmbito do mecenato e das clientelas. A exemplo do que já se passara com a Academia das Ciências, a Casa Literária do Arco do Cego era uma forma de arregimentar intelectuais que, de outro modo, poderiam ter comportamentos sediciosos. Desenvolvendo, pois, operações de vigilância, a Casa parece também corresponder aos objectivos de uma política – pessoal e familiar – promovida por D. Rodrigo de Sousa Coutinho. Os ritmos da instituição reflectem, por isso, as fases da actividade política do ministro. O fim do Arco do Cego, com a sua integração na Imprensa Régia, pode, assim, apreender--se como resultado de uma racionalização financeira, mas também corresponde a uma nova posição pessoal de Sousa Coutinho, a quem porventura deixa de interessar a manutenção da oficina enquanto instituição autónoma. De lembrar que, no interior desta iniciativa, as clivagens terão sido várias e constantes. Há rasto desse ambiente. Um caso se conhece envolvendo dois grandes vultos: Bocage e José Agostinho de Macedo. Este último depreciara as traduções do rival, ao que Bocage respondeu no prefácio de *As Plantas* e omitindo-o em uma lista dos vates do tempo. Macedo ripostou, virulento, tentando calar o poeta — a quem se deve a tradução de uma *Elegia* de José Francisco Cardoso a D. Rodrigo de Sousa Coutinho, em latim [126]:

> «*Tu és magro, és vadio, és pobre, és feio,*
> *E nada disto em ti reprovo ou noto.*
> *Mas posso emudecer, quando contemplo*
> *Que queres ser um déspota em Poesia?*
> *Tu que a soldo de um frade* [127] *ao mundo embutes*
> *Rasteiras cópias de originais soberbos.*
> *Que vulto fazes tu? Quais são teus versos?*
> *Teus improvisos quais? Glosar três motes*
> *Com lugares-comuns de facho e setas,*
> *Velhos arreios do menino Idálio?*
> *Glosar e traduzir, isto é ser vate?*

---

[126] Lisboa, Oficina de Simão Tadeu Ferreira, 1800.
[127] O frade era fr. José Mariano da Conceição Veloso, o operoso homem forte do Arco do Cego.

José Mariano da Conceição Veloso (1742-1811) — Um frade no Universo da Natureza*

MARIA DE FÁTIMA NUNES
JOÃO CARLOS BRIGOLA
Universidade de Évora – CEHFC

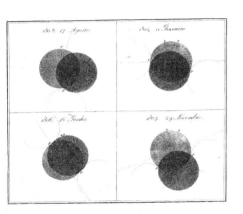

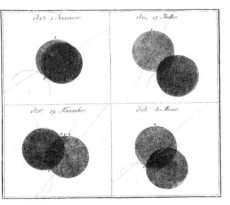

[Cat. n.º 24]

A personalidade de Frei José Mariano da Conceição Veloso comungando de traços comuns a tantas outras que se movimentaram no universo da nossa História Natural de setecentos exibe, contudo, uma singularidade marcada pela pulsão de divulgador de conhecimentos «práticos» e «úteis» num projecto editorial de rara coerência temática.

Questão que se tem colocado com insistência na biografia do frade franciscano é a de aclarar o ambiente intelectual que lhe terá acarinhado a vocação naturalista. Excluída com segurança a hipótese de formação universitária na pombalina Faculdade de Filosofia Natural [1], a explicação terá que encaminhar-se em duas direcções: para a escala de valores doutrinados nos planos de estudos mendicantes e para a sociabilidade académica, de cariz científica, registada na capitania do Rio de Janeiro na segunda metade de setecentos.

Como naturalista será sempre o botânico autodidacta a quem um dia o poder político libertou dos rigores conventuais e impôs o regresso ao século, destinando-o a recolher espécies exóticas para o Real Museu e Jardim Botânico da Ajuda e a herborizar a flora brasileira [2]. Mas o facto de não ostentar um percurso académico formal e o seu afastamento dos grandes centros europeus de produção teórica haveriam de pesar na avaliação crítica que os botânicos «profissionais» formularam sobre a monumental *Florae Fluminensis* que permaneceria, aliás, inédita até muito depois da sua morte.

É, por isso, significativo que tenha conseguido os favores da elite política materializados no amplo apoio financeiro às propostas de actividade editorial mas que, ao invés, a sua aceitação no meio científico lisboeta tenha ficado marcada pela exclusão da Academia das Ciências de Lisboa e pela censura científica de Brotero à sua obra fitológica.

---

* Investigação no âmbito do projecto Praxis, XXI/2/2.1/CSH/768/95, apoiada pelo programa Prodep e levada a efeito ao abrigo de Protocolo entre a BN e o CEHFC/UE.

[1] O seu nome não consta dos *Livros de Matrícula* do Arquivo da Universidade de Coimbra.

[2] «Fr. Veloso começou a dedicar-se ao estudo da Botânica, ciência para a qual sentia a mais forte inclinação. Não se sabe se teve algum mestre que o iniciasse no estudo das Ciências Naturais, sendo, no entanto, de presumir que tenha sido um completo autodidacta» (Abílio Fernandes, «Quatro cartas inéditas de Brotero para o Conde da Barca», *Revista da Faculdade de Ciências*, vol. XVI, Coimbra, 1947, p. 100)

1 — *De Minas Gerais ao Rio de Janeiro: os anos de formação e o congreganismo mendicante*

Dos primeiros anos de vida de José Veloso Xavier – seu verdadeiro nome de baptismo – pouco se sabe e os dados revelados nem sempre são coincidentes entre os biógrafos, a começar pelo ano de nascimento que alguns teimam em datar de 1741 e outros, a maioria, do ano seguinte. É certo, contudo, ter sido registado pelos pais, José Veloso da Câmara e Rita de Jesus Xavier, na freguesia de Santo António, vila de S. José, comarca do Rio Grande das Mortes, bispado de Mariana [3]. Importa daqui reter um elemento que se revelará rico de significado premonitório para os que atribuem uma condicionante geográfica às raízes do espírito independentista brasileiro – Frei José Mariano da Conceição Veloso nasce na Capitania de Minas Gerais, terra de movimentos culturais «ilustrados» e de «inconfidências» políticas.

Em 1761, então com 19 anos, o jovem «mineiro» decide-se pela carreira eclesiástica vestindo o hábito dos religiosos menores reformados de S. Francisco – os Capuchos – no convento de S. Boaventura de Macucú. Depois de aí professar durante cinco anos, recebe ordens sacras no convento de Santo António do Rio de Janeiro onde estuda filosofia e teologia. Apesar de em 1768 ter sido eleito pregador, não se evidenciaria como orador sacro revelando antes dotes didácticos que haveriam de conduzi-lo, dois anos depois e já com o título de confessor, à docência de geometria no convento de S. Paulo e, de volta ao seu convento fluminense, ao magistério de história natural.

Não poderemos senão conjecturar sobre as influências intelectuais que terão moldado as opções científicas de frei Veloso, mas não parece despropositado associá-las ao novo espírito das reformas dos planos de estudos conventuais cujo paradigma permaneceria o pioneiro *Plano dos estudos para a Congregação dos religiosos da Ordem terceira de São Francisco do Reino de Portugal*, concebido em 1769 pelo provincial Frei Manuel do Cenáculo Vilas-Boas [4].

Embora mantivesse a dominante pedagógica nos tradicionais estudos de teologia e de filosofia racional, e no apelo ao didactismo das autoridades «clássicas», o *Plano* introduzia timidamente os estudos físico-matemáticos e filosófico-naturais, insinuando alguns princípios de geometria, e de ontologia

---

[3] Cf. Manuel Ferreira Lagos, «Elogio historico de Frei J. M. da C. Veloso», *Revista do Instituto Historico, Geographico, e Ethnographico do Brasil*, t. II, 1858, pp. 596-614; e José Saldanha da Gama, «Biographia do botanico brasileiro José Mariano da Conceição Velloso», *ibidem*, t. XXXI, Parte 2.ª, 1868, pp. 137-305.

[4] Lisboa, Regia Officina Typografica, 1769.

e pneumatologia, matérias em que «o professor há de mostrar aos Discipulos (...) como lhe he encarregado [...] os diversos monumentos do Mundo Fysico, que houver no Museo do Convento, e instruillos com as noções precisas, para que elles no Curso Theologico saibão entender-se na Fysica Sacra». Nas leituras nomeadas para a aula de filosofia natural, Cenáculo recomendava para comentário «algumas cousas da *Historia Natural* de Plinio».

O que importa aqui acentuar é a inserção destes novos saberes, como disciplinas propedêuticas da cultura geral do frade ilustrado, num plano pedagógico que modelou e deu o tom aos demais institutos regulares para reformarem os seus estudos quando, depois de 1772, o marquês de Pombal ordenou a redacção de estatutos «acomodados» aos da Universidade de Coimbra [5]. De todo o modo, doutrinariamente filiados na matriz franciscana, os religiosos capuchos brasileiros comungariam certamente dessa especial sensibilidade para com a Natureza que impregnava o ideário dos frades menores [6], proporcionando um ambiente conventual que dava sentido e justificação às opções intelectuais do jovem professor: «Das ciências que leccionou com notável sabedoria, nenhuma lhe agradou tanto como a história natural, para que fora nomeado lente em Janeiro de 1786. Naturalista por vocação, por génio, ele achou sempre um inexplicável encanto, estudando a natureza desde os mais verdes anos. As plantas com particularidade o enlevavam; criança ainda, as contemplava cheio de curiosidade, e muitas vezes deixou de ir à aula para embrenhar-se nas matas, esquecido de tudo e só preocupado na análise das flores que encontrava, já querendo devassar todos os segredos da natureza vegetal. De sua cela fizera ele um gabinete de estudos.» [7]

Vista por este prisma, a personalidade de frei Mariano Veloso há que ser associada a outras notáveis figuras eclesiásticas setecenfistas (quase todas provenientes de congregações mendicantes) que desenvolveram actividades científicas e museológicas de carácter naturalista, no Brasil e no Reino: frei

---

[5] Os beneditinos, por exemplo, aprovaram em 1789 um *Plano e Regulamento dos Estudos*, «numa comunidade onde prima o espírito quantitativo [...] o prestígio das ciências exactas e das ciências naturais assume tal relevo que [...] manda ensinar matemática durante dois semestres do curso secundário de filosofia [...] e reserva dois semestres às ciências naturais e à física, ficando apenas dois semestres para a filosofia racional e moral. Ora, a hipervalorização das ciências exactas e naturais, aqui testemunhada, quadra com o espírito científico próprio da ilustração» (Luís A. de Oliveira Ramos, *Para a história do ensino em Portugal. Frei Francisco de S. Luís, professor de matemática*, Sep. da Revista Bracara Augusta, t. XXX, Braga, 1976).

[6] Cf. Francisco da Gama Caeiro, *Fr. Manuel do Cenáculo. Aspectos da sua actuação filosófica*, Lisboa, Instituto de Alta Cultura, 1959; J. Marcadé, *Frei Manuel do Cenáculo Vilas Boas évêque de Beja, archevêque d'Evora (1770-1814)*, Paris, Centro Cultural Português da FCG, 1978; A. A. Banha de Andrade, *Contributos para a história da mentalidade pedagógica portuguesa*, Lisboa, Imprensa Nacional, 1982.

[7] Augusto Victorino Alves Sacramento Blake, «Frei José Mariano da Conceição Veloso», *Diccionario bibliographico brazileiro*, 5.º vol., 1899, p. 64.

José da Costa Azevedo (1763-1822)[8], padre Joaquim Veloso de Miranda (1742--1817)[9], frei Leandro do Sacramento (1778-1829)[10], frei José Mayne (1728--1792)[11], frei Manuel do Cenáculo (1724-1814)[12], padre João de Loureiro (1710-1791)[13].

2 — As academias científicas do Rio de Janeiro e o ambiente cultural naturalista

BN/Iconografia

Ao tempo em que frei Mariano Veloso, nos inícios da década de 70, assumia funções docentes nas cidades de S. Paulo e no Rio de Janeiro o interesse pelas ciências da natureza traduzia-se na capital fluminense pela criação de uma agremiação científica e de um pequeno horto botânico. A iniciativa pertence ao vice-rei Marquês do Lavradio e congrega a pequena comunidade de profissionais ligados às actividades médicas e farmacêuticas, a que se juntam alguns naturalistas amadores dos meios castrense e eclesiástico: «Assim se formou a Academia Fluviense Médica, Cirúrgica, Botânica, Farmacêutica, por

[8] Franciscano, natural do Rio de Janeiro, estudou teologia em Coimbra. Ensinou mineralogia na Academia Militar, foi director do gabinete mineralógico e físico. Primeiro director do Museu Nacional criado por D. João VI, pelo decreto de 6 de Junho de 1818 (Cf. *Florae Fluminensis de Frei José Mariano da Conceição Vellozo. Documentos*, Rio de Janeiro, Arquivo Nacional, 1961, pp. 343-346).

[9] Natural de Minas Gerais. Formou-se em Filosofia Natural, em Coimbra, no ano de 1777. Regressou ao Brasil em 1785, mas manteve correspondência científica com o seu antigo professor Domingos Vandelli, servindo de colector de produtos naturais para o Real Museu de História Natural e Jardim Botânico da Ajuda (Cf. Carlos Stellfeld, *Os dois Vellozo: biografias de Frei José Mariano da Conceição Vellozo e Padre doutor Joaquim Vellozo de Miranda*, Rio de Janeiro, 1952).

[10] Carmelita, natural do Recife. Estudou em Coimbra onde foi aluno de Félix de Avelar Brotero. Concluiu Filosofia Natural em 1806. Lente de Botânica na Academia Médico-Cirúrgica do Rio de Janeiro. Director do Jardim Botânico fluminense a partir de 1824 (Cf. *Florae Fluminensis...* 1961, pp. 351-361).

[11] Religioso da Terceira Ordem da Penitência de S. Francisco. Coleccionador de pintura e de produções naturais. Sócio da Academia Real das Ciências «[...] Já o Reverendo Padre Mestre Fr. Jozé Mayne além de ter formado um copioso, e rico museu de História Natural no convento de Nossa Senhora de Jesus determinou rendas para o aumento do mesmo, e do religioso inteligente de história natural a quem fica incumbida a direcção, ao qual Sua Magestade poderia determinar uma cadeira de História Natural debaixo da inspecção, que determinar. Para esta cadeira pode servir Fr. Jozé da Costa Azevedo.[...]» (Domingos Vandelli, *Memoria sobre a Faculdade Filosofica da Universidade de Coimbra*, s/d [1792] Arquivo Nacional Torre do Tombo, Ministério do Reino, Maço 519, Cx. 646, «Universidade de Coimbra. Negócios diversos»).

[12] Religioso da Terceira Ordem da Penitência de S. Francisco. Bispo de Beja, fundou um Museu em 1791 cujas colecções incluíam abundantes produtos da Natureza. Manteve correspondência e intercâmbio científico com naturalistas e coleccionadores europeus. Eleito arcebispo de Évora em 1802, fez deslocar para aqui a maior parte do espólio museológico, o qual tornou público em 1811 (Cf. Fernando António Baptista Pereira, «Le rôle de l' Église dans la formation des premiers musées au Portugal à la fin du XVIII siècle», in *Les musées en Europe à la veille de l'ouverture du Louvre*, Paris, Klincksieck, 1995).

[13] Padre jesuíta. Sócio da Academia das Ciências de Lisboa. Viveu algumas décadas na China onde recolheu material botânico, com o qual constituiu um herbário, e escreveu a *Florae Cochinchinensis* e outros textos científicos publicados postumamente pela Academia. Correspondeu-se com o naturalista inglês J. Banks (Cf. Bernardino António Gomes, *Elogio historico do P.e João de Loureiro*, Lisboa, Typographia da Academia, 1865).

vezes designada Sociedade de História Natural do Rio de Janeiro, que se inaugurou a 18 de Fevereiro de 1772 na sala do palácio do vice-rei e na sua presença e de um numeroso concurso de pessoas de toda a qualidade recitaram os directores da mesma Academia cinco eruditas orações sobre a Medicina, Anatomia, Cirurgia, História Natural, Química e Farmácia» [14].

Pelo título de uma das comunicações académicas se deduz que já anteriormente houvera a tentativa de fundar na colónia americana uma sociedade médica e de estudos botânicos. Na verdade, vinha das primeiras décadas do século a tradição das associações literárias que davam corpo às aspirações intelectuais da elite urbana brasileira, sendo particularmente significativa a actividade da efémera Academia dos Selectos que chegara a promover, na década de 50, a impressão de vários folhetos [15].

As sessões da Academia Fluviense, que persistiram até Abril de 1779, realizavam-se uma vez por semana para apresentação de dissertações eruditas e os sábados eram reservados para visitas ao horto botânico o qual, de acordo com os *Estatutos*, servia «[...] para nele se tratarem, e recolherem todas as plantas notáveis, e terá cada académico obrigasaõ de o hir ver para observar a diferença e crescimento delas. Haverá alguns coletores, os quaes seraõ encarregados do Horto Botanico: haverá tambem alguns academicos dezenhadores de plantas» [16].

O estabelecimento deste horto na cerca do Colégio dos Jesuítas correspondia a uma visão da Botânica como ciência auxiliar da Medicina – em razão das potencialidades farmacológicas das espécies vegetais – de acordo aliás com a linha dominante, desde o séc. XVI, no pensamento científico europeu [17]. Só em 1796 será criado o primeiro Jardim Botânico, o de Belém, no Pará, o qual serviria de modelo a todos os que se estabeleceram posteriormente no Brasil, como os do Rio de Janeiro e o de Olinda [18]. Por isso se está longe ainda,

BN/Iconografia

[14] Augusto da Silva Carvalho, *As academias científicas do Brasil no século XVIII*, Lisboa, Sep. de *Memórias da Academia das Ciências de Lisboa*, Classe de Ciências, t. II, 1939, p. 5.

[15] Cf. Augusto da Silva Carvalho, *ob. cit.*, 1939, p. 4. «A esta sociedade deve-se a instituição da primeira typographia que houve no Brazil, segundo diz Ribeiro dos Santos. Mas pouco durou esta typographia porque, por ordem do governo da metropole, foi destruida e queimada para que se não propagassem por este meio idéias contrarias ao regimen colonial» (Moreira de Azevedo, «Sociedades fundadas no Brazil desde os tempos coloniaes até o começo do actual reinado», *Revista Trimensal do Instituto Historico Geographico e Ethnographico do Brazil*, t. XLVIII, Parte II, 1885, p. 269).

[16] Idem, *ibidem*, p. 8.

[17] «Il legame con la medicine, insieme con la maggiore facilità di osservazione, raccolta e conservazione, favorisce il maggiore sviluppo della botanica rispetto alla zoologia: non a caso molti orti botanici sorgono presso scuole di medicina» (Antonello La Vergata, «La storia naturale e le classificazioni», in *Storia della scienza moderna e contemporanea. Dalla rivoluzione scientifica all'età dei lumi*, Turim, UTET, 1988, p. 781).

[18] Cf. Maria Beatriz Nizza da Silva, «A cultura», in *O império luso-brasileiro. 1750-1822*, Lisboa, Editorial Estampa, 1986, pp. 445-498; Leopoldo Collor Jobim, «Os jardins botânicos no Brasil colonial», *Bibliotecas, Arquivos e Museus*, vol. 2, n.º 1, Janeiro/Junho 1986, pp. 53-120.

no horto fluviense, da «economia da natureza» e do discurso científico que aspirava à descrição e classificação das espécies dos três «reinos» da Natureza, à luz de uma taxonomia racionalizadora e totalizante como a de Linneo. No entanto, não deixa de ser curioso saber que a Academia do Rio de Janeiro prestaria homenagem ao sábio sueco, anunciado-lhe a sua fundação e conseguindo – através dos bons ofícios do médico estrangeirado António Nunes Ribeiro Sanches (1699-1783) – que a Sociedade de Upsala lhe conferisse o diploma de fraternidade [19].

Da *Relasaõ dos Academicos de que he composta a Academia* não consta o nome do frade capucho, nem saberemos se algum vez terá participado nas suas actividades, mas o que parece indiscutível é que o ambiente cultural nas principais cidades brasileiras, com especial relevo para o Rio de Janeiro, proporcionava uma sociabilidade científica de cunho naturalista propícia à afirmação intelectual de personalidades como a do autor da *Florae Fluminensis*.

3 — *O governo do vice-rei Luís de Vasconcelos e Sousa — o naturalismo como política de Estado (1779-1790)*

O governo do vice-rei Luís de Vasconcelos e Sousa (1779-1790) [20] marcaria uma nova etapa na vida cultural da colónia americana e revelar-se-ia decisivo no traçado de novo rumo na vida de frei Mariano da Conceição Veloso.

Vasconcelos e Sousa, aristocrata da casa dos Castelo Melhor, «gentleman naturalista», seguia na capital fluminense os avatares da moda europeia possuindo gabinete privado, rico de colecções «naturais e artificiais», entregue aos cuidados do «zelador» Francisco Xavier Cardoso Caldeira, o «Xavier dos Pássaros» [21]. Enquanto homem público demonstraria igual tipo de preocupações quando – aparentemente relacionado com o facto de ele próprio ter adoecido com a epidemia conhecida por «Lamparina» [22] e animado por

---

[19] Cf. Augusto da Silva Carvalho, *ob. cit.*, 1939, p. 10.

[20] O *Almanach de Lisboa* apresenta-o como: «Vice-Rei e Capitão-General de Mar e Terra do Estado do Brazil, no Rio de Janeiro, da casa titular dos condes de Castelo Melhor. Sócio honorário da Academia Real das Ciências, Graõ-Cruz da Ordem de S. Tiago, Conselheiro de Estado, Viador da Senhora Princeza Viúva, Presidente da Meza do Desembargo do Paço, e Inspector das Obras Publicas.»

[21] Para obter elementos mais circunstanciados sobre Francisco Xavier e a sua actividade museológica, veja-se Maria Margaret Lopes, *O Brasil descobre a pesquisa científica: os museus e as ciências naturais no século XIX*, São Paulo, Editora Hucitec, 1997, pp. 26-27.

[22] «[...] epidemia reinante que o povo batisou de «Lamparina», corrompendo o nome da cantora Zamperini, que por volta de 1770, em Lisboa, era coqueluche de damas e senhoras; tudo, então, era a «Zamperini»: vestidos, penteados, adereços» (*Florae Fluminensis de Frei José Mariano da Conceição Vellozo. Documentos*, Rio de Janeiro, Arquivo Nacional, 1961, pp. 354-355).

preocupações de higiene pública – ordenou o aterro de uma lagoa e em seu lugar fez construir um parque (o «Passeio Público») para onde ideou, em 1784, o primeiro museu de história natural do Brasil, a «Casa de História Natural». Popularmente conhecida como «Casa dos Pássaros», por mais de vinte anos aqui se coleccionaram, armazenaram e prepararam produtos naturais e adornos indígenas para enviar a Lisboa [23].

Pela correspondência trocada com a Corte é possível comprovar como a sua acção governativa prosseguia com diligência as tarefas de colector de especímens naturais requeridos pela Secretaria de Estado dos Negócios Ultramarinos e pelo Real Museu e Jardim Botânico da Ajuda [24], na tradição do serviço prestado, desde a década de 60, pelos capitães-generais de algumas capitanias como a de Mato Grosso, onde se notabilizaram Luís Pinto de Sousa Coutinho [25] e Luís de Albuquerque de Melo Pereira Cáceres [26]. «Foi durante o Governo deste Rey [D. José] [...] que o Museu e Jardim forão sumamente enriquecidos de toda a sorte de productos, que erão remettidos de todos os Estados Ultramarinos pelos seus respectivos Governadores por ordem do Ministro da Marinha [...] então Inspector Geral dos dois Estabelecimentos, sendo os ditos productos arranjados debaixo da direcção do Dr. Domingos Vandelli.» [27]

Sirva de exemplo a carta de 17 de Junho de 1783, enviada ao ministro Martinho de Melo e Castro (1716-1795), na qual manifestava merecido orgulho por as remessas enviadas para Lisboa serem apreciadas pelos

[23] Cf. Maria Margaret Lopes, *ob. cit.*,1997, pp. 25-26.

[24] Cf. Biblioteca Nacional do Rio de Janeiro, Seção de Manuscritos – *Correspondência com a Côrte 1779--1790*, de Luís de Vasconcelos e Sousa, Livro 4, 4, 9, cit. *in* Gilberto Ferrez, *Colonização de Teresópolis à sombra do dedo de Deus (1700-1900)*, Rio de Janeiro, Instituto do Património Histórico e Artístico Nacional, 1970, p. 13; e Arquivo Nacional do Rio de Janeiro, *Correspondência dos Vice-Reis para a Corte, 1783-1785. Luís de Vasconcelos*, Cód. 68, vol. 6, cit. *in* Maria Margaret Lopes, *ob. cit.*, 1997, p. 26.

[25] Visconde de Balsemão (1735-1804), ministro de Portugal em Londres e depois ministro de Estado, compôs várias memórias eruditas sobre a história natural do Pará e Mato Grosso onde esteve como governador. Sócio da Academia das Ciências de Lisboa e da Sociedade Real de Londres. Vandelli dedicou-lhe uma nova planta que desenha e descreve no seu *Hortus Olisiponensis...* 1771, com o «taxone» de *Balsamona Pinto* (Cf. *Carta de Luís Pinto de Balsemão a Domingos Vandelli (Vila Bela, 1 de Dezembro de 1771)*, Arquivo Histórico do Museu Bocage, CN/B-93. Existe uma primeira carta que insere uma lista de produções naturais enviadas para a Ajuda (8 de Fevereiro de 1769, AHMB, CN/B-92).

[26] 4.º Governador e Capitão General da Capitania de Mato Grosso, durante dezassete anos. Exercitou o gosto pelo estudo da Natureza, pela qual confessa professar «curiosidade» e «amor», a um ponto tal que, no regresso a Lisboa, organizaria com as suas próprias colecções um Gabinete de história natural. Deste Gabinete privado, localizado em S. Sebastião da Pedreira, se dá notícia pública pela primeira vez no *Almanach de Lisboa* de 1795. Cárceres manterá uma assídua correspondência científica com o director do Jardim e Museu da Ajuda e dela resultará, em 1799, a incorporação das suas colecções no Museu Régio (*Cartas de Luís de Albuquerque de Melo Pereira e Cáceres a Domingos Vandelli (25 de Maio e 27 de Julho de 1773)*, AHMB, CN/C –111 e 112).

[27] *Resposta de Félix de Avelar Brotero a uma portaria do ministro Filipe Ferreira de Araújo e Castro (16 de Novembro de 1822)*, ANTT, Ministério do Reino, Maço 444, Cx. 555 (1821-1833).

naturalistas régios – «a variedade das espécies, a beleza das formas, a naturalidade dos gestos, tudo imita exactamente a natureza» [28] – e informava que as operações de recolha e preparação de pássaros, quadrúpedes, insectos e peixes eram da autoria do «zelador» do seu gabinete privado, enviando na ocasião uma caixa com borboletas e outros insectos preparados pelo dito Francisco Xavier [29].

Mas o conteúdo da missiva de 1783 proporciona ainda outro interesse documental já que nela se regista o início das tarefas naturalistas, com carácter oficial, de frei José Mariano da Conceição Veloso. De facto, ele é aqui apresentado pelo vice-rei como encarregado do envio de plantas cujas descrições e desenhos evidenciariam, a seu ver, o grande talento do religioso franciscano.

Os termos e as circunstâncias em que se terá processado o encargo público de proceder ao estudo fitológico da capitania do Rio de Janeiro, ao mesmo tempo que servia de colector de produtos naturais para o Real Museu da Ajuda, são esclarecidos pelo próprio Veloso em *Suplica* redigida já depois de abandonar o Brasil em 1790, nela se queixando à autoridade régia da imposição de Luís de Vasconcelos e Sousa que teria feito: «[…] cair sobre os ombros do suplicante todo o peso do exame e colecção das produções naturais desta Capitania por mais que o suplicante lhe representasse a debilidade das suas forças para este emprego» e acrescenta que durante anos vagueara na sua exploração por terras brasileiras, sofrendo perigos e padecimentos «já despenhado de uma serra por baixo de uma besta muar, já afogado no mar por um tufão de vento que emborcou a canoa em que o suplicante navegava, já por moléstias perigosas contraídas no mesmo trabalho e particularmente uma quase cegueira de oito meses apanhada na diligência da conversão dos Ararizes, Índios bravos que infestavam as vizinhanças do Rio de Janeiro, nos matos da Paraíba» [30]. É possível confirmar, pelos biógrafos oitocentistas, que o vice-rei terá expedido ordens ao provincial frei José dos Anjos Passos (1781-1784), para que frei Veloso fosse fazer excursões em toda a Província do Rio de Janeiro, libertando-o para tanto das habituais regras conventuais [31].

[28] Cit. *in* Lygia da Fonseca Fernandes da Cunha, *Notícia histórica da Oficina Tipográfica, Calcográfica e Literária do Arco do Cego*, Rio de Janeiro, Biblioteca Nacional, 1976, p. 17.

[29] Cf. Maria Margaret Lopes, *ob. cit.*, 1997, p. 26.

[30] *Suplica de Frei José Mariano da Conceição Veloso*, Arquivo Histórico Ultramarino, *Reino*, Manuscrito 2719, cit. *in* Rómulo de Carvalho, *A história natural em Portugal no século XVIII*, Lisboa, ICALP, 1987, p. 90. Não foi possível encontrar o original deste documento no AHU, por entretanto se ter procedido a operações arquivísticas que alteraram o sistema de cotas.

[31] José de Saldanha da Gama, *Biographia e appreciação dos trabalhos do botanico brasileiro Frei José Marianno da Conceição Velloso*, Rio de Janeiro, 1869, p. 143.

Durante as viagens *philosophicas* que se prolongariam por oito anos (1783--1790) e nas quais recolheu o material botânico que viria a dar corpo à *Florae Fluminensis*, frei Veloso foi auxiliado por outros companheiros da congregação mendicante, nomeadamente por frei Francisco Solano, que ocupou as funções exigidas a um desenhador-naturalista e por frei Anastácio de Santa Inês, que registava as definições herbóreas. Terão também colaborado nestas tarefas os frades Francisco Manuel da Silva Melo, José Correia Rangel, José Aniceto Rangel, João Francisco Xavier, Joaquim de Sousa Marcos, Firmino José do Amaral, José Gonçalves e António Álvares.

Entretanto, começavam a chegar ao Real Museu de História Natural da Ajuda as remessas de espécies naturais dos «três reinos» devidamente acondicionadas, descritas e classificadas por Frei Veloso, como a de Setembro de 1786 que continha «amostras de madeira e uma colecção de conchas e quatro viveiros contendo pássaros»[32]. A actividade de colector-amador não ficava, por isso, circunscrita ao domínio da flora, alargando-se à fauna e à geognose da colónia americana tal como documentam as *Relações* velosianas enviadas para o Reino em 1787 e 1788 – *Descriptio animalium quorundam brasiliensium (anno 1787); Descriptio animalium, avium, mineraliumque quorundam brasiliensium (anno 1788, 9 de Julho); Producta naturalia brasiliae (21 de Dezembro de 1788)*[33].

O estatuto de colaborador do Real Museu parece ter sido desde logo muito apreciado já que, aparentemente, terá resolvido com sucesso um dos problemas que se colocavam com maior dramatismo às operações naturalísticas nos trópicos, ou seja, o das condições de conservação dos especímens vegetais e animais depois de retirados do seu *habitat* natural, preparados para serem exibidos em «Museu» e sujeitos a longa travessia marítima, envolvendo acentuadas mudanças climáticas. No caso dos animais a questão era particularmente sensível porque, muito embora a acção conservadora dos líquidos alcoólicos fosse conhecida e aplicada desde meados do séc. XVII, as técnicas taxidérmicas divulgadas não podiam ainda equacionar com eficácia alguns obstáculos bio-químicos, nomeadamente a instalação e desenvolvimento das larvas de insectos destruidoras das peles[34]: «Não posso deixar de acuzar

---

[32] «Ofícios dos vice-reis do Brasil. Índice da correspondência dirigida à corte de Portugal de 1763 a 1808», *Publicações do Arquivo Nacional do Rio de Janeiro*, n.º 2, 1970, cit. *in* Lygia da Fonseca Fernandes da Cunha, *ob. cit.*, 1976, p. 17.

[33] AHMB, Rem. 584.

[34] «A descoberta fundamental no domínio da Taxidermia – arte de preparar, conservar e montar as peles dos animais de forma duradoura e conferindo-lhes a aparência de vivos – deveu-se a J.-B. Bécoeur (1718--1777), farmacêutico em Metz, que descobriu e decreveu uma técnica preservadora de grande sucesso. Baseava-se esta técnica na utilização de substâncias tóxicas, antisépticas e aromáticas que, provocando a dessecação rápida e completa da pele com o fim de evitar a queda de peles e plumas, impediam a instalação e desenvolvimento das larvas destruidoras das peles» (Carlos Almaça, *Museus de Zoologia e investigação científica*, Lisboa, Associação Portuguesa de Museologia, 1985, p. 19.)

a V. Ex.ª a receção dos 22 Caixões de Amostras das Madeiras de Santa Catharina e Rio Grande; e muito particularmente os 7 com colecção de Conchas feita por Fr. Jozé Mariano, as quaes não só vierão bem ordenadas, mas muitas dellas estimadissimas pela sua raridade; e se o dito religioso tem tanta curiozidade pela Mineralogia, como pelas outras partes da Historia Natural ..[sendo que o Museu de Sua Magestade se acha com grande falta ao que respeita ao Reino Mineral […].» [35]

4 — *Frei Mariano Veloso e o meio científico lisboeta — o Real Museu da Ajuda e a Academia das Ciências*

Em 1790, no final do mandato governativo de Luís de Vasconcelos e Sousa no Rio de Janeiro, frei José Mariano da Conceição Veloso é convidado pelo vice-rei a empreender a viagem até ao Reino, transportando consigo os originais dos textos e gravuras fitológicos – a *Florae Fluminensis* – além de outro material museológico contido em «70 caixões» e que era composto, nomeadamente, por: «[…] uma colecção de todos os peixes de água doce e salgada, feita por um novo método; por outra de insectos marinhos e terrestres; e finalmente por uma de borboletas impressas pela fécula colorante de que se cobrem as membranas das suas asas, obra tão rara e estimável que tem o suplicante notícia não haver outra em algum dos Gabinetes reais da Europa, o que tudo se acha no Museu de Sua Magestade [na Ajuda] onde foi entregue logo que aqui chegou». [36] O herbário e os manuscritos dos estudos naturalísticos foram igualmente depositados nos estabelecimentos museais da Ajuda, constando estes do inventário da biblioteca e cartório com o título de *Nomes vulgares d'algumas plantas do Rio de Janeiro reduzidos aos triviais do Systema de Linneo, e da Florae Fluminense do P.de Velloso. 1790* [37].

O próprio Vasconcelos e Sousa contribuiria para a vitalidade do coleccionismo privado verificado entre nós nos finais de setecentos, transportando do Brasil as produções exóticas que conservava no palácio do vice-rei e fazendo-as exibir no gabinete de história natural do seu palácio, na Calçada da Glória, junto ao Passeio Público [38].

[35] *Carta de Martinho de Melo e Castro para o Vice-Rei do Brasil Luís de Vasconcelos e Sousa (4 de Janeiro de 1787)*, Biblioteca Nacional do Rio de Janeiro, Seção de Manuscritos – Correspondência com a Côrte 1779--1790, Livro 4, 4, 9, pp. 3-4, cit. *in* Gilberto Ferrez, *ob. cit.*, 1970, p. 13.

[36] *Suplica de Frei José Mariano da Conceição Veloso*, AHU, *Reino*, Manuscrito 2719.

[37] «N. 113 – Nomes vulgares d'algumas plantas do Rio de Janeiro reduzidos aos triviais do Systema de Linneo, e da Florae Fluminense do P.de Velloso. 1790, in fol. (Não está completo)», in *Autos do Inventario a que procedeu a Comissão encarregada da Inspecção scientifica e economica do Jardim Botanico da Ajuda, quando foi tomar conta da Bibliotheca e Cartorio do mesmo Jardim (2 e 16 de Dezembro de 1837)*, ANTT, Ministério do Reino, Maço 2123, «Academia Real das Ciências. Ofícios. 1837-1843».

[38] Cf. *Almanach de Lisboa*, 1795, Parte VI, pp. 28-29.

A colaboração do colector brasileiro com o projecto vandelliano de produção e edição da *Historia Natural das Colonias* [39] podia passar agora, com a sua presença física, a outro patamar de responsabilidade científica tanto mais que seria a breve trecho associado ao meio intelectual lisboeta como membro da Academia Real das Ciências [40].

Nestes primeiros anos de permanência em Lisboa ocupar-se-à, na Ajuda e na Academia, com as operações museográficas de estudo e classificação de espécies naturais, especializando-se em Ictiologia – domínio no qual, já o vimos, utilizava um método taxidérmico inovador –, sem deixar de se preocupar com a missão primordial da sua presença na Corte, o aperfeiçoamento e publicação da *Florae Fluminensis*. Por isso, em 1797, em contexto orçamental de custos de impressão da sua obra botânica, ainda lembrará humildemente à autoridade régia que «[...] O Supplicante se acha nesta Corte há sete annos, fora do sêo Convento, para onde dezeja recolher-se logo que complete ésta acção». [41]

A urgência de actualização científica – sobretudo no domínio da botânica, visando a revisão dos referentes taxonómicos da fitologia brasileira – deve tê-la pressentido frei Veloso no contacto com as obras teóricas europeias adquiridas pelo Museu e pela agremiação académica, razão pela qual pediu o auxílio dos seus confrades. Estes não lho regatearam, porquanto, na acta da sessão de 19 de Novembro de 1791, se lê: «[...] que se comprem todos os livros necessários à perfeição da obra do Sr. José Mariano da Conceição Vellozo». [42]

O compromisso institucional com a Academia passaria também por um projecto de co-autoria com o director dos estabelecimentos da Ajuda, Domingos Vandelli (1735-1816), que previa a edição de um inventário ictiológico, decidindo-se, por isso, na sessão de 31 de Março de 1792 que: «[...] se fizessem os gastos que se julgassem próprios para os desenhos e estampas da *Ictiologia do Reino* do Dr. Vandelli e *do Brasil* do Sr. José Mariano da Conceição Vellozo e algumas viagens se forem precisas»[43] Este compromisso não deixará

[39] «Jardim, e seus annexos estabelecimentos, porque se conservem, e augmentem, concluindo-se a Historia Natural das Colonias pelo qual principal fim o Snr. Rei D. José deo principio a esta grandiosa Obra» (Domingos Vandelli, *Relação da origem, e estado prezente do Real Jardim Botanico, Laboratorio Chymico, Museo de Historia Natural, e Caza do Risco, [1795]* ANTT, Ministério do Reino, Maço 444).

[40] Cf. *Pasta do Sócio José Mariano da Conceição Veloso*, Biblioteca da Academia das Ciências de Lisboa, Arquivo da Secretaria. Esta «Pasta» não contém qualquer documento além da indicação: «Sócio Livre 1-4-1791; Excluído 13-1-1798.» Durante este período (1791-1798), a Academia funcionou nos seguintes locais: até 1792: Palácio das Necessidades; 1792-1797: Palácio da Rua das Pedras Negras, à esquina do Beco do Carrasco; 1797-1800: Antigo Palácio do Monteiro-Mor, depois Palácio dos Condes de Castro Marim.

[41] *Suplica de Frei José Mariano da Conceição Veloso [1797]*, AHU, Reino, Maço 2705.

[42] Abílio Fernandes, *ob. cit.*, 1947, p. 102.

[43] Idem, *ibidem*, p. 102.

de lhe ser recordado quando, uma semana depois de excluído da agremiação por razões porventura relacionadas com os custos de impressão da sua *Florae* [44], a direcção decide: «Que se escreva ao Sr. J. M. da C. Veloso a saber em que estado se acha a colecção de peixes que se incumbiu de fazer para o Museu da Academia.» [45]

No ano seguinte, visivelmente desiludido com uma comunidade de naturalistas que nunca o reconhecerá como um dos seus, deixará cair um desabafo sobre a fraca produção nacional de textos impressos (obrigando-o a traduzir e a adaptar autores estrangeiros) e lamentará, com compreensível exagero, «[...] naõ termos ainda hum só escrito nosso, ácerca da Historia Natural deste reino, e ainda de suas Colonias, naõ por falta de pessoas de talentos [...]» [46].

5 — *Frei Mariano Veloso e as tipografias lisboetas (1796-1799)*

Em 1796 – no mesmo ano que uma vez mais merecera as benesses reais e fora enfaticamente comparado a Linneo e aos melhores naturalistas europeus [47] – faz publicar em Lisboa o periódico agrário *Paladio Portuguez e Clarim de Palas que annuncia periodicamente os novos descobrimentos e melhoramentos n'agricultura, artes, manufacturas, commercio, & offerecido aos senhores deputados da Real Junta do Commercio*, Lisboa, na Officina Patriarchal. Neste primeiro periódico totalmente dedicado à causa agrícola em Portugal [48], Mariano Veloso fez registar e circular as novidades nacionais e/ou traduzidas de autoridades estrangeiras do mundo agrário.

---

[44] Não possuímos dados suficientemente esclarecedores sobre a irradiação de fr. Veloso de sócio da Academia Real das Ciências de Lisboa, ocorida em 13 de Janeiro de 1798, e as próprias Actas não se referem ao episódio. É provável, contudo, que decorra do processo de impressão da sua obra botânica, que se arrastava desde o decreto real de 9 de Julho de 1792, muito mais do que de qualquer desentendimento de carácter científico.

[45] *Acta da Sessão da Academia de 21 de Janeiro de 1798*, cit. *in* Abílio Fernandes, *ob. cit.*, 1947, p. 103.

[46] Prefácio a *Helminthologia portugueza, em que se descrevem alguns generos das duas primeiras ordens, intestinaes, e molluscos da classe sexta do reino animal, vermes e se exemplificaõ com varias amostras de suas especies, segundo o systema do cavalherio Carlos Linne, por Jacques Barbut. Tradução de José M. da C. Veloso, 1799.*

[47] «Tendo muito presente os grandes merecimentos e raro engenho de Fr. Jose Mariano da Conceição Velloso que sem soccorro algum pode elevar-se a hum ponto tal de luses botanicas que mereceo pela sua Florae do Rio de Janeiro ser comparado a Linneo, Thimberg, Banks e Solandar, e desejando dar-lhe huma nova prova do muito que o considero e do dezejo que tenho de recompensar, não só o seu talento; mas o amor que professa, e tem mostrado pelo Meu Real Serviço e pela Minha Gloria e grandesa da Minha Coroa e seus vastos Dominios: Sou Servida Ordenar que o Marquez Mordomo Mor e Presidente do Meu Real Erario lhe mande aumentar a pensão que ate agora recebe pelo Erario Regio elevando a mesma ate tresentos mil reis annuais que continuará a receber do mesmo modo [...]» (AHU, Reino, Maço 2663, 9 de Dezembro de 1796).

[48] Cf. *Florae Fluminensis de Frei José Mariano da Conceição Vellozo. Documentos, ob. cit.,*1961.

A partir deste ano encontramos o frade envolvido no esforço de criar uma rede de tipografias disponíveis para, a exemplo das «nações cultas e civilizadas», dar conhecimento da «Nova Agricultura» baseada nos princípios agronómicos decorrentes da Filosofia Natural setecentista. Assim, sairiam obras dos prelos de António Rodrigues Galhardo, impressor da Casa do Infantado, de Procópio Correia da Silva, impressor da Santa Igreja Patriarcal, e dos contactos editoriais havidos com a oficina de Simão Thaddeo Ferreira.

Em todas elas e pelos títulos conhecidos percebemos que Mariano Veloso estabelecia os contactos como compilador, coordenador e tradutor a fim de convencer os respectivos tipógrafos a distribuírem pelos canais de circulação o labor literário e editorial de um brasileiro ilustrado que pretendia trazer para Portugal, e a partir daqui distribuir para o Brasil, as novidades agronómicas. De forma a se poder ter uma noção exacta da dimensão do trabalho envolvido, remetemos para o conjunto de obras referenciadas no Catálogo desta Exposição, publicadas antes de 1799, ou seja em momento anterior ao funcionamento da tipografia do Arco do Cego.

Numa breve análise deixamos registado o balanço analítico da leitura e da consulta efectuada. Em 1797 (de acordo com a informação de J. Saldanha da Gama [1869]) faz sair dos prelos da tipografia de João António da Silva uma tradução do inglês sobre o modo de fazer salitre nas fábricas de tabaco da Virgínia, tradução oferecida aos lavradores das «províncias portuguesas e do ultramar» [nº 120 do Catálogo]. Estava dado o mote para vários outros dos seus inúmeros projectos editoriais: recolher e obter leituras para os agricultores-lavradores do Reino, de modo a ampliar-lhes os horizontes de conhecimentos, familiarizando-os com novos produtos, com novas técnicas, com a Nova Agricultura de Duhamel du Monceau [49], para o Velho Mundo e, sobretudo, para o deslumbrante e exótico Novo Mundo, o Brasil.

O perfil do coordenador de edições e de traduções ficava assim bem delineado perante a comunidade científica, merecendo certamente o olhar acalentador de D. Rodrigo de Sousa Coutinho, em cuja casa entretanto se hospedara, e por quem terá sido directamente «[...] incumbido, a saber: de ajuntar e trasladar em português todas as memórias estrangeiras que fossem convenientes aos Estabelecimentos do Brasil, para melhoramento da sua economia rural e das fábricas que dela dependem, pelas quais ajudadas houvessem de sair do atraso e atonia em que actualmente estão e se pusessem ao nível com os das nações nossas vizinhas e rivais no mesmo continente, assim na quantidade como na qualidade dos seus generos e produções [50]».

---

[49] Cf. André Bourde, «Duhamel du Monceau et l'agriculture nouvelle. La nouvelle agriculture de Jethro Tull» in *Agronomie et agronomes en France au XVIII siècle*, tome I, Paris, S. E. V. P. E. N., 1967, pp. 253-368.
[50] Prefácio do tomo I, Parte I de *O Fazendeiro do Brazil*, 1798, na Régia Officina Typographica.

A leitura deste primeiro lote de obras da sua responsabilidade literária faz-nos apreender as grandes coordenadas das suas referências intelectuais ou, pelo menos, os temas que ia compilando. Cremos que frei Mariano Veloso terá alargado em Portugal o universo dos seus interesses naturalistas tornando-os mais europeus e virados para o mundo rural, enriquecendo o filão clássico da causa *res-rustica*, divulgada nos textos latinos, com a produção de textos oriundos de uma Europa que se julgava ilustrada a partir da linha imaginária dos Pirinéus. Autores, sociedades agrícolas, memórias de academias científicas de diferentes espaços europeus juntavam-se a autores da causa agrícola e relatavam as suas experimentações e os seus conhecimentos de botânica, de «sciencia agricola» e de história natural a propósito de novas bebidas, como o chá, o café ou o cacau, ou de novas produções agrícolas como o tabaco, ou a revolução da cultura do arroz e da batata, como alternativas ao tradicional cultivo mediterrânico dos cereais, simbolizados na sacralidade do pão [n.ºs 29, 41, 55, 71 do Catálogo].

A estes temas juntava os seus apontamentos, talvez já tomados no Brasil, e agora canalizados através de uma rede de informações mantida com os fazendeiros brasileiros, em torno de um produto especial: a cana-de-açúcar. Estes são os traços gerais que explicam a edição da sua primeira obra de grande fôlego – *O Fazendeiro do Brazil* [n.º 137 do Catálogo] — organizada em cinco tomos, contendo subdivisões editoriais em partes, constituindo a «obra completa» dez volumes saídos de diferentes prelos em Lisboa, com textos recolhidos e traduzidos de autores agraristas europeus e norte-americanos. A sua edição distribuía-se em 1798 pela Regia Officina Typografica, pela Officina de Simão Thaddeo Ferreira, em 1798 e 1800 com uma pontual parceria com a de João Procópio da Silva (JPCS?); a Impressão Regia foi utilizada nos anos de 1805 e 1806. Esta publicação constitui, a nosso ver, uma das chaves para a caracterização biográfica de Mariano Veloso. Em primeiro lugar uma obra organizada em cinco tomos, estando o primeiro, o segundo e terceiro subdivididos em partes, de modo a cobrir os temas da cana-de-açúcar, o da tinturaria e o das bebidas alimentares, respectivamente [n.º 137].

Mas o historial destes tomos de agricultura ilustrada para o Novo Mundo requer mais alguns comentários. No primeiro volume, de 1798, sob os auspícios e ordem do Príncipe do Brasil, saído da Regia Oficina, o compilador/ tradutor apresenta-se como «frade menor da Provincia da Conceição do Rio de Janeiro», propondo-se tratar do cultivo da cana, mencionando vizinhos da cidade do Rio de Janeiro que têm utilizado as novas moendas, de acordo com os desenhos que ilustram, documentam e esclarecem os leitores. No «Prologo», o tradutor faz desde logo referência aos volumes que se seguirão, o que explica que Veloso tenha usado várias tipografias para ir fazendo sair os seus tomos de

O Fazendeiro do Brazil ao ritmo da capacidade de organizar os textos que «iam chegando» dos tradutores. A organização desta Exposição Bibliográfica polarizada pela tipografia do «Arco do Cego» possibilitou a historiadores da cultura e a estudiosos do «livro e da leitura» tomarem contacto com um precioso acervo documental que permite esclarecer o enigma da publicação deste vasto monumento editorial de verdadeiro «enciclopedismo agrícola e agrarista» que teve a marca personalizada de Mariano Veloso. Uma obra planeada para cobrir o tema da Nova Agricultura para o Novo Mundo – a cana-de-açúcar, as plantas tintureiras, as (novas) bebidas alimentares (café e cacau), as especiarias e a filatura – tendo ocupado os prelos de uma rede de casas tipográficas existentes na época, em Lisboa; apenas uma excepção: a Tipografia Calcográfica do Arco do Cego.

Podemos interrogarmo-nos sobre a razão destas itinerâncias. Acasos ou desencontros editoriais, ou ainda razões pragmáticas para os objectivos imediatos de Mariano Veloso que já havia constatado o permanente adiamento da *Florae Fluminensis?* Jogando com todos os dados bio-bibliográficos disponíveis parece-nos existir uma clara intenção por parte do então tradutor/compilador em rapidamente mostrar o seu trabalho de editor, já que os textos eram adornados com tábuas bastante esclarecedoras do que se ensinava no texto. Imagens e palavras faziam parte de um todo que deveria proporcionar uma leitura de conjunto; duas faces de uma mesma moeda ou uma forma inovadora de preparar edições agraristas com cuidadosos desenhos, importados, adaptados ou traçados especificamente para o efeito. Por outro lado, tratava-se de algum modo, de uma forma para provar que as impressoras oficiais e particulares não dispunham do material necessário para efectuar com qualidade e destreza este tipo de edições que combinavam enciclopedicamente a imagem com o texto. Ambos permitiam uma leitura autónoma, mas a junção das duas partes dava uma projecção enorme ao publicismo agrícola, completamente ausente das publicações periódicas científicas desta época que versavam nas suas páginas o tema da causa agrícola como uma das bases de regeneração social, económica e moral da Nação, no contexto das Luzes.

Em 1806, no Prólogo ao tomo v de *O Fazendeiro do Brazil*, dedicado à Filatura, Mariano agradece ao Príncipe o facto de a Impressão Régia lhe publicar as obras que estavam previstas para a tipografia do Arco do Cego: «Em observância do Decreto, em que V.ª R. foi mandado servir mandar se continuasse a imprimir na Impressão Regia as obras que se imprimião no Arco do Cego, tenho a satisfação de poder apresentar a V.ª R. a continuação do Fazendeiro do Brazil [...]». Há neste pequeno excerto dois factos que nos merecem tratamento diferenciado, ainda que conectado. Recorrendo aos biógrafos oitocentistas, sabe-se que D. Rodrigo de Sousa Coutinho (1755-

-1812), Ministro da Marinha desde Setembro de 1796, convidara frei Veloso a assumir a direcção de um novo «Estabelecimento Scientifico» que se iria fundar no sítio denominado do Arco do Cego. Será nesta casa tipográfica que fará publicar, em 1801, *O Fazendeiro do Brazil criador [...] coligido de memórias estrangeiras* [n.º 81 do Catálogo], e que decerto toma como argumento legitimador para a Imprensa Régia lhe imprimir os restantes tomos de *O Fazendeiro do Brazil* (em 1805 e 1806), estabelecendo assim uma providencial confusão de títulos, mas não de temas ou de objectivos.

6 — *Sob o signo do Arco do Cego (1799-1801)*

A breve história da vida da Tipografia do Arco do Cego (1799-1801) representa indiscutivelmente o ponto mais alto da imagem pública do frade capucho. Nascida de uma vontade política, de um projecto iluminista de operar reformas no Reino, esta casa tipográfica converteu-se igualmente num cadinho intelectual de jovens brasileiros que se encontravam na Metrópole e que gravitavam em torno de Mariano Veloso. Hipólito José da Costa, os irmãos António Carlos e Martim Francisco de Andrade e Silva, José Feliciano Fernandes Pinheiro, Vicente Seabra da Silva, Manuel Rodrigues da Costa, José Ferreira da Silva, José Viegas de Meneses, João Manso Pereira, Manuel Arruda da Câmara, Manuel Jacinto Nogueira da Gama [51], muitos deles fizeram traduções ou edições próprias nos prelos tipográficos do Arco do Cego.

Parece-nos, pois, que Mariano Veloso soube construir uma «sociabilidade tipográfica», de pendor brasileiro, assente numa matriz científica que legitimava o discurso naturalista e agrarista. Se os seus companheiros se encontravam operantes em Lisboa, Veloso soube trazer até aos prelos os que se encontravam distantes, no Brasil, nomeadamente na sua natal Minas Gerais, através da edição de textos provenientes de um sistema de correspondência técnico--científica de feição agrarista com os fazendeiros sul-americanos, que podiam trocar o ouro pela cana-de-açúcar, desde que adaptassem os conselhos práticos e úteis existentes nas páginas e nos desenhos publicados. Por exemplo, o doutor Gregório Soares, de Vila Rica, naquela capitania, pretende ser esclarecido sobre alguns desenhos referentes a moendas de açúcar que tinham sido apresentadas no tomo I de *O Fazendeiro*. O conjunto de respostas adequadas e esclarecedoras vão sair em 1800 na tipografia do Arco do Cego – *Respostas dadas a algumas perguntas que fizerão sobre as moendas dos*

HISTORIA NATURAL DO HOMEM.

[Cat. n.º 68]

---

[51] Cf. Augusto da Silva Carvalho, *ob. cit.*, 1939, pp. 11-31.

engenhos de assucar e novos alambiques por Jerónimo Vieira de Abreu [n.º 1 do Catálogo], publicação que podia ser complementada pelo *Extracto sobre os Engenhos de Assucar do Brasil*, [n.º 3 do Catálogo], cujo espaço de amostragem e explicativa era o do Nordeste do Brasil.

Este apreço pelos brasileiros miticamente identificados com os «mineiros» (recordemos a tentativa da «inconfidência mineira» no início do século XVIII, como sublevação de autonomia) esteve também presente em outras ocasiões do breve mas intenso historial da Casa do Arco do Cego. Os seus directos colaboradores oriundos de Minas Gerais tiveram direito e privilégio a terem o seu local de origem mencionado. A caracterização do título da obra era completada pela referência à origem geográfica do seu tradutor ou adaptador, caso de José Joaquim Viegas Menezes, presbítero do bispado de Mariana que se encarregou do *Tratado da Gravura* [n.º 12 do Catálogo]; José Ferreira da Silva, natural de Santa Luzia de Sabará (Minas Gerais) tradutor de temas agrícolas e sobre a «Quina» [n.º 20 do Catálogo]; António José Vieira de Carvalho, «Cirurgião Mor do Regimento de Cavalaria Regia da Capitania de Minas Gerais, lente de Anatomia, Cirurgia e operações no Hospital Militar de Vila Rica» [n.º 25 do Catálogo]; Manuel Rodrigues da Costa, presbítero do hábito de S. Pedro, natural de Minas Gerais [n.º 77 do Catálogo].

Por oposição, para os «portugueses-brasileiros» já dotados de personalidade própria junto da opinão pública, bastava o nome para atestar a sua importância e prestígio cultural e científico; são os claros exemplos de Hipólito José da Costa Pereira e de Vicente Coelho de Seabra Silva Teles. Farpas dispersas que contribuíram para valorizar o capital intelectual brasileiro, tempo e espaço mítico e fundador do imaginário nacional brasileiro, no período após a sua independência.

A Casa Literária do Arco do Cego, sob orientação de Mariano Veloso, apresentava ainda a preocupação de criar um conjunto de estratégias para fazer circular os livros. Não é de menor importância o facto de no final do primeiro volume de *Compêndio de Agricultura* [n.º 21 do Catálogo], obra em cinco volumes, composta por um conjunto de memórias e outros escritos apresentadas à Sociedade de Agricultura de Bath, divulgar o Catálogo das Obras de Agricultura impressas na Officina Chalcographica do Arco do Cego, com a indicação das que se haviam publicado em 1799, quando se iniciara a sua actividade, dando-se igualmente conta das que se encontravam prontas para entrar e sair do prelo.

O Catálogo anunciava ao público leitor uma colecção de títulos que propunha novas práticas agrícolas, com base em inovadores conhecimentos científicos provenientes da filosofia natural newtoniana: o *Discurso pratico ácerca da Maceração, e Cultura do Canamo, approvado pela Real Sociedade de Turim*; *Collecção de Memorias Inglezas, sobre a Cultura do Canamo*; *Tratacto*

[Cat. n.º 68]

Historico e Fysico das Abelhas; *Memoria sobre a cultura do arroz*; *Descripção sobre a árvore assucareira*; *Discursos sobre os Edificios ruraes*; *Tratado da Cultura, Uso e Utilidade das Batatas*; *Memoria sobre a Cultura das Batatas*; *Memoria sobre as molestias dos Agricultores*; *Manual pratico do Lavrador*; *Tratacto sobre os Pessegueiros*; *Ensayo sobre o melhoramento das terras*; *Memoria sobre os Adubos*; *Compendio de Agricultura*.

Num segundo momento deixava a indicação das que se encontravam no prelo, de modo a fixar a atenção dos interessados numa agricultura de cariz técnico-científico. Assim, registamos ainda nas propostas do Arco do Cego as traduções de *Elementos de Agricultura*, de *Memorias sobre os arroteamentos* e de *Memoria sobre as sebes ou cercas vivas*.

A exemplo dos Catálogos das obras impressas pela Academia das Ciências de Lisboa, também a tipografia do Arco do Cego fazia publicitar o seu potencial de leitura, veiculando igualmente os locais em Lisboa, Coimbra e Porto onde o público as podia adquirir. Na capital, para além da própria loja da Tipografia, podiam ser compradas ou encomendadas na loja da «Viuva Bertrand e Filho», na de «Borel e Martin», ao Chiado. Em Coimbra, na loja de «Semiond» e na de «Antonio Alvares Ribeiro», no Porto.

Neste traçado biográfico parece-nos muito claro que existe um paralelismo entre a história de uma instituição singular da cidade de Lisboa – a Tipografia do Arco do Cego – e as deambulações culturais de um brasileiro vindo do Rio de Janeiro para publicar estudos sobre espécies vegetais. De facto, é possível detectar um fio condutor entre a sua vocação naturalista, de pendor utilitário, e o publicismo agrícola que transmite ao projecto editorial.

Divulgar as novas propostas científicas e técnicas para a agricultura portuguesa que, com o fito de fazer publicar as obras agraristas, tinha norteado a rede de contactos com as tipografias de Lisboa, é objectivo que continua a estar presente nas publicações da sua directa responsabilidade na tipografia do Arco do Cego. Aqui estava rodeado por técnicos e instrumentos necessários para fazer publicar com qualidade obras de divulgação enciclopedista; por aqui talvez se possa explicar a edição de textos técnicos referentes ao desenho e à gravura. No entanto, a alma das variadas edições estava nos temas agraristas, alguns deles da responsabilidade directa de Mariano Veloso, que se encarregava da tradução e do prefácio.

É do labor de um frade pedagogicamente comprometido com a divulgação das Luzes para a agricultura que se produziu, por exemplo, a literatura de divulgação das batatas em Portugal, a moagem dos grãos, a importância dos estrumes associado a meios de melhorar as terras e ainda um interessante opúsculo relativo ás «moléstias dos agricultores» [n.º 33 do Catálogo], estabelecendo sempre uma íntima conexão entre o Homem e a Natureza.

Neste contexto de febril e muito especializada produção editorial é forçoso assinalar outro facto decisivo na privilegiada ligação de frei Mariano Veloso com D. Rodrigo de Sousa Coutinho – os trabalhos publicados no âmbito das actividades da Sociedade Geográfica e Marítima de Lisboa [52], como se pretendesse substituir o seu afastamento da Academia das Ciências pelas vivências culturais, científicas e decerto políticas e ideológicas proporcionadas pela Casa Tipográfica do Arco do Cego e, agora também, por esse inovador e elitista organismo de sociabilidade científica.

A actividade editorial do Arco do Cego permite ilustrar os alargados horizontes intelectuais de frei Mariano Veloso. A extensa lista de obras publicadas evidencia o interesse por temas que vão desde a quina e os seus usos medicinais até manuais de desenho e de pintura.

7 — Os últimos anos em Lisboa e o regresso ao Rio de Janeiro (1801-1808)

Em final de 1801 é suprimida a Casa Literária do Arco do Cego e todo o material é deslocado para a Imprensa Régia, apetrechando esta instituição com um arsenal de material e de projectos extremamente avultado, podendo rivalizar e competir com as duas instituições científicas que também tinham prelos – a Academia das Ciências e a Universidade de Coimbra.

Nesta transferência, Mariano Veloso é empossado como membro da Junta Administrativa, Económica e Literária, havendo recomendação superior para se continuar a publicar as suas obras botânicas. Mas, neste novo contexto, o seu perfil como responsável pela saúde financeira da Imprensa Régia é enegrecido pelo quase colapso financeiro da instituição. A imagem de mau administrador será recordada pelo deputado Pato Moniz, em debate parlamentar de 1823, ou seja, já muito depois da sua morte [53]. Esta caracterização de feição negativa, coincidente com o período de encerramento da Casa do Arco do Cego, está em flagrante contraste com a pensão de 500$ que o Príncipe Regente lhe havia atribuído em 1801, elevando-o à posição de

---

[52] Cf. Maria de Fátima Nunes, «A Sociedade Real Marítima e Geográfica (1798-1808)», in *Actas del coloquio internacional Carlos III y su siglo*, tomo II, Madrid, Universidade Complutense, 1990, pp. 765-772 e A. Teixeira da Mota, *Acerca da recente devolução a Portugal pelo Brasil de manuscritos da Sociedade Real Marítima, Militar e Geográfica (1793-1807)*, Lisboa, Junta de Investigação do Ultramar, 1972.

[53] «Pelo que pertence á typografia, devemos lembrar-nos de que, quando ela foi estabelecida no Arco do Cego, com o titulo de officina typografica, typoplastica, calcogafica, e toda essa esdruxula nomenclatura de sua creação, não há duvida que se fizerão grandes despezas, e bem creio que forão excessivas; mas tambem é certo que elas não podem deixar de ser muitas no principio de taes estabelecimentos: o caso he que, se muitas forão as despezas, muitos forão tambem os lucros que a officina começou a produzir, apesar de não ser bem administrada. Não quero eu agora falar da administração do Padre Velloso, por seguir a boa doutrina do *parce sepultis*: porém é licito dizer que ele gastava largo, e não obstante todas as suas larguezas, elle augmentou a officina, mandou fazer diversas traducções, e de seu tempo se imprimirão todas as obras pricipaes, e de grande custo, que ainda hoje fazem os fundos da casa» (*Diario das Cortes*, Sessão de 14 de Janeiro de 1823, p. 468).

padre provincial mercê dos bons serviços prestados ao Reino desde que desembarcara em Lisboa. Mas, apesar das perturbações financeiras, Mariano Veloso manter-se-á operante na Imprensa Régia e nas tipografias particulares com que já havia encetado a sua rede de contactos e de trabalho regular, em prol das traduções ou de edições tematicamente especializadas, abordando a causa agrária, os temas de desenho e de pintura, ou ainda os temas médicos ou farmacêuticos, em português ou em latim.

A chegada dos invasores franceses a Lisboa, em 1807, fez precipitar a fuga da Corte para o Brasil. As instituições científicas pararam o seu labor ou transferiram-se para o Rio de Janeiro, iniciando-se uma nova etapa da vida cultural e política do Brasil. Mariano Veloso regressa também à capital fluminense, muito provavelmente em 1808, para a cidade da *Casa dos Pássaros*, do *Passeio Público*, das observações e recolha da *Florae Fluminensis*, urbe colonial agora elevada à condição de capital do império, enriquecida com novas instituições científicas e com a *Gazeta do Rio de Janeiro*, periódico que lhe dedica uma sentida nota necrológica quando, em 1811, morre no seu Convento de Santo António: «Frei José Mariano da Conceição Veloso, Ex--Provincial dos Religiosos Franciscanos Reformados da Província da Conceição do Rio de Janeiro, e Botanico Pensionado por S.A.R. o Principe Regente nosso Senhor, faleceo de hydropesia anasarca no seu Convento de Santo Antonio desta Cidade, tendo de idade 69 annos. Empregando 30 e tantos annos de estudos na vastissima sciencia da Historia natural, este Varão de excellente engenho compôz, depois de immensas fadigas pelos sertões da America, a Flora do Rio de Janeiro, Obra de 11 volumes em fol., onde se achão analysadas mais de 3 mil plantas, e classificadas segundo o systema de Linneo. [...] A brilhante carreira deste sabio Religioso foi hum continuado serviço da Patria para quem sua morte he huma verdadeira perda: e todos os que admirárão a sua instrucção nada vulgar, inteireza de costumes, e amenidade de conversação, não podem facilmente apagar a saudade produzida pela sua falta.» [54]

8 — O caso «Florae Fluminensis», o «frade-herói» e o nascimento de imagens nacionais brasileiras

Em 1961, o Arquivo Nacional do Rio de Janeiro reuniu, num assinalável labor documental, um conjunto de textos relativos à produção teórica e à construção institucional do naturalismo brasileiro ao longo de setecentos e

[54] *Gazeta do Rio de Janeiro*, n.º 50, 22 de Junho de 1811. Notícia reproduzida em Portugal no *Jornal de Coimbra*, vol. I, 1812, pp. 70-71.

de oitocentos. O utilíssimo *corpus* arquivístico assim disponibilizado para a reconstituição histórica da memória colectiva de portugueses e brasileiros toma como pretexto temático a narrativa da acidentada edição da velosiana *Florae Fluminensis*.

História entretecida de silêncios, de penumbras factuais e de exaltações interpretativas, propícias à elaboração do «mito heróico» do infeliz frade, injustiçado em vida, mas recuperada e «vingada» a sua imagem científica em tempo oitocentista de construção da nova Nação brasileira. Fosse diferente o nosso contexto textual e não fugiríamos a traçar evidente paralelismo com o heróico e trágico destino de outro viajante-naturalista brasileiro seu contemporâneo – o «baiano» Alexandre Rodrigues Ferreira (1756-1815). Por ora propomos tão só a leitura de alguns documentos, porventura inéditos ou pouco divulgados, relacionados directamente com a publicação dos estudos vegetalistas de frei José Mariano da Conceição Veloso.

Um botânico português do nosso tempo – alicerçado na sua formação científica e no interesse sempre manifestado pela história do naturalismo setecentista [55] – avaliou os contributos teóricos da *Florae Fluminensis* em termos muito críticos. Na verdade, em texto produzido no âmbito do bicentenário da Academia das Ciências, considera que a decisão brasileira de patrocinar a obra velosiana em 1825-1827 (para além do evidente desconcerto financeiro em que mergulhou a sua impressão parisiense [56]), constituíra um tremendo erro já que a obra enfermava de insuperáveis imperfeições, quer do ponto de vista da desactualização da nomenclatura utilizada e de incorrecções na taxionomia classificativa dos géneros, quer ainda pela fraca qualidade iconográfica do produto final [57].

Esta tradição de avaliação crítica da obra botânica velosiana, não é sequer exclusivamente «portuguesa» e conta nas suas fileiras com um distinto naturalista brasileiro de final de oitocentos, Ladislau Neto. De facto, em 1881 o então director do Museu Nacional publicaria na íntegra a componente descritiva da *Flora*, sem deixar contudo de a prefaciar com exigência analítica, explicando à luz da história da ciência as razões das deficiências teóricas de

---

[55] Abílio Fernandes, botânico da Universidade de Coimbra, editou entre 1944 e 1993 estudos sobre a vida e obra de naturalistas setecentistas fundamentalmente nas seguintes publicações: *Anais da Sociedade Broteriana*; *Boletim da Sociedade Broteriana*; *Memórias da Academia das Ciências – Classe de Ciências*.

[56] Em 1825 publicou-se grande parte do texto latino da *Florae* na Tipografia Nacional do Rio de Janeiro; entre 1827 e 1831, o governo brasileiro fez imprimir em Paris 11 volumes *in folio* com as gravuras (1640 estampas). O 1.º vol. contém um esclarecedor, «Préface de l'editeur», apesar de conter algumas incorrecções históricas. Cf. *Florae Fluminensis de Frei José Mariano da Conceição Vellozo. Documentos*, ob. cit.,1961.

[57] Abílio Fernandes, «História da botânica em Portugal até finais do séc. XIX», in *História e desenvolvimento da ciência em Portugal*, Lisboa, Academia das Ciências de Lisboa, 1987, vol. II, pp. 851-916.

frei Veloso: «Os generos por este creados e deficientemente definidos pelas exiguas diagnoses que seu autor delineou em 1790; as especies, do mesmo modo, mal definidas e pessimamente gravadas, pois que nem siquer foram com esmero copiados os desenhos originaes de que vimos não há muitos annos alguns magnificos exemplares; todo esse conjuncto de desvantagens, trouxe-o, tanto em texto como em atlas iconographicos, a *Florae Fluminensis* no seu mais que serodio apparecimento. E claro é, pois, que si por todos os inconvenientes a que acima alludi, de forma e de systema, não podia merecer a obra de Vellozo mui grande acceitação no orbe da Sciencia, menos a devia esperar com o haver assim perdido a sua prioridade sobre tantos nomes, por 35 annos occultos no pó do esquecimento e só dados a lume quando cada um delles tinha sido substituido por denominação nova.» [58]

Mas, a genealogia intelectual desta atitude devastadoramente crítica deverá ser buscada, a nosso ver, na opinião produzida pelo botânico «profissional' Félix de Avelar Brotero (1744-1828). Este, na sua qualidade de Director do Real Museu e Jardim Botânico da Ajuda, fora instruído pela Corte sediada no Rio de Janeiro a enviar os originais, texto e chapas, que se encontravam depositados naqueles estabelecimentos museais. Frei José Mariano da Conceição Veloso morrera pouco tempo antes e o governo decidira homenagear-lhe a memória, prestando-se finalmente a publicar a *Florae Fluminensis*, tal como fora expressamente anunciado na *Gazeta do Rio de Janeiro* e reproduzido no *Jornal de Coimbra*: «Esta Obra vai a publicar-se, e ella fará com que o seu nome passe á mais remota posteridade com gloria dos nosso, e inveja dos estranhos, de quem já he conhecido e citado, como se vê do Compendio de Wildenow, Botanico Alemão, e hum dos mais célebres do seculo presente.» [59]

Brotero fez então acompanhar a remessa de uma crítica acerba sobre a obra, como se lê na seguinte passagem de uma carta endereçada ao Conde da Barca: «Daqui por ordem dahi expedida foy remettida a *Florae Fluminensis* (juntam.^te com m.^tas chapas gravadas a ella respectivas) do P. Fr. Jose Vellozo, eu não pude deixar de remetter immediatam.^te huma censura sobre a dita obra, demonstrando evidentem.^te, q. ella no estado actual da Botanica faria descredito à Nação se fosse publicada; porq., em poucas palavras, o titulo *Fluminensis* he equivoco, as descrições e desenhos m.^to incompletos, a nomenclatura dos generos e especies m.^to errada, faltão-lhe algumas familias

---

[58] *Arquivos do Museu Nacional*, tomo v, cit. in *Florae Fluminensis de Frei José Mariano da Conceição Vellozo. Documentos, ob. cit.*, 1961, p. 15.

[59] *Gazeta do Rio de Janeiro*, n.º 50, 22 de Junho de 1811.

de plantas, como as das Gramas, das cryptogamicas, & c.» [60] Facto é que, decorrente ou não do temor em se publicar uma obra assim desconsiderada por botânico tão prestigiado, a edição da *Florae Fluminensis* seria uma vez mais adiada [61].

A intenção política de patrocinar a impressão da obra velosiana fora, todavia, claramente assumida pouco tempo após a sua chegada ao Reino na companhia de Luís de Vaconcelos e Sousa, que o introduziria nos círculos do poder. De facto, logo em 1792 a *Gazeta de Lisboa* reproduzia um decreto real que, considerando a obra de «muito merecimento, trabalho, e estudo, e digna de se dar à luz», mandava imprimi-la com as respectivas estampas «á custa da sua Real Fazenda» e encarregava «a Academia Real das Sciencias do cuidado da referida impressão, para que haja de publicar-se com a exactidão, correcção e criterio, que he devido a huma Obra desta Natureza.» [62]

As dificuldades orçamentais fizeram contudo arrastar o processo, tanto mais que a gravação das estampas – inicialmente encomendada a Veneza e, três anos depois, à Fundição Real – parecia um problema de difícil resolução pela sua complexidade técnica e elevado custo. Em *Suplica* dirigida ao Príncipe Regente em 1797, frei Mariano Veloso esmiuçava estes factos e, pedindo autorização para «fazer tirar novas copias do Original que se conserva no real Muzêo de V. Mag.e, onde o entregou na sua chegada» [63], apresentava outro orçamento, menos oneroso para a Coroa. Terá sido porventura em razão deste

---

[60] Abílio Fernandes, *ob. cit.*, 1987, p. 886. Sem se questionar o acerto crítico de Brotero, fundamentado exclusivamente, cremos, em critérios científicos, não deixa todavia de ser curioso divulgar uma esclarecedora nota sobre as relações pessoais entre Veloso e Brotero – «Sahio a Florae do nosso Brotero nua de todo o ornato, e depois de intrigas inauditas do Padre Vellozo. Se Deus me ajudar, hade haver uma edição mais decorosa» (Carta de António de Araújo de Azevedo ao Abade Correia da Serra, 13.11. 1804, cit. *in* A. Fernandes, «Uma carta inédita de Brotero para Correia da Serra», *Anuário da Sociedade Broteriana*, ano XLII, 1976, p. 42).

[61] Ainda em 1819, em obra relativa à história natural do Brasil, se fazia a seguinte referência à publicação da *Florae*: «Fr. José da Conceição Velloso, Brazileiro, começou a descripção Botanica da Capitanía do Rio de Janeiro; e escreveo em 1790, o que tinha arranjado. E'sta Obra, que deveria compor-se de varios Livros de descripções Botanicas, não tem senão um in folio com este titulo = *Florae Fluminensis, Seu Descriptionum Plantarum Praefectura Fluminensi sponte nascentium, Liber primus, ad systema sexuale concinatus.* = Ha tambem tres volumes in folio grande de Estampas, pertencentes a ésta Obra, que se acha na Biblioteca Pública do Rio de Janeiro. O mesmo Velloso mandou abrir cinco mil e tantas chapas, cada uma d'ellas com varios animaes e vegetaes, e algumas com coisas d'Artes. Na Bibliotheca pública do Rio de Janeiro há um Jôgo de Próvas d'aquellas chapas. Entre os muitos Mss. que me-consta ficárão d'aquelle Naturalista, é provavel que haja algumas, a que estas chapas pertenção» (*Instrucção para os viajantes e empregados nas colonias sôbre a maneira de colher, conservar, e remeter os objectos de historia natural arranjada pela administração do R. Museu de Historia Natural de Paris.[...] Augmentada, em notas, de muitas das instruções aos correspondentes da Academia R. das Sciencias de Lisboa, impressas em 1781; e precedida de algumas reflexões sôbre a historia natural do Brazil, e estabelecimento do museu e jardim botânico em a Côrte do Rio de Janeiro*, Rio de Janeiro, Impressão Regia, 1819.

[62] *Gazeta de Lisboa*, 24 de Julho de 1792.

[63] *Suplica de Frei José Mariano da Conceição Veloso [1797]*, AHU, Reino, Maço 2705.

novo quadro orçamental, e contando já com a empenhada aliança de D. Rodrigo de Sousa Coutinho, que se expediram novas ordens para a impressão da *Florae Fluminensis* [64]. Este fôlego político, decorrente do decreto real de 1792, parece ter sido interpretado pelos seus contemporâneos como um impulso definitivo à publicação da obra botânica do naturalista «mineiro», tal como se lê na correspondência trocada entre D. Vandelli e o director do Real Jardim Botânico de Madrid, Casimiro Gómez Ortega (1741-1818): «Da Florae do Rio de Jeneiro de Fr. Józé Vellozo brevem.te espero q. sahirà o pr.º tomo das figuras; toda a obra conterà mil settecentos e maes taboas[...].» [65]

Por todas estas razões, a «heroicidade» do frade naturalista – imagem que dele se construiu ao longo de oitocentos – seria em grande medida associada à ideia de injustiça praticada por Portugal em relação a um intelectual brasileiro que, devotado desinteressadamente à ciência, não vira reconhecido os seus méritos numa obra que, a ter sido publicada, constituiria um «monumento de glória» à botânica. Mas, o próprio percurso cultural e social de Mariano Veloso no Reino também proporcionou evidentes motivos para a «reconstrução da memória» que dele se fez. De facto, sem nunca ter abandonado os conhecimentos que trazia dos fazendeiros de Minas, com especial enfoque para os de Vila Rica, o contacto e a sociabilidade que soube manter com a elite intelectual brasileira na Corte, valeram-lhe uma auréola de mito fundador da Nação brasileira.

A sociabilidade estabelecida entre os futuros «pais fundadores» do Brasil independente passou, como vimos, pelas edições sob responsabilidade directa de Mariano Veloso. Entre prelos, traduções, anotações, podemos imaginar também um fervilhar de debates apaixonados sobre como fazer adaptar ao Brasil as ideias contidas nos textos agraristas traduzidos; debates provavelmente acompanhados de um sentimento de revolta contida por apenas ser permitido efectuar edições em Portugal. Esta faceta, de brasileiro naturalista e editor,

---

[64] *«Sua Magestade he servida que V. Mce entregue ao Padre Frey Joze Marianno da Conceição Vellozo aquelles volumes da sua excellente Florae do Rio de Janeiro, que elle lhe for pedindo, que actualmente se achão no Depozito do Real Jardim Botanico, e que ajude com os seus estimaveis concelhos ao mesmo sabio Religioso no trabalho que vai emprehender para a Edição da sua Obra, e que Sua Magestade dezeja auxiliar, preparando assim para o futuro o publicarem-se todas as Plantas que se vão recebendo dos Seus vastos Dominios» Palácio de Queluz, 27 de Abril de 1797;* D. Rodrigo de Sousa Coutinho para o Dr. Domingos Vandelli (*Livro De Registo dos Decretos, Portarias, Avisos, e outras Regias Determinaçoens, que baixão ao Real Jardim Botanico, Laboratorio Chimico, Musêo, e Casa do Risco (1791-1810)*, Museu de Ciência da Universidade de Lisboa, Inv. N.º 55). Também nesse mesmo ano circularam ordens para que os conventos da ordem dos capuchos, no Brasil, colaborassem com a plantação e posterior envio de espécies vegetais inventariadas na obra velosiana (Cf. José de Saldanha da Gama, *ob. cit.,* 1869, pp. 172-173).

[65] *Carta de Domingos Vandelli a Casimiro Ortega (26 de Dezembro de 1792)*, Arquivo do Real Jardim Botânico de Madrid, I, 20, 7, 2.

marcou a sua imagem para a futura historiografia do Brasil independente, sendo Veloso associado à fundação de dois espaços científicos institucionais: o Instituto Histórico e Geográfico Brasileiro (1838) e a Sociedade Vellosiana (1850) [66]. É, pois, no âmbito da arqueologia das ideias que nos parece vital inserir a imagem de um herói da cultura científica brasileira, entronizada pelo Instituto Histórico e Geográfico.

A *Revista Trimestral do Instituto Historico, Geographico, e Ethnografico do Brasil*, no 4.º trimestre de 1868, dedica um importante contributo biográfico a José Mariano da Conceição Veloso [67], de modo a enaltecer as suas qualidades intelectuais, sobretudo como naturalista, ao mesmo tempo que proporciona aos leitores brasileiros uma visão global das suas publicações e da importância de ter dirigido a tipografia do Arco do Cego. A imagem biográfica que aqui se encontra construída procura inserir os naturalistas de Minas Gerais na galeria das grandes personagens brasileiras que, na transição do séc. XVIII para o séc. XIX, souberam, e puderam, contribuir para o desenvolvimento do Brasil, nomeadamente do Brasil científico.

O facto de o Instituto Histórico e Geográfico lhe ter dedicado, no intervalo de dez anos, duas biografias de rasgado teor apologético revela a importância que este naturalista-editor-tradutor assumiu para os construtores da memória e da história no Brasil. A partir deste discurso biográfico estabeleceram-se as coordenadas miméticas para apresentar a figura de José Mariano Veloso à opinião pública, associando-o ao mitificador panteão de intelectuais que, nascidos na colónia brasileira, contribuíram para a preparação cultural de um tempo de independência e de autonomia no concerto das nações sul-americanas e europeias.

---

[66] Maria Margaret Lopes, *O Brasil descobre a pesquisa científica: os museus e as ciências naturais no século XIX*, 1997, pp. 128 e segs.
[67] José de Saldanha da Gama, *ob. cit.*

Um Breve Itinerário Editorial:
Do Arco do Cego à Impressão Régia

MARGARIDA ORTIGÃO RAMOS PAES LEME

Imprensa Nacional - Casa da Moeda

INCM/AIN

A vulgarmente denominada Casa Literária do Arco do Cego teve uma existência fugaz, embora profícua, pois tendo funcionado durante 28 meses apenas, de Agosto de 1799 até à sua extinção formal por decreto, em Dezembro de 1801, publicou, nesse curto período, mais de oitenta títulos bibliográficos.

Não foi ainda localizado o documento legal da constituição desse estabelecimento literário, no qual estariam também explicitadas, previsivelmente, as razões que fundamentaram a sua instituição. Tudo o que se conseguiu recolher sobre o período formativo, leva a crer, no entanto, que a sua criação se deveu essencialmente à vontade política do então secretário de Estado dos Negócios da Marinha e Ultramar, D. Rodrigo de Sousa Coutinho (1755-1812), depois agraciado com o título de conde de Linhares. Igualmente por escolha deste ministro, a direcção do novo empreendimento foi entregue a frei José Mariano da Conceição Veloso (1742-1811), um religioso franciscano de origem brasileira, que alcançara certo renome como botânico.

Se D. Rodrigo pode ser considerado o mentor desse empreendimento editorial, frei Veloso foi o seu gestor e animador. Viera para Portugal em 1790, na comitiva do vice-rei cessante, D. Luís de Vasconcelos e Sousa, estimulado sobretudo pela intenção de publicar uma obra para a qual já dedicara cerca de oito anos da sua vida, a monumental *Flora Fluminense*. De facto, em 24 de Julho de 1792 a *Gazeta de Lisboa* traz a seguinte informação: «Por decreto de 9 de Julho de 1792 S. M. tendo sido informada que Frei José Mariano Velloso, Religioso da Ordem de São Francisco da Provincia do Rio de Janeiro, tinha composto huma Obra, intitulada Flora Fluminensis, de muito merecimento, trabalho, e estudo, e digna de se dar à luz; e não querendo que, por falta de publicação da mesma Obra, fique privado o Publico da utilidade, que lhe resultará da impressão della: foi servida ordenar que assim a sobredita Obra, com as Estampas, de que deve ser ornada, sejão impressas, abertas, e estampadas á custa da sua Real Fazenda. E outrosi houve por bem encarregar a Academia Real das Sciencias do cuidado da referida impressão, para que haja de publicar-se com a exactidão, correcção, e criterio, que he devido a huma Obra desta natureza: remettendo a mesma Academia ao Presidente do Real Erario a folha das despesas que com a dita impressão se for fazendo, e que corresponda ao espaço de seis mezes, para serem as mesmas despesas alli satisfeitas, e continuando-se a mesma formalidade em cada semestre, em quanto durar a sobredita impressão.»

O percurso editorial de frei José Mariano da Conceição Veloso em Portugal terá começado com a publicação, em 1793, da obra *Alographia vegetal da potassa mineral ou soda e de seus nitratos...*, na Oficina de Simão Tadeu Ferreira [1]. Em 1795 ele faz imprimir, na Oficina Patriarcal, a 4.ª edição da *Arte da grammatica da lingua do Brasil*, da autoria do padre Luís Figueira, bem como a primeira parte de um *Diccionario portuguez e brasiliano*, que saiu anónimo. Em 1796 surge, ainda sob a sua direcção e também na mencionada Oficina Patriarcal, o *Palladio Portuguez, e Clarim de Pallas que annuncia periodicamente os novos descobrimentos, melhoramentos n'agricultura, artes, manufaturas, commercio etc.*, dedicado «aos senhores deputados da Real Junta do Commercio».

Fica evidente que a almejada publicação da *Flora Fluminense* tinha permanecido à margem desta actividade, e continuava a ser mera intenção em 1797, segundo se deduz de um ofício de D. Rodrigo para Domingos Vandelli, datado de 27 de Abril desse ano, mandando-lhe que «entregue ao P.e Fr. Jozé Mariano da Conceição Vellozo aquelles volumes da sua excellente Flora do Rio de Janeiro, que elle for pedindo, que actualmente se achão no Deposito do Real Jardim Botanico; e que ajude com os seus estimáveis conselhos ao mesmo Sabio Religioso no trabalho, que vai emprehender para a edição da sua Obra...» [2]. O autor, na verdade, não chegará a ver este seu trabalho divulgado como desejou, pois a *Flora* só será publicada postumamente, entre 1825 e 1827, no Rio de Janeiro e em Paris [3].

Verificamos, contudo, que foi exactamente no mês de Agosto de 1797 que teve início algo de maior vulto, «por ordem do Principe Regente» e sob a orientação de D. Rodrigo, ou seja, um empreendimento editorial notável a

---

[1] Segundo Borba de MORAIS — *Bibliographia Brasiliana.*— Amsterdão, cop. 1958. — vol. II, p. 336, o qual também assegura que essa obra seria novamente impressa em 1798, na mesma tipografia, mas com o título alterado — esta última edição foi, contudo, a única de que conseguimos encontrar exemplar (cf. nº 136 do «Catálogo Bibliográfico», adiante).

[2] BRASIL, Arquivo Nacional — *Publicações*, vol. XXXVIII (Flora Fluminense), p. 21.

[3] Se bem que em 1808 já existissem pelo menos 554 chapas abertas especialmente para a *Flora*, mas que foram levadas para França, por ordem de Junot, conforme nos esclarece a seguinte informação: «A Junta Administrativa da Impressão Imperial e Real tem a honra de participar a V. Ex.ª que no dia 23 do corrente hum 4º depois do meyo dia se aprezentou na mesma Impressão Mr. Geoffroy de St. Hilaire com uma ordem de S. Ex.ª o Duque de Abrantes datada do 1º do corrente, ordenando que se lhe entrégasse 554 chapas pertencentes à Flora do Rio de Janeiro de que he Autor o Pe. Me. Frei José Marianno da Conc.am Veloso as quaes se lhe entregarão e levou comsigo na mesma sege em que segue. Não se deu primeiro parte a V. Ex.ª pela pressa e ameaças de prizão com que o d.to M.r Geoffroy aterrou ao Director que ali se achava: o que faz nesta occasião p.ª que V. Ex.ª fique no conhecimento deste facto. Lisboa 31 de Agosto de 1808. (a) Neves — Escopezi — Oliveira — Annes da Costa.» INCM/AIN — *Consultas da Junta Administrativa, Económica e Literária da Impressão Régia*, 1804-1810, fl. 31-31v (9B-1B/lv.16).

vários níveis e em que frei Veloso protagoniza uma função de primeiro plano, conforme ele mesmo declara e delimita no título da sua «Conta ao Il.ᵐᵒ e Ex.ᵐᵒ Sr. D. Rodrigo de Souza dos Trabalhos velosianos, de 10 de Agosto de 1797 a 1798 no Mesmo Dia em um Ano Mandados fazer por S. Ex.ᵃ», concluindo-a com uma datação eloquente e taxativa: «A 10 de agosto, que completa um ano que o Sr. D. Rodrigo de Sousa Coutinho me Faz a Honra de ocupar» [4]. Com efeito, terá sido por essa altura que frei Veloso foi incumbido de «ajuntar, e trasladar em Portuguez todas as Memorias Estrangeiras, que fossem convenientes aos Estabelecimentos do Brasil, para o melhoramento da sua economia rural, e das Fabricas que della dependem, pelas quaes ajudados, houvessem de sahir do atrazo, e atonia, em que actualmente estão, e se puzessem ao nivel, com os das Nações nossas vizinhas, e rivaes no mesmo Continente, assim na quantidade, como na qualidade dos seus generos e produções» [5].

Assim, até 1799, quando surgirão pela primeira vez edições com pé-de--imprensa próprio da Casa Literária do Arco do Cego, é possível novamente acompanhar uma intensa actividade de frei Veloso nas tipografias particulares, recorrendo ele não apenas às já citadas oficinas, Patriarcal (de João Procópio Correia da Silva) e de Simão Tadeu Ferreira, mas também às de António Rodrigues Galhardo e de João António da Silva [6], para publicar várias obras que se inscrevem num programa extremamente vasto de divulgação das ciências e das técnicas, postas ao serviço do desenvolvimento económico do Reino e, sobretudo, do Brasil. Grande parte desses livros apresenta, aliás, inegável afinidade com os temas tratados na série autónoma que, sob o título genérico de *O fazendeiro do Brasil*, se divide em duas vertentes: *O fazendeiro do Brasil cultivador*, de que foram publicados dez volumes, entre 1798 e 1806 [7], nenhum

[4] PORTUGAL, Arquivo Histórico Ultramarino — Reino, Cx. 27, citado por Lygia da Fonseca Fernandes da CUNHA na «Notícia histórica» in *Oficina Tipográfica, Calcográfica e Literária do Arco do Cego, Lisboa: Estampas.* — Rio de Janeiro: Biblioteca Nacional, 1976 — p. 7.

[5] José Mariano da Conceição VELOSO (ed. lit.) — *O fazendeiro do Brazil...*, tomo I, parte I. — Lisboa: Regia Officina Typografica, 1798, p. I.

[6] Uma única edição localizada. Em alguns casos utilizou também a Impressão Régia.

[7] Tomo 1, parte 1 (*Da cultura das canas, e factura do assucar*) — Lisboa: Regia Officina Typographica, 1798; Tomo 1, parte 2 (*Da cultura das canas, e factura do assucar*) — na Officina de Simão Thaddeo Ferreira, 1799; Tomo 2, parte 1 (*Tinturaria: Cultura do Indigo, e extracção da sua fecula*) — na Officina de Simão Thaddeo Ferreira, 1798; Tomo 2, parte 2 (*Tinturaria: Cultura do Indigo, e extracção da sua fecula*) — na Officina de Simão Thaddeo Ferreira, 1800; Tomo 2, parte 3 (*Cultura do cateiro, e criação da Cochonilha*) — na Officina de João Procopio Correa da Silva, 1800; Tomo 3, parte 1 (*Bebidas alimentosas: [Café]*) — na Officina de Simão Thaddeo Ferreira, 1800; Tomo 3, parte 2 (*Bebidas alimentosas: [Café]*) — na Officina de Simão Thaddeo Ferreira, 1799; Tomo 3, parte 3 (*Bebidas alimentosas: Cacao*) — Lisboa: na Impressam Regia, 1805; Tomo 4, parte 1 (*Especierias*) —Lisboa: na Impressam Regia, 1805; Tomo 5, parte 1 (*Filatura*) — Lisboa: na Impressam Regia, 1806.

dos quais saído dos prelos do Arco do Cego, e *O fazendeiro do Brasil criador*, de que foi publicado um único volume, em 1801 [8], mas desta vez pela tipografia do Arco do Cego.

Em Agosto de 1799 a nova Casa Literária, instalada onde então era periferia de Lisboa, na quinta do Intendente ao Arco do Cego [9], começa a funcionar, após obras de adaptação, que se prolongam por alguns meses. Uma nítida centralização de várias funções ligadas às artes gráficas é o objectivo que subjaz a este empreendimento, passando logo a Casa a contar, para além de tipografia, com uma calcografia, provida de um corpo autónomo de gravadores, e culminando na criação de uma oficina tipoplástica, que produzia os seus próprios tipos ou caracteres de imprensa [10]. José Carlos Pinto de Sousa, um autor que fez reimprimir no Arco do Cego a sua *Bibliotheca Historica de Portugal*, sintetiza esse programa, ao discorrer sobre a continuação das dificuldades para a edição da *Flora Fluminense* e as incumbências de frei Veloso: «Não se tem já inteiramente dado à luz, porque, segundo he publico, sendo as chapas mandadas abrir em Veneza, por Ordem regia, a morte do Abbade Santini incumbido do referido, e as guerras intermedias dificultárão a sua remessa até ao presente anno de 1801. Espera-se que brevemente se conclua, pela animação que o Excellentissimo Ministro da Fazenda D. Rodrigo de Sousa Coitinho presta ás Artes uteis, na conformidade da Real Vontade do Augusto Principe Regente N. S. cujos cuidados somente são fazer felices os seus Vassallos, e promover, ainda á custa da sua Real Fazenda, tudo quanto pode concorrer para bem se instruirem; por cuja causa foi o dito R.*[eligioso]* encarregado de crear, em beneficio da Real Impressão do Arco do Cego, hum corpo de Gravadores, de que há já 24 peritos, exercitando-os nas multiplicadas Obras de differente natureza que se tem impresso na dita Officina, denominada por isso Chalcografica: pelo que não será preciso jámais mendigar-se a abertura das sobreditas chapas a Nação alguma.» [11] Esta evolução rumo à auto-

---

[8] Tomo 1, parte 1 (*Do Leite, Queijo, e Manteiga*) — Lisboa: na Typographia Chalcographica, Typoplastica, e Litteraria do Arco do Cego, 1801.

[9] A quinta do Intendente ou do Manique ficava, segundo a carta de Lisboa de 1807, aberta por Duarte Fava, pouco mais ou menos no local onde actualmente está o Instituto Superior Técnico, muito perto da calçada de Arroios, local da residência de D. Rodrigo de Sousa Coutinho. Nessa quinta funcionou também, a título experimental, uma nitreira artificial, consoante informação de Manuel Jacinto Nogueira da GAMA em *Memoria sobre a absoluta necessidade, que ha, de nitreiras nacionaes...* — Lisboa: Impressão Regia, 1803. — p. 20.

[10] Todas as informações referentes ao funcionamento da Casa Literária do Arco do Cego se baseiam em dois documentos de contabilidade existentes no Arquivo da INCM, fundo da Imprensa Nacional, e que serão descritos pormenorizadamente no final deste texto.

[11] José António Pinto de SOUSA — *Bibliotheca historica de Portugal*. — Lisboa: na Typographia Chalcographica, Typoplastica, e Litteraria do Arco do Cego, 1801, Addição, p. 55.

INCM/AIN

INCM/AIN

-suficiência é claramente expressa, além disso, pelas diferentes e sucessivas denominações que o empreendimento foi recebendo no decurso dos seus parcos anos de vigência, a saber: «Officina da Casa Litteraria do Arco do Cego» em 1799, «Typographia Chalcographica e Litteraria do Arco do Cego» em 1800-1801 e, finalmente, a partir de Fevereiro de 1801, «Typographia Chalcographica, Typoplastica e Litteraria do Arco do Cego».

O primeiro livro que saiu dos seus prelos foi a *Memoria sobre a cultura dos algodoeiros, e sobre o methodo de o escolher e ensacar, etc. em que se propõem alguns planos novos para o seu melhoramento*, da autoria de Manuel Arruda da Câmara, um «brasileiro» que já teria terminado o manuscrito em 1797, pois nessa data escreveu a Vandelli [12]: «Remetto a V. S. essa carta incluza para fazer entregar ao amigo Fr. José da Conceição Vellozo, juntamente essa Memoria sobre a cultura de algodão, fructos que tenho colhido de experiencias e observações do tempo, em que me tenho empregado neste negocio...» [13]

O testemunho directo de um outro «brasileiro», José Feliciano Fernandes Pinheiro, mais tarde visconde de São Leopoldo, reafirma que todo o programa editorial posto em prática no Arco do Cego contava com a destacada participação de uma certa «intelectualidade brasileira» que se achava então em Lisboa, conforme está relatado nas suas *Memórias*. Diz ele: «Encontrando- -me um dia com Antônio Carlos [14], meu patrício e amigo, que igualmente vivia desempregado, referiu-me que Manuel Jacinto Nogueira da Gama o convidara a entrar de colaborador em um estabelecimento literário e tipográfico que se ia fundar junto a Arronches [15], em a quinta do Manique, no sítio denominado do Arco do Cego. A direção do estabelecimento, criado sob as vistas imediatas e proteção do ministro do Ultramar D. Rodrigo de Sousa Coutinho, era confiada ao padre-mestre frei José Mariano da Conceição Veloso, natural de Minas Gerais, religioso capucho do Rio de Janeiro. Este instruído naturalista estava, como pensionista do Estado, incumbido de procurar companheiros, que o coadjuvassem naquela empresa literária. As vantagens oferecidas eram aposentamento no edifício, compreendendo as despesas de mesa, e sobretudo o conhecimento de nossas habilitações pelo governo; tinhamos por obrigação

[12] Na época, director do Jardim Botânico da Ajuda.

[13] W. J. SIMON — *Scientific Expeditions in the Portuguese Overseas Territories (1783-1808).* — Lisboa: IICT, 1983 — *Appendix*, p. 173.

[14] António Carlos Ribeiro de Andrade Machado da Silva e Araújo.

[15] Aliás, Arroios.

fazer a tradução das obras que nos designassem, principalmente das línguas francesa e inglesa, nas quais éramos bastante versados. O convite de Antônio Carlos, para mim que nada tinha, era de aceitar-se sem exitação [sic], e assim o fiz. Entrei, pois, para o estabelecimento do Arco do Cego, mudando-me para a quinta do Manique em o 1º de agosto de 1799, e aí me empreguei na tradução e publicação de obras literárias até 20 de junho de 1801, em que deixei esse serviço.» [16]

Efectivamente, muitos outros indícios demonstram que frei Veloso procurou rodear-se dos seus conterrâneos para o apoiarem no projecto. De entre os «brasileiros» que com ele colaboraram em diferentes fases, a maior parte como tradutores e alguns como autores [17], incluem-se, além dos já referidos Manuel Arruda da Câmara, José Feliciano Fernandes Pinheiro e António Carlos Ribeiro de Andrade Machado da Silva e Araújo, também Hipólito José da Costa Pereira Furtado de Mendonça, João Manso Pereira, José da Silva Lisboa, José Ferreira da Silva, José Francisco Cardoso de Morais, José Joaquim Viegas Meneses, Manuel Rodrigues da Costa, Vicente Coelho de Seabra Silva Teles e Vicente José Ferreira Cardoso da Costa. Alguns deles iriam, inclusive, alcançar considerável projecção no Brasil, quer antes, quer depois da independência.

Outro assíduo colaborador do Arco do Cego, como tradutor assalariado, foi o poeta Bocage, certamente fazendo também revisão de provas. Temos ainda conhecimento de um tradutor alemão, Mr. Felkl, também assalariado.

Para os autores e tradutores em geral, o pagamento consistia em 200 exemplares da respectiva obra, ou o seu valor em dinheiro, se revendessem à Casa a «mercadoria» recebida. Os livros impressos no Arco do Cego eram comercializados em loja própria, no Rossio, a cargo de João Nunes Esteves. Muitos eram enviados para o Brasil, para lá serem vendidos ou até oferecidos. No Reino, uns quantos foram distribuídos pelas províncias, para venda.

Identificamos e localizamos concretamente, até agora, 83 títulos lançados durante o exíguo tempo de funcionamento do Arco do Cego, dos quais 36 são originais de autores portugueses ou «brasileiros», 41 são traduções e 6 são edições em latim. Algumas obras, porém, que estavam no prelo à data em que o estabelecimento foi encerrado, nunca chegaram a ser publicadas; outras foram-no posteriormente, já sob a chancela da Impressão

---

[16] «Memórias do Visconde de São Leopoldo», in *Revista do Instituto Histórico e Geográfico Brasileiro*, Rio de Janeiro, vol. 37, 2ª parte, p. 15.

[17] Ver, em anexo, as respectivas sínteses biográficas.

Régia [18]. Entre as que não chegaram a ser publicadas, contam-se *Fastos do Novo Mundo* [19], *Historia geografica do rio das Amazonas* [20], *Memoria sobre o modo de encher peles* [21], *Memoria sobre o modo de fazer diferentes sortes de cola* [22], *Viagem de Magalhães em torno do globo* [23], *Viagens metalurgicas* [24], e uma «obra de Ryman», traduzida por Mr. Felkl [25]. Outros inéditos do Arco do Cego constam até de «catálogos» inseridos em obras lá impressas, sendo exemplos disso *Elementos de agricultura* [26], *Magnetismo* [27],

[18] Entre as obras que fariam parte do programa editorial e foram mais tarde editadas pela Impressão Régia, incluem-se as seguintes: *Annuncios ruraes a favor da agricultura do Reino e colonias...* (1802), *Dissertação sobre o melhor methodo de evitar e providenciar a pobreza...*, traduzido por Inácio Paulino de Morais (1802), *Historia, e cura das enfermidades mais usuaes do boi, e do cavallo...*, traduzida por Vicente Coelho de Seabra Silva Teles (1802), *Cultura da granza, ou ruiva dos tintureiros*, de Manuel Jacinto Nogueira da Gama (1803). *Memoria sobre a absoluta necessidade, que ha, de nitreiras nacionaes...*, também de Manuel Jacinto Nogueira da Gama (1803), *Arte de fazer chitas*, traduzida por António Veloso Xavier, irmão de frei Veloso (1804), *Arte de fazer o salino, e a potassa...* (1804), traduzida do original de Pertuis e Sage, *Principios de economia politica, para servir de introducção á tentativa economica do author dos Principios de direito mercantil*, de José da Silva Lisboa (1804), *Descripção curiosa das principaes producções, rios, e animaes do Brazil, principalmente de Minas Geraes...*, de Joaquim José Lisboa (1804), *Discurso sobre o estado actual das minas do Brazil*, de José Joaquim da Cunha de Azeredo Coutinho (1804), *Extractos praticos, e uteis à economia rural... ou Gazeta do campo*, publicação de que saíram 8 fascículos entre 1804 e 1806, sob a direcção de frei José Mariano da Conceição Veloso, *Arte da louça vidrada...*, traduzida por António Veloso Xavier (1805), *Horografia, ou gnomica portugueza...*, de Francisco de Faria e Aragão (1805), e *Memoria sobre huma nova construção do alambique...*, traduzida por João Manso Pereira (1805), entre outras.

[19] Impressa, pelo menos parcialmente, na «officina da caza» em Fevereiro de 1800. Vendida a peso, por estar incompleta, por portaria da Junta de 24 de Abril de 1810, *in INCM/AIN — Registo de ordens pertencentes a Fabrica de Cartas de Jogar e Impressão Regia, 1790-1831* (9B-2A/lv.43).

[20] Impressa na oficina da casa em Agosto de 1800. Consta da relação das obras vendidas a peso na sequência da portaria da Junta, referida na nota 19, com o título de *Ensaio historico sobre o grande rio das Amazonas*.

[21] Estava a ser impressa na oficina da casa em Setembro de 1799.

[22] Nunca aparecida na Impressão Régia, segundo informação de Anes da Costa datada de 10 de Março de 1813, *in INCM/AIN— Registo de informações, officios, partes, etc. feitos pelo Administrador Geral da Impressão Regia e Real Fabrica de Cartas, 1810-1821* (9B-1B/lv. 17). Mas da citada obra existem actualmente, na INCM, duas chapas abertas em cobre e as respectivas provas. Sabemos, além disso, com base em informação existente no livro *Continuação das despesas...*, que foi realmente impressa na «officina da caza» em Outubro e Novembro de 1799, chegando a ser encadernada.

[23] Impressa na oficina da casa entre Julho e Agosto de 1801. Vendida a peso, conforme portaria da Junta, referida na nota 19, com o título de *Navegação em torno do globo*.

[24] Impressa na oficina da casa em Setembro e Outubro de 1799. Vendida a peso, conforme portaria da Junta, referida na nota 19.

[25] Impressa na oficina da casa em Maio de 1801.

[26] Impressa em Janeiro de 1801 na oficina da casa. Consta do «Catalogo das obras de agricultura impressas na Officina Chalcographica do Arco do Cego», *in Tratado da agua relativamente a economia rustica...*, — Lisboa: na Officina Chalcographica, Typoplastica e Litteraria do Arco do Cego, 1801, que lhe dá a autoria de «Mitter Pacher».

[27] Impressa entre Dezembro de 1800 e Fevereiro de 1801, na oficina da casa. Estava no prelo em 1801, segundo o «Catalogo das obras nauticas impressas na Casa Litteraria do Arco do Cego», que vem no fim da obra *Explicação da taboada nautica para o calculo das longitudes*, de José Monteiro da Rocha. Vendida a peso, por estar incompleta, conforme portaria da Junta, referida na nota 19, com o título de *Tratado sobre o magnetismo*.

Memoria sobre as sebes ou cercas vivas [28], *Sistema sexual explicado,* de Gouan [29], e o poema *A Agricultura,* de Rousset, traduzido por Bocage [30].

Dos 83 títulos identificados, 44 são ilustrados com gravuras executadas na calcografia, perfazendo um total de 360 gravuras, não contadas as vinhetas. Sabemos, no entanto, que muitas mais chapas foram abertas, inclusive para aquelas gravuras destinadas especificamente à venda avulsa, conforme anunciado nos «catálogos» a que fizemos menção acima, quando referem: «Estas obras se vendem na loge da Officina Chalcographica ao Rocio. Na da Viuva Bertrand e Filho ao Chiado. Na de Estevão Semiond em Coimbra. Na de Antonio Alvares Ribeiro no Porto. Na mesma loge ao Rocio se vendem tambem Retratos em preto, e illuminados, gravados por artistas Portugueses; e caracteres typographicos de toda a qualidade elegantemente abertos por Nacionaes.» Estaria justamente neste caso um passatempo didáctico designado «Jogo Arithmetico», aguarelado e acondicionado numa caixa, tendo sido produzido no Arco do Cego entre Setembro e Outubro de 1800 [31].

Com rapidez similar à que presidira ao seu início, a «Typographia Chalcographica, Typoplastica e Litteraria do Arco do Cego» foi extinta em 7 de Dezembro de 1801, pelo mesmo decreto que reestruturou a Impressão Régia, sendo nesta incorporados o seu pessoal, oficinas e pertences. Frei José Mariano da Conceição Veloso foi então nomeado um dos directores literários [32] que compunham a Junta Administrativa, Económica e Literária, um corpo colectivo incumbido de gerir a tipografia régia e encarregado de, relativamente

---

[28] No prelo, segundo o «Catalogo das obras de agricultura impressas na Officina Chalcographica do Arco do Cego», in *Tratado da agua relativamente a economia rustica...* — Lisboa: na Officina Chalcographica, Typoplastica e Litteraria do Arco do Cego, 1801. Vendida a peso, por estar incompleta, conforme portaria da Junta, referida na nota 19.

[29] Impressa na oficina da casa entre Novembro de 1799 e Fevereiro de 1800. No prelo, segundo o «Catalogo das obras de botanica impressas na Casa Litteraria do Arco do Cego», in *Cartas sobre os elementos de botanica...* — Lisboa: na Officina Chalcographica, Typoplastica e Litteraria do Arco do Cego, 1801. Vendida a peso, conforme portaria da Junta, referida na nota 19.

[30] Impresso em Abril e Maio de 1801. Estava no prelo, segundo o «Catalogo das obras de agricultura impressas na Officina Chalcographica do Arco do Cego», in *Tratado da cultura dos pessegueiros...*— Lisboa: na Officina Chalcographica e Litteraria do Arco do Cego, 1801. Posteriormente editado, no 5º volume das *Poesias* de Bocage, segundo, José de Saldanha da GAMA — *Biografia e appreciação dos trabalhos do botânicico brasileiro Frei José Mariano da Conceição Velloso.* — Rio de Janeiro, 1869. — p.175.

[31] INCM/AIN — *Continuação das despesas...* Existe na INCM a chapa de cobre, aberta pelo gravador Romão Elói de Almeida, e a respectiva prova final em papel, aguarelada.

[32] Hipólito José da Costa Pereira Furtado de Mendonça, pensionado pelo Estado depois de uma viagem de estudo aos Estados Unidos, e colaborador de frei Veloso no Arco do Cego, foi também nomeado director literário. Em 1803, no entanto, na sequência da sua prisão como maçon, deixou de exercer essas funções.

à recém-extinta Casa literária, tomar conta «do que a mesma tem produzido, e do que se acha em ser das despezas feitas e de quaisquer dividas que possa haver, para serem pagas pelo cofre da Impressão Regia» [33].

A Junta deveria também, segundo os termos do referido decreto, «continuar a impressão dos livros e obras, de que se achava encarregada a Casa Litteraria do Arco do Cego, e particularmente das obras botanicas de fr. José Mariano da Conceição Veloso», bem como «concluir todas as obras que se achão ali principiadas e que deverão concluir-se, assim como executar-se outras...» e, além disso, procurar realizar a «venda dos livros que tem sido publicados na sobredita Casa Litteraria». Já tivemos ocasião de verificar que houve cumprimento, pelo menos parcial, deste conjunto de determinações, permitindo assim que o interpretemos como uma espécie de «sobrevivência» da acção editorial do Arco do Cego, seja mediante a conclusão de edições que lá teriam sido principiadas, seja mediante a publicação de outras que lá teriam sido planeadas, em ambos os casos resultando, graças à venda dos livros, numa ampla difusão cultural – a meta, afinal, que frei Veloso sempre perseguira.

O experiente impressor Simão Tadeu Ferreira, administrador das Oficinas Régias desde 1801, invocando razões de ordem particular, pediu a demissão desse cargo em 1803, o que foi lhe concedido. Frente ao facto, a Junta decidiu não nomear substituto para essa vaga, dividindo as respectivas tarefas entre os directores literários, Joaquim José da Costa e Sá (Fábrica de Cartas de Jogar), Custódio José de Oliveira (Composição e Tipografia) e frei Veloso (Gravura e Fundição), em acumulação das funções que cada um deles já desempenhava [34]. Essa situação manteve-se até 1808, quando, depois da segunda quinzena de Maio, frei Veloso regressa definitivamente ao Brasil [35].

Antes disso, um Aviso Régio de 23 de Fevereiro de 1802, dirigido por D. Rodrigo de Sousa Coutinho, inspector da Impressão Régia, ordenava ao director-geral da mesma, Domingos Monteiro do Albuquerque e Amaral, que, com a possível brevidade procedesse a «huma informação exacta do estado em que se acha o inventario da Impressão Régia, e o da extincta Caza do Arco do Cego, se estão recolhidos e inventariados os livros da bibliotheca de uma e outra, assim como os papeis, chapas, estampas e moveis generos, e livros de escripturação e em que maneira ou estado, indagando as faltas, e obrigando

[33] Decreto de 7 de Dezembro de 1801, publicado avulso.

[34] INCM/AIN — *Lembrança [de] todas as deliberações e despachos dados nas Conferencias da Junta Economica e Literaria da Impressão Regia e Real Fabrica das Cartas*, 1803-1823 (9B-1A/lv.2).

[35] O último documento que frei Veloso assina na Impressão Régia tem a data de 16 de Maio de 1808.

a cada sujeito segundo a sua responsabilidade» [36]. Tal recolha patrimonial, contudo, não se terá verificado, já que em 1810 – ou seja, oito anos depois do citado Aviso –, ficará lavrado em depoimento formal que «não havia na Casa livro, chapa, prelo, nem manuscripto, que pudesse presumir-se delle *[frei Veloso]*, mas que, ao contrario, sabião, tanto por ser publico e nottorio, como pelo que consta dos documentos existentes na Contadoria desta repartição e dos livros da Administração, que o dito religiozo, apesar das deligencias que para isso fez a extinta Junta *[Administrativa, Económica e Literária]*, nunca quizera entregar os livros que constava terem sido comprados, à custa da Fazenda, no Arco do Cego, assim como tambem nunca quizera entregar o livro Mestre, nem Auxiliares da Officina que ali dirigio; que sabem que a maior parte das obras publicadas em seu nome forão traduzidas por homens pagos pela Fazenda Real; que os prelos e chapas forão igualmente comprados e feitos pela mesma Fazenda; e que tudo foi mandado incorporar na Impressão Régia pelo Decreto de sete de Dezembro de mil outtocentos e um, e que, portanto, não tinha direito a cousa alguma das que existem neste estabelecimento vindas do mesmo Arco do Cego; que sabem, pello verem, que o ditto Padre levara daqui um manuscripto que tinha custado·à Fazenda Real seiscentos mil rs, o qual não restituio; que tambem sabem, por constar dos livros da Administração, ficara devendo à Impressão Regia a quantia de quatorze mil quinhentos noventa e cinco reis, não só de trabalhos que mandou fazer por sua conta, e que levou, mas tambem de dinheiros que recebera das partes e que não entregou no cofre... em cujos termos se mostra não haver nesta Regia Officina cousa alguma pertencente ao ditto Padre Mestre...» [37]

Em 1813, mais informações surgem sobre o assunto, num ofício destinado ao governo e que, dado o seu indiscutível interesse, se transcreve na íntegra:

«Ill.mo e Ex.mo Snr.

Tenho a honra de participar a V. Ex.ª que se achão promptas para se embarcarem as obras e chapas constantes da relação que V. Exª me entregou no dia 4 do corrente, para serem remetidas à Corte do Rio de Janeiro, à excepção das seguintes:

---

[36] INCM/AIN — *Livro 1º do Registo de decretos, avizos e ordens*, 1769-1810 (9B-1A/lv.34).

[37] Em termo lavrado na sequência de um aviso da Secretaria de Estado dos Negócios Estrangeiros e da Guerra, para serem remetidos para o Brasil «todos os livros, manuscriptos, chapas e prelos que por qualquer titulo pertencessem a Pe. Mestre Fr. José Marianno da Conceição Velozo.» INCM/AIN — *Lembrança [de] todas as deliberações e despachos dados nas Conferências da Junta Económica e Literária*, 1803-1823 (9B-1A/lv.2). Sobre este assunto, convirá também lembrar a apreensão de chapas da *Flora Fluminense*, referenciado na nota 3.

Historia da Chalcografia, Arte de fazer cola – Porque nunca aparecerão na Impressão Regia;

Tratado da fiação da seda – Por ser da Companhia que levou todos os exemplares;

Mineiro novel, Sistema sexual, Arte de fazer o rhum, Vida da R^a D. Mn^a, Vida de D. Luiz de Ataide – Porque entrarão em o n° dos que se venderão a pezo por ordem da extincta Junta, por incompletos e falta de originais;

E as chapas dos *Varões Illustres* [38], por pertencerem a uma sociedade em que entrava o Padre Veloso, e dizem os socios, que tendo elle ficado com os lucros da venda e dinheiro que tinhão adiantado para a gravura delles, guardarão as mesmas por não perderem tudo.

Devo porem lembrar a V. Ex.ª que, remettendo-se as cento e trinta chapas do *Fazendeiro*, fica inutilizada a obra sem estampas, e vão igualmente sêr inuteis as chapas sem a obra. O mesmo se deve entender a respeito do *Atlas Celeste*.

Não posso por esta occasião deixar de repetir na presença de V. Exª, para o fazer constar a Sua Alteza Real o Principe Regente Nosso Senhor, que todas estas obras e chapas forão impressas, gravadas, estampadas e traduzidas à custa do mesmo Augusto Senhor, com a despeza de mais de cincoenta contos de reis. Que tudo o que veio da Officina do Arco do Cego foi encorporado na Real Fazenda da Impressão Regia pelo Decreto de 7 de Dezembro de 1801, que mandava pagar pelo seu cofre a divida daquella Officina, importando em 9.774$623 reis. Que o Padre Veloso, depois de ter recebido no Arco do Cego o valor de 200 exemplares, de cada mil, das obras que fazia imprimir à custa da Fazenda, feita a conta pelo preço da venda, que é o duplo do custo, tornou a repetir o mesmo na Impressão Regia no tempo da sua administração interina, só com a differença de levar os exemplares em especie, de maneira que veio a receber, não 200 de cada mil que por lei lhe pertencião, mas sim 400, sendo 200 em dinheiro.

Finalmente, que deste Padre não existe na Imprensa Regia senão mimoria do dinheiro que lhe ficou devendo, a lembrança de não ter apresentado, apezar de Decretos e Avisos que lhe ordenarão, os livros de contas do Arco do Cego

---

[38] Em termo assinado em 13 de Janeiro de 1816, entre a Impressão Régia, representada por António José da Guerra, e João da Cunha Taborda, como procurador de seu tio José da Cunha Taborda e de Pedro José de Figueiredo, «que todos elles juntos tinhão feito huma sociedade para comporem, imprimirem, e publicarem huma Obra com o titulo dos *Varões Illustres*: o que puserão em execução e imprimirão, e venderão varios cadernos da ditta Obra Periodica athe o n° 9: cuja obra se não continuou pella ausencia para o Rio de Janeiro do Pe. Fr. Jose Marianno da Conceição Velloso socio tambem com os dittos na ditta impressão da referida obra», em que a Impressão Régia, pagas as dívidas de impressão pelo sócio José da Cunha Taborda, lhe devolve todos os bens da sociedade que entretanto tinha penhorado, nomeadamente a totalidade da referida obra periódica, desfazendo-se a sociedade. INCM/AIN — *Registo dos termos de fiança*, 1770-1855 (9B-3A/lv. 66).

DECRETO
DA INSTITUIÇÃO DA NOVA JUNTA.

QUERENDO animar o Eſtabelecimento da Impreſsão Regia, creada por Alvará de vinte e quatro de Dezembro de mil ſetecentos ſeſſenta e oito; e deſejando promover os uteis fins, a que a meſma he deſtinada, para a elevar com vantagem pública ao maior gráo de proſperidade, que poſſa conſeguir-ſe, fazendo publicar aquellas Obras, que mais contribuão á inſtrucção, e gloria da Nação, formando Artiſtas habeis, que ſe perpetuem em cada huma das Claſſes, que compõem o meſmo Eſtabelecimento; e procurando conſeguir eſtes fins com a mais ſevera economia: Sou ſervido Determinar, que ſe ponha em exacta, e rigoroſa obſervancia tudo quanto diſpõe o ſobredito Alvará de vinte e quatro de Dezembro de mil ſetecentos ſeſſenta e oito, excepto naquillo que vai aqui alterado pela fórma ſeguinte. I. A Direcção encarregada do regimen, e adminiſtração da Impreſsão Regia, quanto á parte economica, e adminiſtrativa, ſerá compoſta das ſeguintes Peſſoas; de hum Director Geral, para cujo lugar nomeio o Deſembargador Domingos Monteiro de Albuquerque e Amaral, e de dous ſegundos Directores, que ſerão João Guilherme Chriſtiano Muller, e Alexandre Antonio das Neves, ſen-

e os muitos e preciosos livros que tinha comprado à custa da Fazenda e, n'huma palavra, os indeleveis vestigios dos estragos e desordens que fez, e que V. Ex.ª sabe quanto me tem custado a reparar! Elle teria reduzido a nada todo este estabelecimento se a devassa, a que deram motivo os furtos e extravios que se verificarão no seu tempo, lhe não tivesse arrancado a administração interina! Eu sei que devemos perdoar aos mortos, mas tambem sei que todo o homem honrado tem a obrigação de dizer a verdade ao seu superior, maximé quando se trata de precaver a possibilidade de alguma surpreza.

Queira V. Exª dar-me as suas ordens sobre o que devo praticar a respeito do feicho e remessa dos caixotes. Deus guarde a V. Exª. Impressão Regia, em 10 de Março de 1813.

Joaquim Antonio Xavier Annes da Costa.» [39]

Já no dia seguinte ao desta correspondência, João António Salter de Mendonça, em ofício enviado para o Rio de Janeiro, informa que se acham prontos a ser despachados «5 caixotes das obras de Frei Veloso, acompanhadas de 1 272 chapas» e anexa uma «Relação dos livros e chapas que se remetem da Impressão Régia de Lisboa para a Biblioteca de S. A. R. na Corte do Rio de Janeiro pelo navio Vitória, em observância das ordens do mesmo Augusto Senhor.» [40] A remessa chegou ao Brasil em 2 de Junho desse mesmo ano e foi entregue ao padre Joaquim Dâmaso, director da Real Biblioteca, que a conferiu, tirou provas das chapas recebidas e separou umas quantas que, juntamente com as provas, enviou de novo para Lisboa, conforme ofício datado de 29 de Março de 1814, dirigido a Joaquim Carneiro de Campos, afirmando que «remete as estampas do *Fazendeiro do Brasil* que pertenceram ao finado Frei José Mariano da Conceição Veloso, para poderem ir para a Impressão Régia de Lisboa e assim também vai uma prova de todas as mais chapas que ficaram na Real Biblioteca do Príncipe Regente Nosso Senhor para que, se se imprimirem ou acabarem de imprimir, as obras a que elas pertencem, as ditas chapas possam servir, sem se fazerem novas despesas e por isso vão numeradas com os números delas para poderem se pedir sem se fazer nova despesa da Fazenda Real.» [41]

---

[39] AINCM/AIN — *Registo de informações, officios, partes, etc. feitos pelo Administrador Geral da Impressão Regia e Real Fabrica de Cartas*, 1810-1821 (9B-1B/lv. 17).

[40] BRASIL, Arquivo Nacional — cx. 689, doc. 8, citado em *Oficina Tipográfica, Calcográfica e Literária do Arco do Cego, Lisboa: Estampas / notícia histórica por Lygia da Fonseca Fernandes da Cunha* .– Rio de Janeiro: Biblioteca Nacional, 1976.

[41] BRASIL, Arquivo Nacional — Cx. 764, doc. 7 e *Publicações*, vol. XXXVIII (Flora Fluminense), p. 28-30, cit. em *Oficina Tipográfica, Calcográfica e Literária do Arco do Cego, Lisboa: Estampas / notícia histórica por Lygia da Fonseca Fernandes da Cunha*.– Rio de Janeiro: Biblioteca Nacional, 1976.

São os derradeiros informes que dispomos sobre esse conturbado espólio. É a altura, portanto, de concluir o presente texto e apresentar o inventário daquilo que, oriundo do Arco do Cego, subsiste hoje na Imprensa Nacional--Casa da Moeda, sua herdeira, na medida em que o foi também da Impressão Régia:

1 – Documentos de arquivo:

1.1 – Um livro manuscrito, intitulado *Continuação das despezas dos trabalhos litterarios encarregados por S. Alteza Real o Principe Regente Nosso Senhor ao Muito Reverendo Padre Mestre Frei Joze Mariano da Conceição Vellozo.*

300 mm x 210 mm; 84 fls., das quais 2 em branco no início, 53 manuscritas e 29 em branco no final; enc. em tela.

Contém os registos das despesas, lançados mensalmente e divididos em rubricas, desde Junho de 1799 até Outubro de 1801, estando incompleta a escrituração desse último mês.

1.2 – Um documento manuscrito avulso, intitulado *Caixa Da Receita, e Despeza da Officina Litteraria do Arco do Cego A Cargo do Thezour.º Marcos Aurelio Rodrigues, desde 2 de Abril the 9 de Dezembro de 1801. Na Conformidade do Avizo do Ill.ᵐᵒ e Ex.ᵐᵒ Snr.º D. Rodrigo d'Souza Coutinho Menistro e Secretario d'Estado dos Negocios da Fazenda, etc. etc. etc.*

É precedido de:

Requerimento de Marcos Aurélio Rodrigues, informando que «sendo por Ordem do Principe Regente Nosso Snr. incumbido dos Pagamentos e recebimentos do Estabellescimento Typographico do Arco do Cego, principiou a sua Conta em 2 de Abril do anno passado de 1801, e continuou até 10 de Dezembro do mesmo anno, em q. finalizou esta sua Conta, por se incorporar o d.º Estabellescimento a Esta Impressão Regia.» Pede que lhe seja paga a quantia de 1.826$733, correspondente à adição das quantias de 1.474$653 e de 352$086, referentes a primeira a empréstimos feitos pelo próprio à extinta Casa Literária do Arco do Cego, antes da extinção, e a segunda a «Despezas que por ordem do Dez.ᵒʳ Director Geral fez, pertencentes ao d.º Estabellescim.ᵗᵒ desde o dia 11 de Dezembro até 15 de Janr.º proximos p.ᵈᵒˢ, em quanto totalm.ᵗᵉ se não extinguio, e passou para esta Impressão Regia...» Sobre este requerimento recaíram os despachos datados de 2 de Fevereiro de 1802, do director-geral da Impressão Régia para o deputado guarda-livros informar, e da Junta Administrativa e Económica para se pagar a quantia requerida.

Tem junto:

Caixa da nova Adm.ção da Officina Litteraria dirigida pello Ill.mo S.r Dez.or Director Domingos Montr.o de Albuq.e do Amaral, na Conformidade do Avizo expedido pelo Ill.mo e Ex.mo S.r D. Rodrigo d'Souza Coutinho.

345 mmx225 mm; 52 fls., das quais 3 em branco no final.

As quantias estão lançadas diariamente em folhas de «Deve» e «Had'haver», face a face. Encontra-se referenciado em registo do Livro Caixa da Impressão Régia, referente ao ano de 1802, como «documento nº 1».

2 – Provas de gravuras:

Três volumes brochados, de 420 mmx330 mm cada um, numerados I, II e III na lombada, e contendo o primeiro, 58 provas, o segundo 576 e o terceiro 342, todas numeradas à mão, num total de 976.

Correspondem parcialmente às chapas que foram enviadas para o Brasil, conforme ofício do Administrador-Geral da Impressão Régia, Anes da Costa, datado de 13 de Março de 1813, parte das quais foram devolvidas em 1814 pelo padre Joaquim Dâmaso, que informa sobre tal procedimento em ofício de 29 de Março de 1814 (cf. ambas as transcrições acima, no texto deste estudo). Algumas provas são de obras que foram editadas, mas outras seriam destinadas a obras que ficaram inéditas.

3 – Chapas de cobre:

Cerca de 1700 chapas de cobre, muitas das quais assinadas por artistas do Arco do Cego e publicadas em obras saídas dos seus prelos – ou até das tipografias particulares que trabalharam para o amplo projecto editorial de frei Veloso –, bem como outras, abertas na Impressão Régia e utilizadas nas edições desta oficina tipográfica. A maioria está acompanhada das respectivas provas em papel.

Encontra-se em elaboração um inventário exaustivo deste património.

4 – Livros impressos:

66 títulos, alguns com mais do que um exemplar, correspondentes aos seguintes n.os do «Catálogo Bibliográfico» (ver adiante): 1-10, 12, 14, 16, 18-22, 24-30, 32-41, 44, 46, 48-61, 65-68, 70-77 e 79-81.

Mecenato Político e Economia da Edição nas Oficinas do Arco do Cego*

MANUELA D. DOMINGOS

Biblioteca Nacional

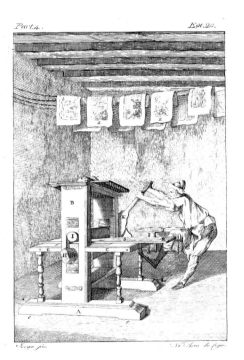

[Cat. n.º 12]

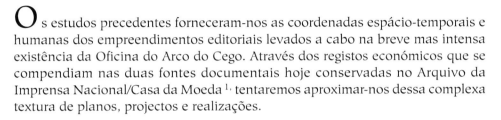

Os estudos precedentes forneceram-nos as coordenadas espácio-temporais e humanas dos empreendimentos editoriais levados a cabo na breve mas intensa existência da Oficina do Arco do Cego. Através dos registos económicos que se compendiam nas duas fontes documentais hoje conservadas no Arquivo da Imprensa Nacional/Casa da Moeda [1], tentaremos aproximar-nos dessa complexa textura de planos, projectos e realizações.

Os livros intitulados *Livro de Despesas* [Livro D] e *Caixa da Receita e Despesa* [Livro C] dão-nos informação minuciosa dos lançamentos das despesas ao longo de 28 meses: de Junho de 1799 a Out° de 1801 e de 2 de Abril a 10 de Dez° de 1801, registando-se no segundo também as receitas, por aviso expresso de D. Rodrigo de Sousa Coutinho, na altura já Ministro e Secretário de Estado dos Negócios da Fazenda, como ficou expresso em documento anexo ao livro.

De facto, um rápido relance do Livro D mostra-nos o carácter rudimentar da contabilidade praticada no estabelecimento do Arco do Cego. As verbas das despesas são lançadas de modo minucioso, mas sem grande coerência interna,

---

* Trabalho realizado ao abrigo do Projecto PRAXIS XXI «Guia de Fontes arquivísticas e bibliográficas para a história do livro em Portugal (séc. XVI-XVIII)» — FCSH da UNL/BN —, com a colaboração de Paula Gonçalves e Dulce Figueiredo, Bolseiras do mesmo Projecto. Agradeço aos colegas Luís F. Farinha Franco e Diogo Ramada Curto a leitura do original e as sugestões que fizeram.

[1] *Cf. supra* Margarida Ortigão RAMOS—«Um breve itinerário editorial: do Arco do Cego à Imprensa Régia» —a quem aproveitamos para agradecer toda a documentação que colocou à nossa disposição —, que os referencia exaustivamente, no final do artigo: INCM/AIN — *Continuação das despesas dos trabalhos litterarios encarregados por S. Alteza Real o Principe Regente Nosso Senhor ao muito reverendo Padre Mestre Frei Joze Mariano da Conceição Vellozo*, Junho 1799 — Outubro 1801; INCM/AIN — *Caixa da Receita e Despeza da Officina Litteraria do Arco do Cego a cargo do Thezoureiro Marcos Aurelio Rodrigues, desde 2 de Abril the 9 de Dezembro de 1801*. Infelizmente, no Arquivo Histórico Ultramarino, onde se sabe ter existido alguma documentação relativa a este empreendimento, citada no trabalho de Lygia CUNHA — *Oficina Tipográfica, Calcográfica e Literária do Arco do Cego- Lisboa*. Rio de Janeiro: Biblioteca Nacional, 1976, não é hoje possível localizar mais do que dois ou três documentos fragmentários de um conjunto que existiu sob a cota: AHU, Lisboa — Reino, Maço nº 27. Alguns dos documentos foram sumariados na obra *Documentos para a História da Arte em Portugal. Arquivo Histórico Ultramarino: Núcleo de pergaminhos e papéis dos séc. XVII a XIX*. Lisboa: Fundação Calouste Gulbenkian, vol. 10, 1972 (Maço 27, nºs 92, 97, 129, respectivamente de 1800, 1807, s. d.).

segundo uma taxonomia instável e, nos «róis» mensais, em ambos os casos, os somatórios enfermam de erros frequentes. Por estas razões e, sem pretender introduzir novos conceitos — que seriam anacrónicos —, apenas reformulámos alguns agrupamentos de verbas de modo a permitirem uma análise comparativa dos gastos nos vários *items*.

Uma primeira nota impõe-se, desde já: neste livro de registo não figuram quaisquer receitas mas, tão somente, pequenas anotações, entrelinhadas posteriormente, junto da assinatura dos «róis», confirmando o recebimento daqueles montantes e respectivas datas. O dito livro D exibe o título: «Continuação das Despesas....»; ora, uma vez que os primeiros impressos com pé de imprensa do Arco do Cego apareceram em 1799 — estando as respectivas contas consignadas neste documento — podemos supor que seja de existência duvidosa algum registo anterior desta natureza. Preferível será inferir que o pagamento dos «trabalhos literários» de Frei Veloso se fazia natural e directamente através de algum departamento oficial, talvez a Secretaria de Estado da Marinha, do qual dependia o projecto [2]. A certa altura, adquire determinada autonomia também logística — com a instalação na Quinta do Intendente, ao Arco do Cego —, embora financeiramente dependente para todos os efeitos e, como parece claro, sem preocupações de maior quanto à suficiência económica: sem verbas claras atribuídas, mas com a garantia dos pagamentos das despesas tanto das instalações, como do equipamento que foi sendo adquirido, como também do numeroso pessoal qualificado, de matérias primas, do funcionamento, como decorre dos trabalhos precedentes ora apresentados. Tratava-se, de facto, de um empreendimento de regime — poderíamos dizer—, onde D. Rodrigo de Sousa Coutinho tinha intervenção pessoal e directa pelo interesse que votava aos territórios ultramarinos, nomeadamente ao Brasil. Este território era preocupação primeira dos «trabalhos literários» do franciscano.

---

[2] Isto mesmo afirma D. Rodrigo de Sousa COUTINHO — *Textos políticos, económicos e financeiros (1783-1811)*. Ed. Andrée Mansuy Diniz-Silva. Lisboa: Banco de Portugal, 1993, t. I, concretamente na «Representação ao Príncipe Regente sobre o decreto de suspensão das obras, e sobre a conta geral da despesa da Repartição da Marinha em todo o ano de 1799», de 21 de Janeiro de 1800, sendo Secretário de Estado da Marinha e Domínios Ultramarinos desde Julho de 1796: «[…] Também a publicação de várias obras que V. A. R. mandou traduzir, e de que já se tem experimentado grandes frutos, se acha suspensa, e no momento em que muitas obras interessantes se achavam já quase completas, e iam publicar-se, ficando assim perdida toda a despesa que já se achava feita. Digne-se V. A. R. ver a despesa que se tem feito, e o produto que deve dar, e digne-se então decidir, com a inspecção da conta junta, se um tão útil estabelecimento, e que tanta honra faz a V. A. R., não merece ser continuado, e se não deve V. A. R. ordená-lo assim por um novo Decreto» (p.17) e ainda: «Seja-me lícito notar aqui também as contas da Repartição, que acompanham as da Marinha sem propriamente lhe pertencerem, quais as do novo Hospital de Santa Cruz, *a da Tipografia do Pe Frei José Velozo*, e a da Nitreira» (p. 21).

Sobre a posição fulcral do Secretário de Estado em todo o empreendimento, remetemos para o estudo que lhe dedica Diogo Ramada CURTO, cap. *supra*.

Textos próprios e de outros autores — em especial com origem no Portugal americano —, compilações e traduções sobre temas caros ao Secretário de Estado, atinentes às novas culturas, estabelecimentos fabris e outros aspectos que se pretendiam novos, num tempo novo que ao Brasil se anunciava.

No ano seguinte (1800), por morte do Marquês de Ponte de Lima, foi nomeado Presidente do Real Erário e Ministro e Secretário de Estado da Fazenda [3] informa o seu sucessor na Marinha — o Visconde de Anadia — do estado de cada um dos estabelecimentos anexos, concedendo uma referência honrosa à Casa do Arco do Cego que, «em tão pouco tempo, não só tem produzido muitas obras que têm alumiado e estendido as culturas, mas que até nos segura a fundição e abrição dos caracteres, de que possam prover-se as tipografias do Reino» [4].

Economia da produção editorial

Uma primeira reserva advém de não existirem, ao que sabemos, elementos comparativos para enquadrar, com alguma segurança, os valores que apurámos relativos ao funcionamento do Arco do Cego, na sua breve vigência. Estas serão das raríssimas fontes documentais do género hoje conservadas, se exceptuarmos o caso singular de continuidade institucional que representa a própria Imprensa Nacional, a exigir um estudo que complete [5] *Imprensa Nacional: actividade de uma casa impressora (1768-1800)*, estudo pioneiro surgido há um quarto de século.

Como assinalámos já, não fossem as próprias condições da «escrita» que os Livros revelam, os dados referentes aos meses de Abril a Dezembro de 1801 — que deveriam coincidir em ambos — aparecem de modo muito fragmentário no Livro D (só até Setembro) e, de modo mais exaustivo no Livro C — no «Caixa»—, embora sem as discriminações minuciosas que caracterizam o anterior, pois indica apenas a entidade que faz o ingresso da receita ou a quem é feito o pagamento. A análise das rubricas de ambos aponta antes para uma complementaridade de informação e registo e, desse modo, o assumimos. Pese embora a margem de erro por «duplicações», pareceu-nos preferível justapor

---

[3] Nomeado por Decreto de 6 de Janeiro de 1801, acumula também outros cargos inerentes, tais como: Inspector Geral do Gabinete de História Natural e do Jardim Botânico da Ajuda, da Real Biblioteca Pública, da Junta Económica, Administrativa e Literária da Impressão Régia, etc.

[4] *loc. cit.*, t. II, p. 25 (Carta de 14 de Junho de 1801 *in fine*). De facto, nesta altura, já não se regista compra de tipo, mas também não há notícia de venda desse material, que ali fosse fabricado.

[5] Pedro CANAVARRO; Fernanda Maria GUEDES; Margarida Ortigão RAMOS; Maria Marques CALADO — *op. cit.*, Lisboa: IN/CM, 1975.

algumas verbas a correr o risco de eliminar uma parte substancial da informação, tanto mais que, no que se refere às Receitas – e empréstimos temporários, em muitos casos — elas só aparecem secundária e fragmentariamente indicadas no primeiro livro; quanto às Despesas não existe inteira correspondência nem indicação precisa da rubrica a que se referem, a não ser no caso *singular* e mensalmente inscrito das despesas para «comedorias», factor ausente noutros registos. Ainda que escritos contemporâneos tivessem apontado a aposentadoria como uma das regalias de que usufruíam os «pensionados» da Casa Literária do Arco do Cego, importante para alguns dos brasileiros para ali recrutados, como tradutores [6] e, certamente, também para os artistas-gravadores que trabalhavam como alunos da respectiva Aula [7]. Em certos casos, o Livro de Contas assinalava que as comedorias dos pensionados seriam a descontar «nos seus jornais», mas, a maior parte das vezes, a designação é genérica quanto às entradas de dinheiro e gastos em «despesas de comedorias» ou «comedorias da Casa».

Perante estas reservas, passemos à apresentação dos resultados globais que se apuraram, quanto às despesas efectuadas ao longo dos meses de existência das Oficinas. Após o registo de todas as verbas, agrupámo-las de modo que nos pareceu homogéneo, considerando como grandes *items* os seguintes (que aglutinaram sub-secções que aqui omitimos, por simplificação):

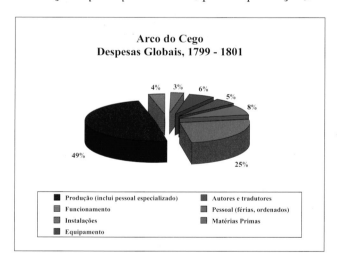

[6] Veja-se o relato, tantas vezes repetido, da *contratação* de José Feliciano Fernandes PINHEIRO nas suas memórias: «Memoria do Visconde de S. Leopoldo», *Revista do Instituto Histórico e Geográfico Brasileiro*, Rio de Janeiro, vol. 37, 2ª parte.

[7] Sobre a existência e modo de funcionamento de tal Aula de Gravura, remetemos para o estudo seguinte, de Miguel F. de FARIA.

Valerá a pena atender aos valores percentuais relativamente ao total, uma vez que tornam elucidativas muitas das opções das Oficinas dirigidas por Frei José Mariano Veloso. Por um lado, temos investimentos que poderíamos situar no âmbito das despesas de capital – instalações e equipamento — que não ocupam mais de 9%, mas que se iniciam logo no primeiro mês de funcionamento e irão acompanhar toda a vida da instituição, com a construção de instalações e o progressivo equipamento técnico, nomeadamente na área da impressão. A compra de imprensas, prensas, letra fundida, etc., fez-se paulatinamente, não constituindo condição prévia ao funcionamento da Casa.

Foram os montantes investidos na produção que absorveram a maior fracção — quase metade — dos recursos globais do empreendimento, sobretudo devido à contratação sucessiva de pessoal especializado na área da gravura que foi, de facto, a mais — valia de relevo trazida por este empreendimento ao panorama tipográfico português. Deixamos por aqui este breve apontamento, tanto mais que tal assunto será tratado em capítulo próprio.

Quanto aos custos de produção — que, no total ascenderam a 17.388 milhares de réis — distribuídos pelos diversos sectores, desde a impressão, gravação, estampagem, iluminação, fundição e encadernação.

E também aqui ressaltam as opções: só a gravação absorve 38% dos custos, seguida pela impressão que se situa nos 29%.

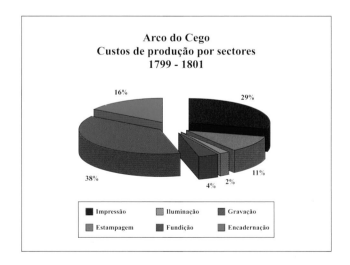

A execução das obras, ao nível das tipografias envolvidas, ocupa o segundo lugar na escala dos custos. De facto, por razões que se prendem com a feitura dos antecedentes trabalhos de Frei Veloso e com o verdadeiro «plano editorial» que, afinal, continua a desenvolver durante e depois desta sua «aventura» que foi o Arco do Cego, o recurso a diversas tipografias foi uma constante, a par do uso da imprensa da Casa. Parece, aliás, ser uma estratégia editorial para atingir os níveis de produção que conseguiu, recorrendo às oficinas mais conhecidas de Lisboa, como a de Simão Tadeu Ferreira, a da Patriarcal (depois continuada por João Procópio Correia da Silva), e a de António Rodrigues Galhardo. Aliás, existe mesmo no Arquivo da Imprensa Nacional/Casa da Moeda um belo exemplo gravado de uma «folha de obra», o *Mappa do Trabalho das Prensas e Torclo* [sic] */ Mes de...*, onde constam todas as oficinas enumeradas com espaços a preencher relativamente ao trabalho realizado, nº de folhas — a que hoje chamaríamos «planos» —, indicação da obra a que se destinavam, preço, gastos e tipo de papel (resmas, mãos e qualidade) e indicações idênticas para as estampas. Note-se, ainda, que o fornecimento do equipamento tipográfico — imprensas e prensas — se faz junto desses e de outros agentes; a letra fundida é encomendada à Imprensa Régia ou comprada a Procópio (aliás o mesmo que assinará o primeiro «Rol» de despesas do Arco do Cego, em Junho de 1799!) [8].

Vejamos num cronograma a evolução do recurso às outras oficinas, ao longo dos meses e verificaremos que as impressões só serão feitas em exclusivo nas Oficinas da Casa a partir de Outubro de 1800, isto é, mais de doze meses após o início do empreendimento, na forma *autónoma* que parecia ter assumido ao instalar-se na Quinta do Intendente.

---

[8] Num dos poucos documentos de despesa referenciados no AHU — *apud Documentos para a história da Arte, loc.cit.*, p. 119 — encontra-se uma conta-corrente deste mesmo João Procópio Correia da Silva, datada de 20 de Março de 1800, «de todo o dinheiro que recebeo e dispendeo por conta e ordem de Sua Alteza Real o Principe Regente Nosso Senhor, e direcção do muito Reverendo Padre Frei Joze Mariano da Conceição Vellozo», onde se consignam impressões, encadernações, estampagens e iluminações, pagamento a gravadores, etc. O que — em conjunto com os dados anteriores — configura uma situação ainda mais complexa de relações e pagamentos das produções deste projecto editorial, dado tratar-se de uma obra com o pé de imprensa desta tipografia *Helminthologia portugueza (...)*, publicada em 1799, nunca referida no Livro de Despesa...

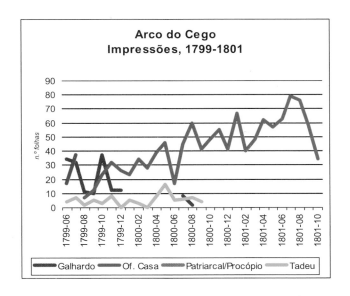

Estes dados, por si só, explicam boa parte da «confusão» entre as chamadas edições do Arco do Cego e as que saíram das outras oficinas, havendo mesmo casos em que a mesma obra foi impressa em várias tipografias..., mas feitas as gravuras e estampadas no Arco do Cego e ali encadernados os exemplares. Dos casos, numerosos e evidentes, de que há testemunho nas contas[9], vejamos um exemplo a diversos títulos paradigmático. Referimo-nos à obra fulcral de todas estas iniciativas, pelos temas, objectivos e extensão, que foi *O Fazendeiro do Brasil* — 11 volumes, publicados entre 1798 e 1806 —, de que apenas um ostenta o pé de imprensa do Arco do Cego, quando, de facto, as contas revelam a execução *mista* de outros volumes em várias tipografias[10] (incluindo as Oficinas da Casa), a gravação, estampagem, iluminação e encadernações ali feitas, pelo menos para 7 dos referidos volumes[11], embora viessem a sair dos prelos só após a extinção legal do Arco do Cego e sua incorporação na Imprensa Régia.

---

[9] Por estas e outras razões afins, se estabeleceram os critérios que presidiram à selecção das obras que se incluíram no Catálogo geral da produção que se apresenta na segunda parte deste volume e que traduz a própria lógica da Exposição que, nesta oportunidade, se leva a cabo.

[10] Só este facto poderá levantar interessantes questões ao nível da «história material da edição», uma vez que supõe a utilização de tipo de letra e fundição igual em diversos estabelecimentos; o fornecimento de papel a partir das oficinas-base; um verdadeiro vai-e-vem de materiais impressos, abertura de gravuras e estampagem, acabamentos e encadernações para obter em quantidades elevadíssimas o produto final. Apenas um plano de edição bem gizado e consistente, permitindo a impressão de variados volumes ao mesmo tempo, com um amplo e garantido financiamento, independente das condições de venda e do escoamento da edição, etc. puderam tornar possível. Para mais pormenores sobre esta obra, consulte-se o Catálogo geral, onde todos estes e outros elementos configuram os *sui generis* pés de imprensa que aparecem — como elementos objectivos — em cada um deles.

[11] As contas respectivas atravessam os registos temporalmente, entre Junho de 1799 e Julho de 1801: por exemplo, os volumes encadernados ultrapassaram o número de 9.500!

INCM/AIN

Voltando a apreciações mais genéricas, verificamos que, logo no primeiro mês de actividade das Oficinas, as verbas dispendidas se repartiram por diversas fases de produção de obras executadas não importa onde: a reimpressão de 2 mil exemplares da *Descrição sobre a cultura do cânhamo*, datada de 1799, executada na Oficina de Simão Tadeu Ferreira e encadernada na Casa; a estampagem e iluminação de gravuras de outra obra também assinada por Tadeu; outra — a *Arte de pescar* — por António Rodrigues Galhardo da qual se não conhece nenhum exemplar; ou ainda uma edição impressa, estampada e encadernada na Casa (1000 exemplares) — a *Arte de fazer a cola forte* — [12] de paradeiro desconhecido e de que já não havia notícia na Imprensa Régia quando ali se fez o inventário global, após a extinção do estabelecimento [13].

Paralelamente abriam-se chapas e estampavam-se gravuras — firmadas ou não «Arco do Cego» ou pelos artistas gravadores que ali trabalhavam — para tais obras, cujo pé de imprensa reflectia algumas dessas circunstâncias; «iluminavam-se», por vezes, alguns exemplares e encadernavam-se as obras acabadas no respectivo sector da Oficina. Uma dúvida inicial, perante alguns exemplares, embora raros, coloridos à mão fica esclarecida diafanamente se compararmos o número de estampagens efectuado ao longo dos meses e o número de «iluminações» realizadas aliás, num número total de obras que não ultrapassa as 10 [14]. Vejamos, comparativamente, tais valores:

---

[12] O exemplo é curioso: assim, a impressão é feita em Outubro e Novembro de 1801; paralelamente, realiza-se a estampagem, no mesmo mês de Outubro, de 2000 espécimenes e, no mês seguinte, são encadernados 1000 exemplares. Para precisar mais a execução, anota-se, em Fevereiro de 1800 a encadernação em marroquim dos dois exemplares habitualmente destinados a Sua Alteza Real.

[13] Sobre o episódio, remetemos para o artigo *supra* de Margarida Ortigão RAMOS.

[14] São as seguintes: *Alografia dos alkalis fixos (...) ou soda*; *Aviario brasilico*; *Cartas sobre os elementos de Botânica*; *Colecção de memorias sobre a quassia*; *Descriptio et adumbratio plantarum et classe criptogamica Linnaei, quae lichenes dicuntur (...)* — em 2 volumes com 48 gravuras aguareladas, de que, felizmente, podemos expor exemplares — sendo que foram estampadas mais de 27 000 gravuras e iluminadas cerca de 3 500(!); *Naturalista instruido*; *Jogo aritmetico*; *Potassa (?)*; *Regimento de sinais pata o telegrafo da marinha(...)*; *Tratado da cultura dos pessegueiros*; *Verney* (Cremos tratar-se de um dos «retratos de homens ilustres», colecção não pertencente ao Arco do Cego mas a outro empreendimento paralelo de Frei J. Veloso, referido mais adiante, cujas chapas existem ainda no Arquivo da Imprensa Nacional).

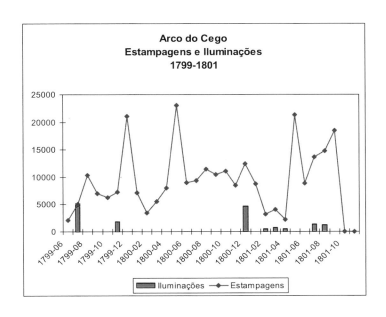

Quanto às outras rubricas, é a encadernação — com a sua verdadeira panóplia de tipos de brochura, pasta (com papel estampilhado de fabrico estrangeiro ou confeccionado nas oficinas), lombos de carneira, vitela, marroquim, etc., — que se segue na escala decrescente dos montantes, com 16%. No final da «génese» das obras deveremos debruçar-nos sobre a fase dos *acabamentos*, que abrangia desde os pequenos acertos nos folhetos de reduzidas dimensões — apenas cosidos à linha, que saíram das oficinas— até às encadernações de qualidade única, produzidas apenas para o Príncipe Regente, em marroquim, quando não em folhas douradas. Variedade e riqueza, ao gosto de todos os públicos e à medida de todas as bolsas. E, se bem que, também aqui, não possamos avaliar completamente os números apurados como o das tiragens, valerá a pena indicar as grandes linhas de força dos custos do sector:

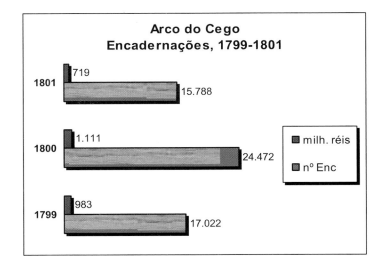

O peso das matérias-primas

Como poderá observar-se no primeiro Gráfico apresentado (*V.* Gráfico 1), o segundo maior montante — o único que se aproxima dos custos de produção — refere-se às matérias-primas: o papel e o cobre que servirá para abrir as chapas a gravar, dando origem às matrizes de utilização, por vezes, múltipla numa lógica que será analisada à luz da vertente artística deste projecto enciclopédico de utilização instrumental da imagem. E que, nestas Oficinas, assumiu o papel marcante que se conhece, tanto mais que foram o objecto de trabalho mais contínuo por parte do maior corpo profissional ali existente — e o melhor pago, apesar do escalonamento interno das categorias —, e abertas inumeráveis chapas para obras que nunca saíram ou ficaram incompletas na sua magnitude. Falemos apenas da extensão prevista para o *Aviario brasilico*, afinal confinado ao fascículo de apresentação, com 1 gravura, anunciando uma subscrição em fascículos de 6 imagens e respectivo caderno de texto. Para tal obra, no entanto, foram executadas pelo menos 43 gravuras [15] algumas assinadas por um dos mais assíduos artistas que trabalhou para a Casa (primeiro por empreitada e, depois, de modo certamente exclusivo, uma vez que era pago mensalmente por dias de trabalho), Manuel Luiz Rodrigues Viana; as estampagens e iluminações foram da ordem de duas e três mil, embora não saibamos de quantas chapas, finalmente remetidas para o Brasil, como muitas outras [16].

O impacto destas matérias-primas foi enorme, tanto mais que, como é correntemente assinalado, Frei Veloso não se furtava a adquirir, até por encomenda, os melhores materiais do mercado. Críticas veladas ou abertas dos seus contemporâneos ficam aqui explicitadas nesse sentido: as quantidades e diversas marcas de papéis franceses, holandeses, ingleses pontuavam o dia-a-dia das compras, adaptados à qualidade dos respectivos destinos. Assim, registam-se pagamentos a negociantes estrangeiros — como Massa & Companhia, Ferrari, Martin e outros — de papéis de Génova, da Holanda, de Inglaterra, Imperial, «de marca grande» para mapas, etc. e, muito escassamente, algumas resmas de papel da Lousã. Também os preços se escalonam entre 600 a 14.000 réis a resma ou, por vezes, mais, quando se trata de papel para mapas. Por estas razões, não será de estranhar que tal matéria-prima fundamental e cara por natureza — dada a escassez e baixa qualidade da de fabrico nacional — arrebatasse 92% dos custos desta parcela, cabendo aos cobres os restantes 8%.

---

[15] No já citado trabalho de Lygia CUNHA, *loc. cit.*, p. 13-15 (*V.* nota 1) referem-se em número de 59 as chapas desta obra enviadas para o Brasil, em Março de 1813, segundo determinação expressa e que, actualmente, existem na Biblioteca Nacional do Rio de Janeiro.

[16] *Cf.* sobre todo este tema o artigo de Margarida Ortigão RAMOS, *supra*.

Embora não podendo imputar os custos às quantidades — que, muitas vezes, não aparecem indicadas — ensaiamos, no quadro seguinte, os respectivos limiares *mínimos*, referidos a unidades contáveis em «resmas de papel» e «nº de chapas de cobre» (contabilizadas muitas vezes por peso e calculadas indirectamente pelas chapas-base que dariam origem às chapas a gravar a buril, segundo supomos, dados os valores daqueles pesos): trata-se, pois, e tão somente, de indicadores:

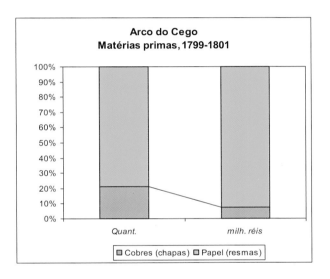

Fontes de financiamento do projecto

Numa apreciação global de todas as despesas efectuadas ao longo dos 28 meses de vigência legal do estabelecimento, induz-se que a fonte de financiamento foi quase sempre a mesma: verbas directamente atribuídas para a execução dos «trabalhos literários» no seu todo, quer dizer, pagas por conta do «rol» de cada mês. A Secretaria da Marinha, como se afirmou, tutelava a iniciativa como já se observou. Na dependência directa de D. Rodrigo de Sousa Coutinho, até Janeiro de 1801, não se verificam problemas de monta, ao nível da liquidação dos róis mensais. Mesmo quando não aparece explicitamente indicado, em cada mês, o respectivo pagamento, encontram-se declarações assinadas por Frei Mariano — do tipo «recebido tudo até ao mês de...» —, que sobrelevam os atrasos.

Comercialização das edições: a Loja do Rossio e o Brasil

Poderemos perguntar-nos que tipo de receitas próprias procurou granjear este empreendimento literário, com propósitos claramente reformistas e de divulgação. A resposta não é fácil. Em termos quantitativos, poderemos considerar parcas as receitas de livros registadas na curta vida da Oficina. É instalada e aberta uma Loja no Rocio [17] — que ficará a cargo de João Nunes Esteves — e fará entrar «nos cofres», entre Abril e Setembro de 1801, a quantia de 483$590 réis — incluindo algumas verbas de vendas para fora de Lisboa. Mas também é um facto que há venda de matérias-primas, como mais de 500 resmas de papel «ordinário» para a Fábrica das Cartas, diversas quantidades de «papel pintado» para um livreiro, etc., possivelmente com o objectivo imediato de conseguir alguma liquidez por via dos excessos de *stocks* ou — numa perspectiva mais optimista —, de venda de papel produzido nas Oficinas que, para esse efeito, também se apetrecharam [18].

Quanto às exportações para o Brasil, que se fazem desde o princípio, com alguma frequência, ainda que não tenhamos indicações de títulos enviados nem de quantidades, sabemos que renderam 805$680 réis, num valor global de vendas de 1.289$170 réis, ínfima fracção dos investimentos feitos, obviamente.

Em suma, tudo leva a crer que o equilíbrio financeiro não constituía preocupação para Frei Mariano, contrariamente ao que sempre aconteceu com a Imprensa Régia [19]. Importa, porém, deixar um apontamento para o período post-extinção, uma vez que, dentro da Oficina Real, estes trabalhos foram continuados — segundo a letra e recomendações da lei — para não se perderem, continuarem e concluirem as obras começadas e se empregarem os artistas gravadores, etc.. E, dentro desse espírito, continuou a existir um corpo de pessoal próprio, produção individualizada e contabilidade distinta. Pelo menos entre Janeiro de 1802 e Maio de 1803 as contas mensais que analisámos deixam patente essa realidade.

---

[17] A Loja aparece taxada nos «Arruamentos» —A.H.Tribunal de Contas — Freguesia de Santa Justa, 1801, Maço 647, fól. 86 — pelo valor de 62$400 réis propriedade da irmandade do Apóstolo S. Bartolomeu e em nome de «Frei José Veloso, com loja de livreiro». O pagamento do respectivo aluguer, dos primeiros seis meses do ano, é efectuado em Agosto, no montante de 33$600 réis (*Cf.* Livro D [p. 100]). No ano seguinte, João Nunes Esteves requer à Régia Oficina tomar por sua conta a mobília da loja onde já vendera, sendo-lhe concedido, mediante arrendamento; recebe ainda livros — e cartas de jogar — da Imprensa e obras do Arco do Cego até ao montante de 50$000 réis, para venda, mediante uma comissão de 5% e o compromisso de prestação mensal de contas à Administração, etc. Será seu fiador António Policarpo da Silva, que trabalha no mesmo ramo de actividade (AINCM/AIN — Termos e obrigações, 9B-BA, Livro 66, fól. 29).

[18] Segundo se regista em Agosto de 1801, foi vendido papel pintado ao livreiro-encadernador Nicolau José Lebrero, no valor de 9$600 réis.

[19] Remetemos, por agora, sumariamente, para as informações da nota 25.

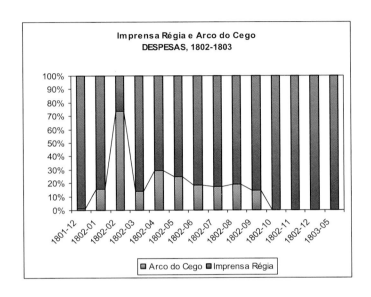

Nesse período, presumivelmente reportadas a envios anteriores, dão entrada as receitas mais importantes de venda de livros no Brasil, através dos Ouvidores de Alagoas, Serro do Frio, Paranaguá, S. João del Rei, etc., num total de 1.310$190 réis.

Quanto às vendas de livros em Lisboa apenas são cobrados 459$480, enquanto a prática da venda de papel pintado continua, como a de matérias-primas próprias para encadernação (peles de bezerro, carneiras, papelão), num montante superior: 530$580 réis.

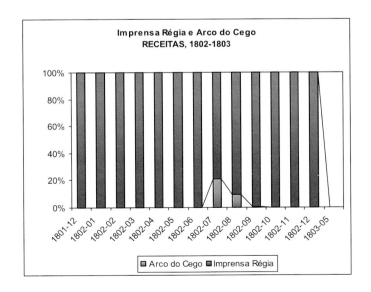

Do «colapso» da tesouraria à pré-extinção: dívidas, empréstimos...

Retrocedendo aos últimos meses de existência das Oficinas do Arco do Cego, por coincidência ou não, a partir de Fevereiro de 1801 — sob a tutela do Visconde de Anadia — [20] o «colapso» é quase total. Terá sido o gravador Romão Elói de Almeida a fazer face às despesas mensais de que só será ressarcido em Maio seguinte [21], aliás, após a nomeação do tesoureiro Marcos Aurélio Rodrigues (em Abril) para fazer toda a contabilidade que fica escriturada no Livro C, o *Caixa da receita e despesa*[...] Na mesma altura, Frei Velozo fizera entrega de todo o dinheiro existente na Real Oficina Literaria — 1.477$839 réis — que seria escasso para fazer frente às despesas habituais de funcionamento.

Da Junta de Fazenda da Marinha e da Secretaria da Marinha entram montantes para pagar despesas feitas com impressões para a Marinha — conforme se supõe — e outra receita/susbídio, num total de 1.185$705 réis; os montantes para as comedorias são entregues para esse efeito, mas não se descortina qual a origem [22]. Mais explícitas serão as verbas recebidas do Erário, no mês de Outubro, com a indicação directa de se destinarem ao pagamento dos meses de Junho e Julho anteriores [23].

Tudo isto não obstou às dificuldades de Tesouraria que o tempo se encarregou de tornar prementes, levando os atrasos nos pagamentos a artistas contratados e pagos ao mês — já quase nenhuns à peça, a não ser cumulativamente pela realização de empreitadas —, funcionários, fornecedores, etc., a ser uma constante. De tal modo que, especialmente nos últimos meses de 1801, foi o próprio tesoureiro Marcos A. Rodrigues a fazer sucessivos empréstimos «para se continuarem as obras em curso e por não haver dinheiro em caixa». Adiantamentos de que apenas foi reembolsado pelos seus créditos na liquidação final do Arco do Cego, quando foi ordenado que a Imprensa Régia assumisse o pagamento das dívidas.

---

[20] Cf. notas 2 e 3.

[21] *Cf.* Livro C [p. 3]: pagos a Romão Elói de Almeida 932$595 réis, precisamente o valor das despesas de Fevereiro, registadas no Livro D [p. 72].

[22] De facto, conforme era habitual, nos Livros registavam-se os nomes das pessoas que faziam as entregas ou a quem eram feitos os pagamentos. Neste caso, trata-se de José Pinheiro Salgado a quem também serão pagas as despesas de Maio.

[23] *Cf.* Livro C [p.15], nos montantes de 1.253$380 e 1.453$750 réis cujos registos foram os únicos que puderam localizar-se na consulta dos respectivos livros: A.H. Tribunal de Contas — Fundo do Real Erário, Livro Mestre 4, 1799-1801, fól. 211, lançamentos nº 231, 937, 938 «Pelas Despesas da Casa Literaria — pagos a Jozé Mariano da Conceição Velozo». Tudo o mais são pagamentos «entregues por decreto a particulares do Real Serviço» — que poderiam compreender a Casa Literária —, inúmeras vezes através do Oficial Maior da Secretaria da Marinha, João Filipe da Fonseca. O mesmo que faz entrega no Arco do Cego da receita de livros vendidos no Brasil e, esporadicamente, na Loja do Rocio, em Agosto e Setembro de 1801.

Continuação das Despezas...   INCM/AIN

Que razões político-financeiras terão estado na origem de todo este estado de coisas, não as conhecemos com clareza, mas os números lançados nos Livros são cáusticos a esse respeito, como acabamos de ver. Talvez uma certa necessidade de «racionalização» de meios tivesse levado D. Rodrigo de Sousa Coutinho — a tutelar, com a Fazenda, diversos estabelecimentos incluindo a própria Imprensa Régia— a chamar a si a solução do problema financeiro do Arco do Cego, por demais evidente aos olhos dos contemporâneos, sem no entanto pôr em causa a qualidade e importância dos trabalhos ali em curso, antes a estimular a sua continuação. Essa posição é clara em correspondência posterior, directa e estimulante, para Frei Veloso[24] que, aliás, com a reforma do regime legal da Imprensa, pelo novo Decreto de 7 de Dezº de 1801, granjeou um dos lugares recém-criados de Director Literário, onde se manteve até à partida para o Brasil. Mesmo que a sua administração, também nesta fase, tivesse sido alvo de críticas severas bem documentadas, por parte dos seus pares e sucessores na direcção da Imprensa[25].

---

[24] Evocada, mais adiante, no trabalho de Miguel F. de FARIA.

[25] É desnecessário repetir aqui argumentos e relatórios bem conhecidos, elaborados, nomeadamente, por Joaquim António Xavier Annes da Costa, existentes em INCM/AIN — cf. trabalho de Margarida Ortigão RAMOS , tendo um deles sido publicado, a seu tempo, por INOCÊNCIO, XIII, 125-127. V. tb. Flora Fluminense [...] Documentos. Rio de Janeiro: Arquivo Nacional, Publicações, vol. XXXVIII, 1961, especialmente p .23-28 e p. 380-385 («Memória sobre a Impressão Régia», anónimo, datável de 1810). Documento importante para a história da instituição é o balanço feito em defesa própria, pelo mesmo J. Annes da Costa, a acusações relativas à sua presumível má administração pelo jornal «O Portuguez», em Dezº 1815. Ali traça um panorama económico-financeiro das sucessivas administrações, desde a primeira — a de Miguel Manescal da Costa, que esteve à frente da mesma durante 30 anos — e as sucessivas, incluindo a da época a que nos reportamos (AINCM/AIN — Registo de informações, officios, partes, etc, feitos pelo Administrador Geral, 1810-1821, fól. 45v—47).

Balanço de um projecto: megalómano ou generoso?

No termo desta incursão pela «contabilidade possível» da actividade do Arco do Cego, difícil se torna formular conclusões sobre a validade deste projecto que, pelas razões brevemente assinaladas, não se pode considerar *liquidado* com o Decreto da sua extinção, em Dezembro de 1801. Antes se nos afigura que o mesmo lhe assegurou a melhor das sobrevivências, no âmbito de uma Instituição regida por objectivos económico-financeiros sólidos — a que deu sequência, embora em condições mutantes —, apesar do peso que representou arcar com a *real continuação* dos «trabalhos literários» de Frei Veloso, apoiado pelo seu protector de sempre, investido em poderes mais sólidos que anteriormente, pelo menos nos anos seguintes. E, o Brasil, será o destino comum, quando as Invasões determinarem a deslocação da Corte e o franciscano seguir o seu protector, rumo à terra onde nascera.

Projecto megalómano ou generoso? É a questão que fica, conforme o olhar que se tiver sobre uma instituição de cultura, verdadeiramente vocacionada para objectivos dessa natureza, quase nunca directamente *rentáveis*. «Sem livros não há instrução», escrevera Veloso, num dos seus Prefácios programáticos. Conseguiu fazer a proeza verdadeiramente insólita de trazer à estampa 140 obras no curto espaço de pouco mais de dez anos; trouxe os temas do Brasil à primeira linha das preocupações culturais da metrópole, forneceu instrumentos de trabalho para o futuro; implantou um bem civilizacional novo, com a expansão, até então nunca vista, da divulgação *viva* pelo auxílio inestimável da imagem, verdadeira marca desses tempos e dos vindouros. À custa da Fazenda Real e com o favor dos maiores do Reino. Apesar de afastado das Academias Científicas, produziu — sem peias nem censuras [26] dos seus «pares» — tudo ou quase tudo o que projectou. Mesmo se não viu feita realidade a obra da sua vida e ponto mais alto do seu projecto — a *Flora Fluminense* —, que o trouxera a Lisboa na última década de Setecentos.

---

[26] Num último apontamento, refira-se a isenção de censura de que gozaram todas as suas obras, sempre editadas «Por Ordem Superior», dedicadas ao Príncipe Regente, etc. Nem o Desembargo do Paço — nem a própria Academia das Ciências, que tinha Censura privativa — se pronunciaram jamais sobre os seus escritos, pelo menos a título oficial.

Da Facilitação e da Ornamentação:
A Imagem nas Edições do Arco do Cego

MIGUEL F. FARIA

Universidade Autónoma de Lisboa

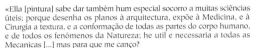

«Ella [pintura] sabe dar também hum especial socorro a muitas sciências úteis; porque desenha os planos à arquitectura, expõe à Medicina, e à Cirurgia a textura, e a conformação de todas as partes do corpo humano, e de todos os fenómenos da Natureza; he util e necessaria a todas as Mecanicas [...] mas para que me canço?
As estampas instructivas, de que muitos livros estão cheios, e sem as quaes não serião intelligiveis, provão assás o quanto esta Arte he util ao Genero humano.»

CIRILLO WOLKMAR MACHADO – *Conversações*, Lisboa, 1794.

Modo de lançar agoa forte sobre a chapa.

[Cat. n.º 12]

O recurso à imagem como instrumento didáctico e informativo generaliza-se ao longo do século XVIII em Portugal. O livro impresso foi uma das áreas onde o reconhecimento dessa *utilidade* se manifestou.

Do projecto editorial da Real Academia de História fundada por D. João V, à criação da Impressão Régia por D. José I, a componente gráfica definia-se na orgânica destas iniciativas como uma das prioridades a concretizar.

No plano do ensino, tardando a constituição de uma Academia, concedia-se a prioridade a aulas de desenho aplicado, que se revelariam bases fundamentais à posterior formação de gravadores.

Cientistas, políticos, militares, industriais e artistas rendiam-se ao desenvolvimento dessa renovada utilidade pedagógica partilhando activamente o interesse de há muito desenvolvido pela Igreja na exploração das virtualidades comunicativas da imagem.

A unanimidade de pontos de vista pressionava, sem dúvida, esta nova idade da imagem sobre o papel.

Recordemos de passagem, por terem parentesco próximo com o objecto deste texto, dois elucidativos pareceres [1].

---

[1] Seria uma tarefa desnecessária, visto já ensaiada noutro trabalho, repetirmos os testemunhos desse consenso. Cf. FARIA, Miguel Figueira de – *José Joaquim Freire desenhador militar e de História Natural.— Arte, Ciência e razão de Estado no final do Antigo Regime*, exemplar policopiado de dissertação de Mestrado apresentado à Faculdade de Letras da Universidade do Porto, 1996.

A publicação de obras de História Natural desprovidas das necessárias ilustrações, ou com reproduções inexactas, era alvo da crítica do meio científico. O alemão Link, em viagem a Portugal nos finais de Setecentos, a propósito da obra *Flora Cochinchinensis* do jesuíta João de Loureiro (1710-1791), comentava: «não trouxe d'aquella região desenhos bem feitos, nem herbários; e d'esta sorte sucede que a sua compilação botânica é obra que tem de ser refeita» [2].

Através de Felix Avelar Brotero temos acesso ao ponto de vista de outro cientista e da sua «dependência» relativamente aos registos gráficos, *lugar geométrico* de compromisso entre os universos da Ciência e da Arte, do texto e da imagem, testemunho contemporâneo ao período em análise que pensamos útil reter:

> «Diz-se ordinariamente, que ha muitas coizas minuciosas, que se devem omittir e desprezar nas descripções dos vegetaes; que as descripções longas não se lêm, e que nellas se não percebe com facilidade e brevidade as differenças características; em fim que as abbreviadas são as melhores, e o que nellas falta deve ser suprido pelas Estampas[...] As estampas são na verdade de grande socorro, mas he raríssimo de encontrar alguma em que não hajão defeitos e descuidos; demais disso ha muitas circumstancias que não se podem nellas bem exprimir, as quaes se podem pelo contrario bem expor nas descripções. Huma descripção, na qual se mencionasse completissimamente a forma exterior, estado organico, e toda a natureza de huma planta, dando-se della huma boa estampa, seria hum fixo monumento da dicta planta, e não deixaria para observar a respeito della o que huma descripção abbreviada, ainda que reunida a huma boa Estampa, costuma deixar.» [3]

Mais adiante, acrescenta Brotero em nota:

> «Seria acertado que huma Academia protegida por algum Soberano ou pessoas ricas e com artistas tencionados emprehendesse de dar todos os annos hum certo numero de Estampas completas dos vegetaes conhecidos athe chegar a publicar todas as suas especies e principaes variedades: este trabalho daria à Historia Natural hum precioso Archivo, e contribuiria summamente para o seu progresso.
>
> He verdade, diz M. Adanson, que ha muitas coizas nos entes organicos, que não se podem exprimir nas Estampas, e são so proprias das descripções; mas não se pode duvidar tãobem que ha algumas nos dictos entes, e hum não sei quê nas suas physionomias, que so he privativo à pintura ou desenho de exprimir

[2] RIBEIRO, José Silvestre – *História dos Estabelecimentos Scientificos* [...] vol. II, Lisboa, 1872, p. 28.

[3] Cf. BROTERO, Felix Avelar – *Compendio de Botanica ou Noçoens Elementares desta Sciencia* [...] t. primeiro, Paris, 1788, p. LXIX.

e de que nenhuma descripção pode dar noções claras. He por esta razão que sera sempre necessario reunir as figuras ás descripções , e as descripções ás figuras, como servindo humas às outras de hum reciproco socorro.» [4]

A defesa desta dialéctica texto-imagem, aqui e além com algumas reservas, ganha, porém, consenso no discurso dos naturalistas que aceitam a sua complementaridade funcional.

Estaria reservado a outro botânico, frei José Mariano da Conceição Veloso, a condução de uma nova iniciativa editorial patrocinada pelo Príncipe Regente, e seu ministro D. Rodrigo da Sousa Coutinho, que ficaria conhecida, na sua fórmula final, pela «esdrúxula nomenclatura» [5] de Tipografia Calcográfica, Tipoplástica, e Literária do Arco do Cego.

Essa *imagem útil*, a que nos referimos no princípio deste trabalho, iria ter um papel fundamental nas edições ligadas à imprensa em análise, ganhando uma expressão sistemática até então não alcançada no panorama do livro impresso em Portugal, como mais adiante veremos. Comecemos, porém, pelo contexto em que surgiu tão singular iniciativa.

As origens de um projecto editorial

Embora não tenha sido, até hoje, localizado qualquer documento oficial determinando a sua criação é possível seguir a actividade destes estabelecimentos, desde os seus pouco conhecidos primórdios ligados a Frei Veloso e ao relançamento da edição da sua *Flora Fluminense*. Analisemos a documentação disponível.

Com data de 27 de Abril de 1797, D. Rodrigo de Sousa Coutinho expedia um ofício ao Tenente General Bartolomeu da Costa, o célebre fundidor da estátua equestre de D. José I então responsável pelo Arsenal Real do Exército, determinando que disponibilizasse «dois ou três abridores» às ordens do «celebre e sabio Frei Joze Mariano da Conceição Vellozo».

No mesmo documento se ordenava que os referidos artistas continuassem a ser pagos pela Fundição acrescentando: «em quanto eles se acharem ocupados pelo mesmo Religiozo, na sua excelente obra da flora do Rio de Janeiro, que ele vai agora publicar, de baixo da Augusta Protecção de Sua Magestade».

---

[4] Idem. *Ibidem*, pp. LXX-LXXI.
[5] Na conhecida referência do deputado Pato Moniz, na sessão parlamentar de 14 de Janeiro de 1823 citada por José Silvestre Ribeiro, *História dos Estabelecimentos Scientificos* [...] vol. III, Lisboa, 1873, p. 93.

Com a mesma data D. Rodrigo enviava mais três ofícios: a Fernando Lobo Palha e Almada da Real Junta da Fazenda da Marinha com ordens «para que se encomende e pague todo o Cobre polido para Chapas de abrir Estampas, e todo o papel, que o Padre F. Joze Mariano da Conceição Vellozo, sabio Author da Flora do Rio de Janeiro pedir á mesma Real Junta para a Edicção e Publicação desta excellente Obra».

Num segundo aviso dirigido a Domingos Vandelli, então responsável pelo Real Jardim Botânico da Ajuda, solicitava-se a entrega dos volumes originais da *Flora Fluminense* conservados em depósito naquele estabelecimento régio. Pedia-se, ainda, ao naturalista paduano que ajudasse «com os seus estimaveis Conselhos ao mesmo Sabio Religioso no trabalho, que vai empreender para a Edição da sua Obra, e que Sua Magestade deseja auxiliar, preparando assim para o futuro o publicarem-se todas as Plantas, que se vão recebendo dos Seus vastos Dominios», comentário final que resguardava a possibilidade de inserção dos trabalhos de Vellozo no projecto mais vasto da *História Natural das Colónias* proposto anos antes por Vandelli e um dos objectivos confessos da razão da sua radicação em Portugal; finalmente um último ofício dirigido ao próprio frei Mariano informando-o da decisão, documento que ia acompanhado de cópias dos anteriores avisos.

Neste conjunto documental obtemos a notícia do relançamento da *Flora Fluminense* registando-se, em simultâneo, o momento da criação de uma equipa gráfica para a concretização da mesma, na qual devemos identificar a estrutura humana primitiva da «oficina do padre Vellozo» forma sugestiva de identificação utilizada por Cirillo nas suas memórias.

Não era original o procedimento de captar na Fundição do Real Arsenal do Exército os artistas necessários à fundação de novas estruturas de produção gráfica. Seriam recrutados na mesma repartição os desenhadores que deram origem à Casa do Risco do Museu de História Natural e Real Jardim Botânico da Ajuda, notícia que confirma as conclusões que apresentamos noutro trabalho sobre as funções da Fundição: «local de formação básica, que podia prolongar-se por determinadas especializações oficinais, mas que de um modo geral, proporcionava aos seus frequentadores a possibilidade de ingressarem noutros estabelecimentos aptos a exercerem determinados ramos da actividade artística» e mais adiante «note-se que todos estes estabelecimentos se encontravam na órbita do Estado, o que parece explicar a lógica de um sistema de formação onde o Arsenal funcionaria como um viveiro de *artistas* aptos a alimentar as solicitações de outras instituições onde fosse necessário garantir uma actividade de produção gráfica prosseguindo, então, determinadas especializações» [6].

[6] FARIA, Miguel Figueira de – op. cit. p.89.

Independentemente do complexo processo de impressão da *Flora Fluminense*, em 10 de Agosto de 1797 [7], segundo informação prestada pelo próprio frei Veloso, as suas responsabilidades seriam alargadas sendo-lhe atribuida a direcção de um conjunto de «trabalhos literários», tarefa em cuja concretização e desenvolvimento devemos inscrever a institucionalização da Casa Literária do Arco do Cego que já deveria funcionar informalmente desde o destacamento dos citados gravadores da Fundição.

A escolha de frei Mariano para uma tarefa editorial com as dimensões requeridas não deve, porém, desligar-se do seu relacionamento privilegiado com D. Rodrigo de Sousa Coutinho e sua respectiva ascensão no xadrez político do Portugal de D. Maria I.

A colaboração estreita, para não dizer cumplicidade, alicerçada na convergência de pontos de vista, particularmente explicita em relação aos projectos de desenvolvimento do Brasil, tornam difícil separar os contributos pessoais destes dois protagonistas na concepção da ideia e seu plano de aplicação prático, sendo porém visível uma ordem hierárquica de relacionamento, depositária de uma liderança que poderá muito credivelmente não se esgotar no plano do executivo e do executante.

Sigamos num breve relance a lógica do lançamento do projecto.

«A 7 de Setembro de 1796, D. Rodrigo da Sousa Coutinho é nomeado para o cargo de ministro e secretário de estado na repartição da marinha e do ultramar» [8].

À data da sua posse vigorava uma política de desenvolvimento agrícola do Brasil.

D. Maria I decretara, em 1785, à luz destes princípios, a proibição das manufacturas naquele reino com a justificação de que face à «grande, e conhecida falta de população», se tornara evidente que «quanto mais se multiplicar o número de fabricantes, mais diminuirá o dos cultivadores» [9].

Esta ideia de fomento da agricultura brasileira, reservando à metrópole europeia o desenvolvimento manufactureiro, encontrar-se-ia bem explícita no discurso político de D. Rodrigo pouco tempo após a sua chegada ao Governo.

Na sua conhecida *Memória sobre o melhoramento dos domínios da Sua Magestade na América*, de 1797, defenderia que «não seria contrário ao sistema de províncias com que luminosamente se consideram os domínios ultramarinos,

---

[7] Veja-se o documento divulgado por Lygia da Fonseca Fernandes da Cunha – *Oficina Tipográfica; Calcográfica e Literária do Arco do Cego, Lisboa*: Estampas, Biblioteca Nacional, Rio de Janeiro, 1976, p. 8.

[8] Documento publicado pelo Marquês do Funchal na sua clássica biografia de D.Rodrigo. Cf. Marquez do Funchal – *O Conde de Linhares – D. Rodrigo Domingos António de Sousa Coutinho*, Lisboa, edição do autor, 1908, p.197.

[9] Cf. SERRÃO, Joaquim Veríssimo – *História de Portugal*, vol. VI Lisboa, Editorial Verbo, p. 382-383.

o permitir que neles se estabelecessem manufacturas» acrescentando, porém, «mas a agricultura deve ainda por muitos séculos ser-lhes mais proveitosa do que as artes, que devem animar-se na metrópole para segurar e estreitar o comum nexo, já que a estreiteza do terreno lhe nega as vantagens de uma extensa agricultura» [10].

No parágrafo seguinte D. Rodrigo defenderia essa panóplia de culturas que a desenvolver no Brasil poderiam contribuir para «util e sabiamente combinar os interesses do Império»:

«Que artes pode o Brasil desejar por muitos séculos, quando as suas minas de oiro, diamantes, etc., as suas matas e arvoredos para madeiras de construção, as culturas já existentes e que muito podem aperfeiçoar-se, quais o açúcar, o cacau, o café, o indigo, o arroz, o linho-cânhamo, as carnes salgadas etc., e as novas culturas da canela, do cravo da Índia, da noz moscada, da árvore-do-pão, etc., lhe prometem juntamente com a extensão da sua navegação uma renda muito superior ao que jamais poderiam esperar das manufacturas e artes, que muito mais em conta por uma política bem entendida podem tirar da metrópole?» [11].

Não é por isso de estranhar que entre os títulos dos referidos trabalhos literários se encontrasse a emblemática compilação de traduções intitulada justamente *O Fazendeiro do Brasil*, cujo plano de publicação previa duas séries ambas interrompidas a do *Cultivador* (dez volumes de 1798 a 1806) e a do *Criador*, apenas um volume, impresso já no Arco do Cego em 1801.

Os «trabalhos literários» de frei Vellozo

Na introdução do primeiro volume do *Fazendeiro do Brasil – Cultivador*, dirigida ao Príncipe D. João, Frei Mariano esclarecia os objectivos traçados do programa de edições que lhe havia sido consignado:

«Venho dar conta do trabalho, do qual em seu Augusto Nome fui incumbido, a saber: de ajuntar, e tresladar em Portuguez todas as Memorias Estrangeiras, que fossem convenientes aos Estabelecimentos do Brasil, para o melhoramento da sua economia rural, e das Fabricas , que della dependem, pelas quaes ajudados, houvessem de sahir do atrazo, e atonia, em que actualmente estão, e se pozessem ao nivel, com os das Nações nossas vizinhas, e ricas no mesmo Continente, assim na quantidade, como na qualidade dos seus géneros e producções.» [12]

---

[10] Veja-se o texto integral desta *Memória* em D. Rodrigo da Sousa Coutinho – *Textos Políticos, Económicos e Financeiros*, t. II, Lisboa, Banco de Portugal, 1993, pp. 47-66.

[11] Idem, ibidem, p.54.

[12] VELLOZO, Frei José Mariano da Conceição – *O Fazendeiro do Brasil, Cultivador, [...]* T. I, Parte I, Lisboa, Na Regia Officina Typografica, 1798, Prefácio.

Noutro local acrescentava ao programa essencial da missão aceite a tipologia definida para a sua concretização:

«[Estes livros] devem ser, como Cartilhas, ou Manuaes, que cada Fazendeiro respectivo deve ter continuamente nas mãos dia e noute, meditando, e conferindo as suas antigas, e desnaturalizadas práticas com as novas, e illuminadas, como deduzidas de principios scientificos, e abonadas por experiencias repetidas, que elles propõem para poderem desbastardar, e legitimar os seus generos, de sorte que hajão, por consequencia, de poder concorrer nos mercados da Europa a par do dos estranhos. Isto quer, e manda V.A.R., e para isto lhes administra estes subsidios necessarios, de que até agora os tinha privado a inercia.»

Frei Veloso rematava estas considerações com a emblemática afirmação: «sem livros não há instrução» [13].

Tratavam-se, pois, os referidos «trabalhos literários» de um investimento suportado pela Coroa destinado a cumprir um programa de desenvolvimento senão definido pelo seu ministro da Marinha, pelo menos concordante no essencial com as suas ideias. Este conjunto de obras, onde predominava um formato de fácil transporte e manuseamento, tinham como finalidade imediata «espalhar» [14] – termo muito utilizado – as mais actualizadas técnicas agrícolas pelo Reino, respectivos domínios ultramarinos e em particular naturalmente pelo Brasil.

Veloso tinha chegado a Lisboa na comitiva do Vice-rei Luís Vasconcelos e Sousa no início da década de noventa.

Consigo trazia o manuscrito da *Flora Fluminense*, que se manteria como a sua obra de referência enquanto autor e à qual havia dedicado prolongados trabalhos de campo na companhia de uma vasta equipa onde se contava a presença do desenhador Solano.

Não lograria assistir em vida à sua publicação, que depois de muitos acidentes [15] seria finalmente editada entre o Rio de Janeiro e Paris, elevada, entretanto à dignidade de obra — símbolo da Independência do Brasil sob o patrocínio do seu primeiro imperador, D. Pedro.

---

[13] VELLOZO, frei José Mariano da Conceição – *O Fazendeiro do Brasil, Cultivador, [...]* Tomo II, Parte II, Lisboa, Na Of. de Simão Thaddeo Ferreira,1800, p. IV.

[14] Cf. MARCANDIER – *Tratado sobre o Canamo*[...], Lisboa, Na Of. de Simão Thaddeo Ferreira,1799, prefácio «Apresento a Vossa Alteza Real o Tratado do Linho Canamo escripto em França por M. Mercandier [...] para ser espalhado pelos Agricultores deste Reino, e Domínios Ultramarinos em conformidade às Reais Ordens de Vossa Alteza Real» ou *Discurso Prático a'cerca da Cultura, Maceração e Preparação do Canamo*[...] Lisboa, Na Of. de Simão Thaddeo Ferreira, 1799, p. 4, prefácio de Frei Vellozo: «merece ser lida e espalhada pelos nossos Alcaneveiros, para que não tenham escusa, e possão ter na cultura e preparativo deste interessante linho todos os recursos que lhe offerecem os differentes Authores»

[15] Veja-se a propósito a compilação documental sobre o assunto publicado no Brasil *Flora Fluminensis de Frei José Mariano da Conceição Vellozo – Documentos*, Publicações do Arquivo Nacional, vol. 48, Rio de Janeiro, 1961.

Veloso dedicaria à região fluminense um outro trabalho, intitulado *Leptidopetria Fluminense*, que, ao que julgamos, ficou inédito. O respectivo manuscrito encontrava-se registado, no final do século XVIII, entre as obras inventariadas na Biblioteca do Real Jardim Botânico.

Nos «trabalhos literários» que lhe foram consignados o autor assume, então outras funções, que vão desde tradutor a compilador, editor, director literário, até à gestão dos colaboradores e das próprias oficinas entretanto criadas.

A sua formação não universitária ter-lhe-á criado, porém, algumas dificuldades nos meios mais eruditos da Capital. O próprio Veloso, nos prefácios das obras que editou, assume uma posição de cautelosa delimitação das suas funções: «a mim só me pretence copiar o que acho escrito a seu respeito, que he a gloriosa tarefa, que V. A. R. me impoz» [16].

A sua cooperação com a *Inteligentsia* científica metropolitana é difusa e mesmo entre botânicos pouco documentada – as relações com Vandelli e Brotero carecem de uma abordagem mais aprofundada – temática a desenvolver, que poderá esclarecer o episódio da sua conturbada passagem pela Real Academia das Ciências.

Num inventário preliminar sobre as publicações produzidas no âmbito desta empreitada, a área temática de maior incidência é, sem dúvida, a que versa a economia agrícola nas suas diversas vertentes bem patente no *Fazendeiro do Brasil* – o título indica o universo preferencial a que se destinava – que podemos considerar a obra de referência deste conjunto inicial. Mas os assuntos abordados estendem-se por outros domínios da Medicina à História Natural, incluindo a mineralogia, às ciências exactas, até às «obras náuticas» e às belas-artes, antecipando no seu todo, o universo depois desenvolvido nas impressões próprias da Casa Literária do Arco do Cego.

No âmbito dos trabalhos dedicados à Agricultura, destaque para a cultura dos linhos cânhamos, matéria-prima considerada fundamental ao desenvolvimento da indústria da cordoaria em que a Marinha se revelava particularmente interessada.

Na globalidade, dispersa pelo referido leque temático, sente-se, porém, a presença do reino vegetal nas suas diversas aplicações, ramo botânico da história natural, campo primitivo dos interesses científicos do Padre Veloso.

---

[16] VELLOZO, frei José Mariano da Conceição, – *O Fazendeiro do Brasil, Cultivador*,[...] tomo II, Parte III, Lisboa, Na Officina de João Procopio Correa da Silva, 1800, p..x.

A Casa Literária do Arco do Cego

Este leque de interesses, desenvolvimento da agricultura no Brasil – incluindo a aclimatação de novas espécies – comércio marítimo, e obras náuticas, terão constituído o núcleo justificativo para o patrocínio de D. Rodrigo de Sousa Coutinho à institucionalização das oficinas do Arco do Cego no âmbito da sua secretaria de Estado [17].

A questão que se levanta é se esta hipotética especialização justificaria a criação autónoma de outra imprensa de iniciativa da Coroa, quando já existia em Lisboa a Impressão Régia, para não falar na Academia das Ciências, ou se não estaremos perante mais um episódio das conhecidas clivagens existentes, à época, na sociedade portuguesa.

No trabalho agora efectuado, traduzido no respectivo catálogo que em anexo se apresenta, foram identificados 83 títulos de obras impressas nos estabelecimentos do Arco do Cego.

Trata-se do mais completo levantamento até hoje efectuado sobre a actividade daquela tipografia. Uma análise sumária aos seus principais núcleos temáticos confirma-nos a ideia de continuidade dos referidos «trabalhos literários» começados em 1797. Para além da conformidade dos assuntos, o formato dos livros, o uso da ilustração, a cadência editorial, e, em última análise o cunho ideológico de frei Veloso – onde está bem patente a sombra de Lineo – e seus «cooperadores», confirmam-nos a ideia de estarmos perante etapas complementares do mesmo projecto.

A consulta dos «catálogos» das edições publicados no final dos volumes, de que levantámos seis variantes – agricultura, desenho, pintura, medicina, poesia e obras náuticas – oferecem-nos o testemunho dessa unidade, conjugando as edições de outras tipografias com as do Arco do Cego sob a mesma cobertura editorial [18].

Mas se a ideia de continuidade se confirma sem reservas, devemos acrescentar que os dois universos não são exactamente sobreponíveis.

CATÁLOGO

DAS OBRAS DE DESENHO

IMPRESSAS NA OFFICINA CHALCOGRAPHICA DO ARCÔ DO CEGO.

Tractado das sombras relativamente ao Desenho (*Dupain*) com 14 Estampas.
Os princípios do Desenho (*Lairesse*) traduç. com 4 Estamp.
O Pintor em tres horas.

Debaixo do Prelo.

Geometria dos Pintores (*Dupain*) trad.
Arte da Pintura (*Du Fresnoy*) trad. Franc. sem Est.
Arte da Pintura (*Du Fresnoy*) com 7. Estamp. trad. Ital.
Maneira de Gravar a agua forte , a buril , e em maneira negra (*Bosse*) com 22 Estamp. trad. Franc.
A Escultura , ou a Historia , e Arte da Calcographia, e Gravura em cobre (*Evelyn*) trad. Ingl.

Estas obras se vendem na loge da Officina Chalcografica ao Rocio. Na da Viuva Bertrand e Filho , na de Borel ao Chiado. Na de Estevão Semiond em Coimbra. Na de Antonio Alvares Ribeiro no Porto.
Na mesma loge ao Rocio se vendem tambem Retratos em preto , e illuminados , gravados por artistas Portuguezes ; e caracteres typographicos de toda a qualidade elegantemente abertos por Artistas Nacionaes.

17 D.Rodrigo de Sousa Coutinho refere-se claramente a essa tutela ao incluir o Arco do Cego no rol de estabelecimentos que estavam na sua dependência enquanto secretário de Estado da Marinha e do Ultramar no documento que endereçou ao Visconde de Anadia seu sucessor naquela pasta. Cf. Marquêz do Funchal, op. cit. p. 201.

18 Veja-se o exemplo do «Catálogo das Obras de Desenho» inserto na edição da *Arte da Gravura* de Gerard Lairesse.

CATALOGO
DAS OBRAS DA AGRICULTURA
IMPRESSAS NA OFFICINA CHALCOGRAPHICA DO ARCÔ
DO CEGO.

Discurso práctico ácerca da Maceração, e Cultura do Canamo, approvado pela Real Sociedade de Turim, 8.º 1799. com 2 Estampas.

Collecção de Memorias Inglezas, sobre a Cultura do Canamo, 8.º 1799. Collecç.

Tractado Historico, e Fysico das Abelhas, 4.º 1800. Com 1 Estampa. (*Aragão*) Orig.

Memoria sobre a Cultura do Arros, 4.º 1800. (*Seabra*) Orig.

Descripção sobre a Arvore Assucareira, 4.º 1800. Com 1 Estampa. (*Costa*) Orig.

Discursos sobre os Edificios Ruraes, 4.º 1800. Com 41 Estampas. Collecç.

Tractado da Cultura, Uso, e Utilidade das Batatas, 8.º 1800. Traducç.

Memoria sobre a Cultura das Batatas, 4.º 1800.

Canto dos Jardins, em Francez, e Portuguez, 4.º 1800. (*Delille*, e *Bocage*).

Memoria sobre as molestias dos Agricultores (*Falkener*) trad.

Manual práctico do Lavrador, com Estampas (*Chabouillé*) trad.

Tractado sobre os Pessegueiros, trad. com 12 Estampas.

Ensayo sobre o melhoramento das terras com 5 Estampas.

Memoria sobre os adubos (*Massac*) trad.

Debaixo do Prelo.

Elementos d'Agricultura, com Estamp. (*Mitter Pacher*)

Poema—Agricultura (*Rousset e Boccage*.)

Memorias sobre os roteamentos. Anonyma traducç. do

Memoria sobre as sebes, ou cercas vivas. (*Por M. d'Amoreux*) Traducç. Franceza.

Compendio de Agricultura. Traducç. Ing. (*Por Moraes.*)

Estas obras se vendem na loge da Officina Chalcographica ao Rocio. Na da Viuva Bertrand e Filho, na de Borel Borel ao Chiado. Na de Estevão Semiond em Coimbra. Na de Antonio Alvares Ribeiro no Porto.

Na mesma loge ao Rocio se vendem tambem Retratos em preto, e illuminados, gravados por artistas Portuguezes; e caracteres typographicos de toda a qualidade elegantemente abertos por Nacionaes.

Q. ER.

Numa análise temática aos títulos impressos no Arco do Cego, (gráfico n.º1) podemos verificar a seguinte evolução: o interesse pela poesia, que surge fundamentalmente representada em duas formas: a didascálica, e a panegírica, capítulo onde identificamos um dos mais assíduos «associados literários» de Veloso: o poeta Bocage; reforça-se, por outro lado, a atenção pela área de História Natural, na sua componente erudita, patente na publicação de obras de botânica em latim entre as quais se conta o primeiro volume da *Phytographia Lusitana* de Brotero; a incursão no domínio da tratadística de belas-artes através de uma sucessão de edições cujo conjunto representa um fenómeno único na nossa história do ensino artístico, com a finalidade expressa de apoio aos aprendizes dos estabelecimentos artísticos do Arco do Cego e, sobretudo, uma literatura recreativa dirigida a um público não contemplado na fase inicial dos trabalhos.

No seu conjunto, e comparando com o acervo da fase anterior, registamos uma ampliação do leque de interesses nos dois sentidos, o erudito e o da divulgação, dando um carácter mais universal à respectiva gama de edições. Reuniam-se, assim, a informação científica, utilitária e recreativa esta última aplicando um método ligeiro de aprendizagem, bem ao gosto da época, de que são exemplos objectivos as traduções botânicas, de Bocage e de «uma senhora da corte» – recordamos aqui Alcipe – passando pelo o *Pintor em três horas* até ao *Breve Compêndio ou Tratado sobre Electricidade...* de Francisco de Faria e Aragão que nos indica textualmente os seus destinatários:

«Aqui offereço aos curiosos este compendio de huma Sciencia, a qual, além de estar hoje em moda, he em si mesma summamente deleitavel para a vista, maravilhosa nos seus fenomenos»...» o meu intento neste Tratado não foi outro, que o dar ao meu Leitor hum justo conhecimento nesta parte da Fysica, e polo com isso em estado de por si mesmo julgar os effeitos do fluido Electrico, ou ao menos entender, o que se diz, quando se falla delle; parece-me que o fim sem prolixidade, repetindo, e detendo-me sómente no que era mais precizo para fixar na mente do Leitor as idéas necessarias a percebello.» [19]

As edições eruditas destinadas ao universo tradicionalmente restrito dos cientistas, utilizando a linguagem franca do latim, embora marcasse presença nos catálogos do Arco do Cego, tinha uma expressão relativa na globalidade da produção editorial (gráfico n.º 2).

A orientação desenvolvida por Veloso daria ampla prioridade às edições em língua portuguesa recorrendo para alcançar tal objectivo a uma maciça

---

[19] ARAGÃO, Francisco de Faria e – *Breve Compêndio ou Tratado sobre a Electricidade*[...], Lisboa, Na Typographia Chalcographica e Litteraria do Arco do Cego, 1800, «advertência ao publico».

se descobrissem nellas as especies, que hoje as enriquecem: esta mesmissima estampa, mandada gravar por V. ALTEZA REAL, e juntamente as outras, como a da Quina dos Caraibes, da Colorada ou Rubra, da Montesinha, e Espinhosa, iráõ annunciar, e apontar com o dedo aos moradores do Brasil estas interessantes arvores, e arbustos, e à vista dellas, e das descrições, das que naõ vaõ gravadas, eles as descobriraõ infallivelmente melhor que os nossos Botanicos Crocotulos.»

Aspecto decorativo que constituía nalgumas situações uma alternativa ao da *utilidade*, solução assumida por exemplo no *Aviário Brasílico*, cujo manifesto editorial revela essa intenção: « as estampas serão abertas em ponto maior, para que possão servir para quadros, no caso de que se queirão servir dellas para este fim».

Informação que nos conduz a outra áreas de interesses, a comercialização de imagens avulsas, divulgada, a par das edições, nos já referidos catálogos da Casa Literária do Arco do Cego onde se anuncia a venda, na loja daquela oficina no Rossio, de «retratos em preto e illuminados, gravados por artistas Portuguezes».

Uma trilogia de funções que se fecha com a gravação de imagens de natureza eminentemente lúdica de que se conserva um *Jogo da Glória*, exemplar raríssimo e por si, digno de estudo autónomo, que surge identificado nas folhas de pagamentos da oficina com o título de *passatempo aritmético*, em que do 1 ao 100, se faz um percurso «iluminista» – das trevas da partida à luz da chegada – enquadrado pelo exercício das quatro «taboas» correspondentes às respectivas operações: somar, diminuir, multiplicar e repartir.

INCM/AIN – Jogo Aritmético

A produção de imagens pelos gravadores do Arco do Cego reúne, assim, à vertente didáctica, a decorativa e a lúdica, não perdendo, todavia, nesta última um certo sentido educativo.

Essa instrução lúdica, surge alegoricamente representada no rosto da obra de Hoffman sobre os líquenes [28].

[Cat. n.º 38]

O sentimento do «querer saber» é-nos transmitido por um grupo de crianças que, em plena teatro natural, tentam desvendar os segredos dos líquenes, recorrendo à lupa e ao microscópio, instrumentos ópticos que faziam parte da utensilagem dos laboratórios amadores cujas experiências ocupavam esses serões do *instruindo deleitando* cultivados recriativamente..

Uma linguagem internacional captada provavelmente na passagem da gravura existente no próprio original que serviu à tradução e que não encontra, porém, em termos temáticos grande eco na produção gráfica da Casa Literária.

Regressando à imagem instrutiva,que predomina na produção da oficina do Arco do Cego, façamos ainda algumas considerações relativamente à sua inserção na edição.

---

[28] HOFFMAN, D.Georg. Franc. – *Descriptio et adumbartio plantorum et classe critopgamica Linnaei, quae lichenes dicuntur*, Ulysipone: Typographia Domus Chalcographicae, Typoplasticae, ac Litterariae ad Arcum Caeci, 1801.

Em primeiro lugar saliente-se que é a utilização dessa *imagem útil* que acaba por justificar que nas estatísticas das edições do Arco do Cego predominem as obras ilustradas numa proporção muito diferente da que registámos na Imprensa Régia, em sentido inverso, no período da fundação a 1800 (gráfico n.º 4).

Gráfico N.º 4

Edições da Casa Literária do Arco do Cego
ilustradas/não ilustradas

Impressão Régia

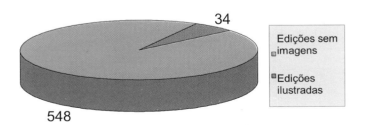

Um tipo de ilustração, que convém recordar, complementa o texto, e vive em grande medida na sua dependência, «ajudando ao entendimento».

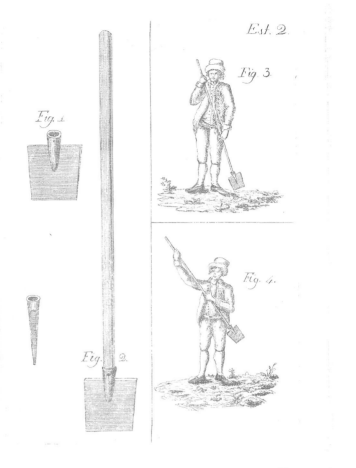

Est. 2.

Fig. 3.

Fig. 1.

Fig. 4.

Fig. 2.

[Cat. n.º 37]

nem de charrua , porque a sua enxada equivale ao
trabalho destes instrumentos , e fica a terra mais
bem trabalhada.

No Brasil onde os mesmos instrumentos pouco uso podem ter , he de huma grande vantagem
o adóptarmos a enxada Luqueza , ou outra com
pouca differença , que he huma especie de pá ,
com dez pollegadas de altura , nove de largura em
cima , oito em baxo , com a grossura de meia pollegada , a acabar em huma linha , bem temperada
de aço , com hum alvado de seis pollegadas , quatro a meio ferro , e duas sobresahindo , e com a
vacuidade de pollegada e meia de diametro , que
vai diminuindo insensivelmente , com dois furos no
alvado , para com huma cavilha se fazer firme o
cabo , que deve ter oito palmos de comprido. *Veja-se a Estampa II. Fig. I. e II.* O trabalhador
com este instrumento tem o corpo direito , virado
para o Norte , os calcanhares afastados pouco mais
de meio palmo ; a enxada afastada quasi hum palmo do pé esquerdo ; a mão esquerda por todo o
comprimento do braço , pegando no cabo ; e a mão
direita pegando no mesmo cabo , quasi no hombro
direito. *Fig. III.* A mão esquerda levanta a enxada
até onde póde hir , sem que o antebraço se desuna
do corpo. *Fig. IV.* A mão direita da altura , a que
chegou , impelle a enxada com toda a força , e a
esquerda deixa escorregar o cabo , segundo a fe-
rida que a enxada fez na terra. Para se tirar esta
terra , serve de apoio a mão esquerda , e a direita
carregando no cabo , levanta a pá , e ambas a guião
para lançar a terra a qualquer parte ; porém deve
ser regularmente para Oeste , ou Leste. No segundo movimento , deve chegar-se o calcanhar do pé
esquerdo ao do direito , e este ladear para a di-
rei-

Não é de estranhar que a sua expressão dependa directamente dos assuntos
desenvolvidos. Se atendermos ao conjunto das obras editadas no Arco do
Cego depressa concluiremos que os temas religiosos se encontram totalmente
ausentes com evidentes reflexos no campo da gravura.

Um outro aspecto merece também realce, ao nível da edição a
personalização dos patrocinadores, autores e outros protagonistas não obtem
contrapartidas iconográficas, fazendo com que o retrato, a par da imagem
religiosa não esteja representada na produção livreira do Arco do Cego – mas
apenas em versão avulsa e numa linha de comercialização paralela – o que
provavelmente nos terá privado da imagem de frei José Mariano da Conceição
Veloso, o que constitui uma assumida lacuna da presente exposição.

Neste balanço da imagem no livro impresso na Casa Literária registem-se, ainda, alguns frontispícios de expressão alegórica, por vezes, acompanhadas de extensas explicações escritas, transmitindo uma vez mais a ideia da cultura de abertura aos não iniciados, neste caso, nos segredos da *fábula*. A solução do frontispício ilustrado esbate-se, porém, no conjunto das edições.

Constituem as excepções que confirmam a regra dominante da utilização da imagem em tarefas prioritariamente pedagógicas colocadas no final das edições e frequentemente em formato desdobrável, uma solução corrente e que nos recorda os apontamentos de Azevedo Fortes sobre a imagem no seu clássico *Engenheiro Português* [29].

O número de estampas por edição é muito variável (gráfico n.º 5), mas torna-se evidente o recurso sistemático à sua aplicação nomeadamente nos títulos de expressão didáctica, embora representassem um custo adicional à edição como o próprio frei Veloso admite [30].

O peso da componente artística, no referido livro de despesas do Arco do Cego, dá-nos uma ideia aproximada da importância da ilustração no orçamento global das edições (gráfico n.º 6).

As verbas lançadas, recorde-se, envolvem o esforço de instalação da oficina calcográfica. A análise da distribuição das despesas permite-nos concluir que, na globalidade, a produção de imagens no Arco do Cego, incluindo o pagamento aos gravadores, os materiais respectivos, a estampagem e a «iluminação», obrigava cerca de 33% do total dispendido, tendo a rubrica relativa aos abridores o maior peso entre as verbas do sector dito artístico das oficinas (gráfico n.º 7).

Façamos, agora, uma actualização sobre a orgânica e funcionamento dessa área fundamental nos estabelecimentos do Arco do Cego.

---

[29] Cf. FORTES, M. Azevedo – *O Engenheiro Portuguez [...]* tomo I, Lisboa, Na Officina de Manoel Fernandes da Costa, 1728, Prólogo.

«No Appendice deste tratado se achará [...] no fim juntas as Estampas, que lhe pertencem; e ainda as que sahem fóra dos livros dão maior facilidade para se observarem lendo, não me parecéo usar deste methodo, porque delle rezulta sempre huma mà enquadernação, rasgarem-se, e perderem-se as mesmas Estampas. Os que houverem de fazer profissão de Fortificação, e de Geometria poderão começar por copiar as Estampas, para as ter à vista estudando; e este trabalho lhes não será inutil, exercitando-se a riscar as plantas, como lhes he precizo»

[30] Cf. *Alographia dos Alkalis Fixos [...]*, Lisboa, Na Offic. De Simão Thaddeo Ferreira, 1798, p. 190.

«Por tanto só para evitar o número, e extensão das estampas, para as quaes se tinha necessidade de fazer huma grande despesa, foi que se julgou, que assim se deveria fazer.»

Gráfico N.º 5
Edições da Casa Literária do Arco do Cego
números de imagens por edição

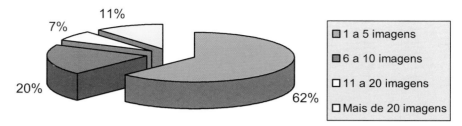

11%

7%

20%

62%

☐ 1 a 5 imagens

☐ 6 a 10 imagens

☐ 11 a 20 imagens

☐ Mais de 20 imagens

Gráfico N.º 6
Verbas totais lançadas no "Livro da Continuação das Despesas do Arco do Cego"

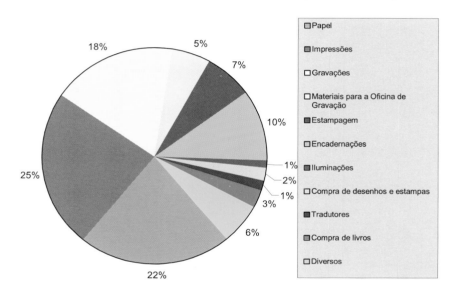

18%   5%

7%

10%

25%

1%

2%

1%

3%

6%

22%

☐ Papel

☐ Impressões

☐ Gravações

☐ Materiais para a Oficina de Gravação

☐ Estampagem

☐ Encadernações

☐ Iluminações

☐ Compra de desenhos e estampas

☐ Tradutores

☐ Compra de livros

☐ Diversos

Gráfico N.º 7
Verbas do sector artístico, lançadas no "Livro da Continuação das Despesas do Arco do Cego"

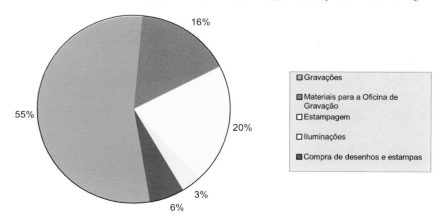

16%

20%

55%

3%

6%

☐ Gravações

☐ Materiais para a Oficina de Gravação

☐ Estampagem

☐ Iluminações

☐ Compra de desenhos e estampas

JOAQUIM CARNEIRO DA SILVA.
PROFESSOR ,E FUNDADOR DA AULLA REGIA DE DEZENHO,LENTE
DA MESMA ARTE DO REAL COLLEGIO DE NOBRES, PRIMEIRO
PROFESSOR DE GRAVURA , DEPUTADO DA R. MEZA CENCORIA.

BN/Iconografia

Joaquim Carneiro da Silva e a Aula de gravura do Arco do Cego

A raiz da criação desta Aula confunde-se com a própria fundação da Casa Literária, tornando-se desde os primeiros momentos num elemento essencial ao desenvolvimento do projecto.

A razão última, eminentemente pragmática, encontramo-la com grande probabilidade na empreitada da *Flora Fluminense*. Recorde-se que, para esta finalidade, foram destacados por Aviso de D. Rodrigo de Sousa Coutinho, em 1797, pelo menos dois gravadores da Fundição, que tudo leva a crer terem sido Manuel Luís Rodrigues Viana e Nicolau José Correia, os únicos que deixam a sua assinatura nas estampas publicadas em obras impressas ligadas a Veloso no período intermédio de 1797 a 1798, facto que vem confirmar a informação de Cirillo que noticia a transferência do segundo, daqueles dois discípulos de João de Figueiredo, «para a officina do Padre Vellozo ao Arco do Cego» [31].

Procurava-se domesticamente a solução que fora de portas tinha falido, depois da frustrada iniciativa da Academia das Ciências na contratação de uma oficina veneziana para a tarefa. A criação da nova Calcografia do Arco do Cego e das novas soluções que proporcionava levaria, a propósito, numa publicação editada naquela Casa Literária, ao sugestivo comentário: «não será preciso jamais mendigar-se a abertura das sobreditas chapas [da *Flora Fluminense*] a Nação alguma.» [32]

Frei Veloso revelaria textualmente «ter sido incumbido em nome de V.A.R. da criação do novo corpo de Gravadores do Arco do Cego, cujo número» acrescenta «no breve período de d'hum anno chegou a vinte e quatro» [33].

O modelo escolhido por Veloso foi o de uma aprendizagem em acção, seguindo o esquema oficinal, juntando aos objectivos formativos o da efectiva produção de imagens.

O resultado contabiliza-se no elevado número de praticantes registados e no volume significativo de chapas abertas.

Ernesto Soares registaria a existência deste «efémero mas notável estabelecimento», dividindo a ideia da sua fundação entre o padre Veloso e D. Rodrigo de Sousa Coutinho, considerando-o como o elo de ligação «que estabelece a continuidade entre a Aula de Carneiro da Silva e a escola de Bartolozzi.» [34]

---

[31] MACHADO, Cirillo Wolkmar – op. cit. p. 234.

[32] SOUSA, José Carlos Pinto de – *Bibliotheca Historica de Portugal*[...], nova edição, Lisboa, Na Typographia Calcographica, Typoplastica, e Litteraria do Arco do Cego, 1801, pp. 55-56.

[33] LAIRESSE, Gerard – *Princípios do Desenho*[...]Lisboa, Na Typographia Chalcographica, Typoplastica, e Litteraria do Arco do Cego, 1801, p.2.

[34] SOARES, Ernesto – *História da Gravura Artística em Portugal*, Lisboa, Livraria Samcarlos, 1971 vol.I, p.25.

A intuição do citado investigador colocava-o na pista certa, sem que, porém, pudesse chegar à informação, só agora disponível, de que seria, ainda, Joaquim Carneiro o responsável pela criação da Aula de Gravura do Arco do Cego. A nova e efémera Aula pode, assim, ser considerada uma extensão da experiência formativa anterior centrada na Imprensa Régia orientada pelo mesmo mestre e desactivada em 1788.

Ernesto Soares apenas tivera acesso a parte da documentação existente [35] que cobria o ano de 1801. Os dados reunidos não o inibiram porém de defender a existência daquele novo estabelecimento, onde «os aprendizes viviam em internato, na escola, sujeitos a apertada disciplina» e de apontar o nome de Romão Elói de Almeida como mestre dos gravadores [36], estabelecendo ainda uma comparação entre as referidas três aulas que marcam, sem dúvida, a evolução do ensino da gravura em Portugal no final do século XVIII e início do XIX.

Na realidade seria Carneiro da Silva a iniciar os trabalhos de tão produtiva Aula. No *Livro da Continuação das Despesas [...]* [37], logo no mês de abertura correspondente a Junho de 1799, surge a rubrica *Preparos para os gravadores pedidos por Joaquim Carneiro...* onde se contabilizam dez bancas e dez carteiras «que se mandarão fazer para os gravadores». Na extensa lista que corresponde ao esforço de instalação surgem ainda, agulhas, compassos, quadrantes, esquadros e réguas, almofadas de couro, ingredientes para o verniz e para a água-forte, etc., num investimento total de 167$220 rs. Num dos itens dos referidos *preparos* encontram-se citados «dez vol. de Mr. Glairace», que, pese embora a deficiente ortografia, nos elucida sobre a utilização do compêndio de Gerard Lairesse na referida Aula, não sendo de estranhar a publicação da respectiva versão portuguesa pela Casa Literária, dois anos depois, e com a explícita informação de se destinar ao apoio dos gravadores do Arco do Cego como mais adiante veremos.

O número dez, que se repete nas diversas aquisições de equipamentos, aponta-nos a dimensão provável da classe, que encontra eco no contingente de artistas identificados num impresso interno da Casa Literária (*Mapa do Trabalho dos Gravadores*), que se conservou. Aqui encontramos precisamente

INCM/AIN

[35] As suas informações baseiam-se fundamentalmente num documento manuscrito intitulado *Caixa de Receita, e Despeza da Officina Litterária do Arco do Cego [...]* existente no Arquivo da Imprensa Nacional — Casa da Moeda (Arquivo Histórico, Fundo IN), cujas datas limites vão desde 2 de Abril de 1801 a 9 de Dezembro do mesmo ano.

[36] Cf. SOARES, Ernesto – *Gregório Francisco de Assis e Queiroz – Gravador Português do Século XIX (Elementos Biográficos)*, Lisboa, Imprensa Limitada, 1928, p. 10.

[37] INCM – Arquivo Histórico, Fundo Imprensa Nacional – *Continuação das Despezas dos trabalhos encarregados por Sua Alteza Real o Principe Regente Nosso Senhor ao muito Reverente Padre Mestre Frei José Mariano da Conceição Vellozo [...]* Junho de 1799 a Outubro de 1801.

dez gravadores identificados pelos respectivos apelidos: Freitas, Vianna, Correa, Silva, Figueiredo, Almeida, Marques, Lima, Neves e Sena. Entre outras informações dedutíveis ficamos a saber que os seus «jornaes» eram pagos em alternativa pela *Fundição* ou pela *Secretaria* (de Estado da Marinha), elementos biográficos ainda em fase de tratamento e de que daremos notícia em trabalho próximo.

Ao longo desse ano de 1799 a presença de Carneiro da Silva na oficina do Arco do Cego manteve uma pendular regularidade a avaliar pelos sucessivos pagamentos de aluguer de seges lançados no referido livro de despesas, período em que se mantiveram as compras e reparações de materiais para os gravadores, cabos de buris, tornos de mão, instrumentos vários, etc.

Nesse período proceder-se-ia à gravação e *iluminação* das imagens do *Aviário Brasilico*, primeira obra ornitológica impressa «na oficina da casa», a editar em fascículos e recorrendo a subscrição pública «para poder ir avante» nas palavras do próprio editor.

Veloso no *Plano* de publicação e página introdutória da referida obra informa-nos, por outro lado, de alguns aspectos relativos à formação dos gravadores que confirmam as anteriores leituras:

«Os Candidatos da gravura, estabelecida na Casa Litteraria do Arco do Cego, desejando apresentar a V.A.R. huma prova das suas lições, em sinal do seu agradecimento à protecção, que V.A.R. lhes tem concedido, já facilitando hum Mestre, que os dirija na sua arte, já permitindo, que se lhes apresentem novos objectos , em que a possão exercitar, e descobrir cada vez mais os seos talentos, aquelles talentos, que sem sahirem do seio da Patria mãi, a aprender costumes alheios, farão hum dia toda a sua gloria, e a da Nação me pedirão lhes determinasse hum trabalho, que lhes preenchesse estes mencionados fins.» [38]

As estampas insertas no *Aviário Brasilico*, serviam, assim, de prova de aproveitamento das lições recebidas pelos «candidatos da gravura» estabelecidos no Arco do Cego, em agradecimento ao patrocínio prestado pelo Princípe Regente, no qual se incluia a «facilitação» de um mestre, não identificado mas que sabemos ter sido Joaquim Carneiro da Silva.

Esta comprovada actividade formativa beneficiaria de raro suporte teórico através da impressão de manuais de apoio à formação dos artistas, editados pela própria Casa Literária explicitamente com essa finalidade, o que acrescenta uma faceta inédita àquele estabelecimento do Arco do Cego.

A SULTANA *em Trajo de Corte*
Aos Amadores das bellas Artes offerece Esta Sua
Primeira Gravura. Constantino daCosta etc Lisª
Chalcographia do Arco da Cego

INCM/AIN

[38] VELLOSO, José Mariano da C. – *Aviário Brasilico*[...];Lisboa, Na Officina da Casa Litteraria do Arco do Cego, 1800.

Na primeira dessas edições, consagradas às belas-artes, *A Sciencia das Sombras*, frei Veloso, no prefácio respectivo, considerava a obra como «o primeiro degrao do desenhador, e por onde devem subir todos, os que se destinão ás grandes Artes» categoria nas quais inclui , as Arquitecturas Civil, Naval, e Militar, a Pintura, a «Gravadura» e a «Estatuaria» disciplinas que classifica mais adiante de «Artes liberais» pormenor a reter no ainda renovado debate sobre a questão em Portugal no período em análise [39].

Mas seria nos já citados *Princípios do Desenho*[...] de Gerard Lairesse, obra, recorde-se, desde o início escolhida para o apoio aos candidatos,que, na própria folha de rosto, se assumia essa linha prográmatica considerando a edição destinada ao «benefício dos gravadores do Arco do Cego».

No prefácio da mesma edição, assinado por frei Velozo, revelavam-se as razões que melhor fundamentavam o esforço formativo desenvolvido na Casa Literária:

A experiência adquirida ao longo daqueles dois anos de actividade levariam Veloso a admitir que os alunos saíam das aulas de desenho então estabelecidas «unicamente com alguma prática de copiar, mas nenhuma dos principios, em que esta se deveria estabelecer, menos da noticia historica dos heroes, que se fizeraõ célebres nesta sublime profissaõ».

A disponibilidade desses *princípios*, segundo frei Mariano, serviria «não só para se animarem com calor a imitallos, mas tambem para chegarem a occupar hum dia no templo da immortalidade hum assento a par dos mais sublimes Mestres».

Mas o plano editorial de Veloso neste domínio não se ficaria por aqui. Animado pela vontade algo megalómana de «imprimir tudo, quanto se tem escripto a este respeito», editaria, ainda, do mesmo Gerard Lairesse os *Principios da Arte da Gravura* repetindo *os Princípios do Desenho* desta vez com um título diferente: *O grande Livro dos Pintores, ou Arte da Pintura* [...] mas cujo conteúdo apenas difere da citada edição anterior no rosto, provável tentativa malograda de publicação da obra matriz do referido autor em fascículos.

Para além desta trilogia, publicou ainda a Casa Literária traduções de Du Fresnoy, *A Arte da Pintura*, e de Abraham Bosse, o clássico *Tratado da Gravura a agua forte, e a buril, e em maneira negra* [...] edições produzidas já na fase final do curto período de existência da Imprensa do Arco do Cego.

---

[39] António Manuel Gonçalves (*Historiografia da Arte em Portugal*, Coimbra, 1960, p.21) refere-se a uma edição desta obra «com mais de duas centenas de gravuras», que não localizámos e que pensamos possa ser um lapso de informação dada a invulgar dimensão de um tal volume fora do âmbito das edições ligadas a frei Veloso e ao Arco do Cego.

Sabemos, por outro lado, através dos catálogos a que nos vimos referindo, que se encontravam «debaixo do prelo» uma *Geometria dos Pintores* de Dupain, uma variante da citada obra de Du Fresnoy ilustrada com 7 estampas e, ainda, uma obra de Evelyn traduzida do inglês, *A Escultura, ou a Historia, e Arte da Calcographia, e Gravura em cobre* [40]. Não localizámos, porém, nenhuma das referidas edições, embora se deva, ainda, incluir nesta vaga o trabalho de Le Clerc *Verdadeiros Principios do Desenho, conforme o Character das Paixoens*, já impresso, porém, na Imprensa Régia em 1805.

Mas algo mudara na direcção da Aula de Gravura do Arco do Cego, no período intermédio entre a publicação do primeiro fascículo do *Aviário Brasiliense* e a edição dos *Principios do Desenho* [...] Com efeito, Carneiro da Silva, o mestre que havia sido «facilitado» pelo Príncipe Regente, desaparece a partir de 1800 do *Livro de Despesas* [...] e no citado prefácio à obra de Lairesse, Veloso, num discurso algo inflamado, deixa antever essa orfandade, ao justificar as edições em impressão dedicadas aos gravadores do estabelecimento.

«Por este motivo... me resolvi a traduzir e fazer traduzir, e imprimir tudo, quanto se tem escripto a este respeito, deixando aos meus pobres adidacticos a escolha das doutrinas, que devem seguir, dos modelos, que devem imitar.

Pobres, SENHOR, chamo; porque, sem outra despeza mais que a do seu jornal, procuraõ, no seio de sua propria pátria, fazerem-se illustres na sua profissaõ, ao contrario pois dos que viajaõ, a fim de aprenderem, que avesados com o gosto daquelle leite, que fóra dos seus lares os alimentou, nunca lhe perdem o amor, e ficaõ, esquecidos da sua arte, sendo gravosos ao Estado. O Exame dará a prova» [41]

«Assim debaixo da protecção de V.A.R. vemos ir no seu encalço a Freitas, Costa, Silva, Eloi, Vianna, e outros, tendo sómente por Mestres o seu genio, e talento.»

As palavras de Veloso, revelam a ausência de uma direcção efectiva na Aula da Calcographia do Arco do Cego, embora o citado Romão Elói de Almeida surja como director dos gravadores no Livro de Caixa a partir de

---

[40] Cf. «Catalogo das Obras de desenho»[...] *in* LAIRESSE, Gerard – *Princípios da Arte da Gravura*, Lisboa, Na Typographia Chalcographica, Typoplastica, e Litteraria do Arco do Cego, 1801.

[41] LAIRESSE, Gerard – *Princípios do Desenho*[...]Lisboa, Na Typographia Chalcographica, Typoplastica, e Litteraria do Arco do Cego, 1801, pp .2-3.

1801 [42]. Nas entrelinhas do referido prefácio projectam-se críticas aos «que viajam a fim de aprenderem» e que no regresso se esquecem da sua arte «sendo gravosos ao Estado» [43], sem, no entanto, se personificar a alusão. A já avançada idade de Carneiro da Silva, que na altura já passaria dos 70 anos, poderá ter pesado na sua retirada, criando uma vaga que tudo indica não tenha sido preenchida deixando aos candidatos a gravadores por Mestres «somente o seu génio e talento».

A análise da produção gráfica do Arco do Cego, revela, porém, uma vertente acentuada de reprodução e cópia de imagens mais do que propriamente *invenção*. Tal aspecto é facilmente constatável no confronto das imagens inseridas nas traduções editadas pela Casa Literária com as dos originais utilizados. Tentava-se, intencionalmente, reproduzir sem nenhuma alteração as estampas reproduzidas nos livros traduzidos conforme Veloso confirma nas suas intervenções: «tal he , Senhor, a indole da Obra, que presentemente faço subir à Augusta presença de Vossa Alteza Real, esforçando-me, quanto pude, a que as Estampas, que igualmente ornão esta Edição Portugueza, fossem mais conformes, que podessem ser, aos seus originaes» [44].

Na produção artística do Arco do Cego não nos surge notícia de que qualquer dos gravadores acumulasse essa função com a de desenhador, divisão do trabalho, de resto, habitual. Deste modo havia que garantir a

---

[42] Pese embora tenha deixado o seu cunho nalgumas das melhores criações da oficina não é explícito que Elói tenha tido funções formativas, podendo a referida patente ter um carácter mais administrativo. Na *Lista de Todas as Pessoas que se Acham Empregadas. Por Ordem de Sua Alteza Real, O Príncipe Regente Nosso Senhor, na Fatura das Obras Literárias do Arco do Cego*, (daqui em diante referida apenas por *Lista de Todas as Pessoas*) existente no Arquivo Histórico Ultramarino e divulgada por Lygia da Cunha (op. cit. p.10), Romão Elói aparece simplesmente como 1.º gravador figurista, sendo Ernesto Soares que lhe atribui a distinção de «Mestre dos gravadores» certamente a partir da informação do citado documento *Caixa de Receita, e Despeza da Officina Litterária do Arco do Cego*[...], em que logo no n.º4, é referido como «Director dos Gravadores» recebendo 89$800 réis «para a si e seus companheiros, pelas empreitadas que vencerão no mez de Janeiro.» Note-se,. ser esta a excepção que confirma a regra. Logo no mês seguinte surge apenas como «gravador», mantendo, contudo, as funções de «empreiteiro» recebendo em seu nome e dos *companheiros*, termo sempre utilizado em vez de *discípulos* como seria natural se de facto Elóy tivesse funções de formador. Acrescente--se, porém, que o nome de Elóy só surge na documentação depois da desaparição do de Joaquim Carneiro da Silva.

[43] Não conseguimos apurar se estas alusões de frei Veloso tinham algum destinatário preciso. Carneiro da Silva, Manuel Marques de Aguilar, João Caetano Rivara, entre outros contemporâneos, tiveram uma aprendizagem internacional e reconhecida qualidade como abridores não deixando de exercer alguma actividade de formação, assunto assaz desenvolvido nos trabalhos de Ernesto Soares, necessitando, porém, de uma actualização no contexto mais amplo de toda a actividade formativa das belas-artes em Portugal, tema sobre o qual vimos recolhendo elementos.

[44] VELLOZO, frei José Mariano da Conceição – *O Fazendeiro do Brasil, Cultivador*,[...] Tomo III, Parte II, Lisboa, Na Officina de Simão Thadeu Ferreira, 1799, p. VII.

[Cat. n.º 12]

A. Bosse, ed.
francesa, 1745

alimentação de originais a seguir pelos artistas, o que seria garantido pela compra de colecções de desenhos, estampas ou pela colaboração de artistas que surgem devidamente registados na documentação do Arquivo do Arco do Cego.

Encontramos assim um interessante núcleo de colaboradores da Casa Literária a começar por José de Almeida Furtado, o «Gata», que surge no rol de pessoal do Arco do Cego como «Diretor de Desenho» [45], uma referência ao conhecido mestre miniaturista de Viseu que tem passado despercebida aos seus biógrafos. Furtado tinha, então, apenas 22 anos e a sua presença na Casa Literária coincide com o período em que viveu em Lisboa [46]. Justifica-se, assim, a sua amizade com o poeta Bocage, de quem deixou um retrato-miniatura que se conserva no Museu Nacional de Arte Antiga. A sua passagem poderá ter sido breve surgindo um outro mestre desenhador contabilizado nas despesas do Arco do Cego: José da Cunha Taborda.

---

[45] Cf. *Lista de Todas as Pessoas [...]*

[46] A base informativa para a sua biografia continua a ser o *Dictionnaire Historico-Artistique du Portugal* de Raczynski (pp. 109-110). Veja-se, também, Júlio Brandão – *Miniaturistas Portugueses*, Porto, Litografia Nacional, s.d. e os recentes estudos do catálogo da exposição realizada no Museu Grão Vasco *A Arte em Família – os Almeidas Furtados*, IPM, 1998.

Contando então, pouco mais de 30 anos, Taborda, realizou, entre outros trabalhos, os desenhos originais sobre a vida de Anacreonte, posteriormente abertos pelos gravadores Domingos José da Silva, Elói de Almeida e Constantino, destinados a ilustrar uma edição da obra do referido poeta traduzida do grego por Bocage, um dos mais assíduos cooperadores de frei Veloso no Arco do Cego. Embora tivesse chegado a estar anunciada no catálogo de obras de poesia pensamos que nunca terá chegado a ser editada.

Taborda surge no *Livro de Caixa [...]* várias vezes referido, desde 13 de Julho de 1801, dia em que «José da Cunha, Desenhador, por conta do seu ordenado» recebe 6$400 rs, recebendo idêntica verba «por hum Quadro d´Gravura que se lhe encomendou para Ornato da Caza». Noutros locais aparece apenas referido como «mestre desenhador» ou ainda «José da Cunha Taborda, Desenhador» [47].

Entre os colaboradores empregues no Arco do Cego registem-se ainda Maximo Paulino dos Reis, «retratista», que recebe «por conta do que se lhe deve pelos retratos que tem aberto» e Jerónimo de Barros Ferreira, que recebe também como desenhador e pela venda de uma colecção de desenhos de diversos autores «para uzo dos gravadores da Officina Literária» pela elevada quantia de 480$000 réis. Este conjunto, posto pelo referido artista à venda, em anúncio publicado na *Gazeta de Lisboa* de 25 de Julho de 1801, constituiria o mais antigo núcleo da actual colecção de desenhos do Museu Nacional de Arte Antiga depois de percorrer um acidentado itinerário da Casa Literária do Arco do Cego, passando pela Imprensa Régia e Academia Real de Belas-Artes até chegar ao seu actual destino [48]. O mesmo artista colabora, ainda, como tradutor devendo-se-lhe a versão portuguesa da citada obra de Du Fresnoy, *A Arte da Pintura* que mereceria de Cirillo W. Machado, nas suas memórias biográficas, o seguinte comentário: «era dado à lição dos Livros, e traduzio do Italiano a Arte da Pintura de Mr. Fuduresnoy [sic], que se imprimiu na officina do Arco do Cego em 1801» [49].

Embora se registe a presença deste notável conjunto de artistas na Casa Literária entenda-se que, mais do que a *invenção*, interessava à Calcografia do Arco do Cego a construção de um *corpus* iconográfico passível de reprodução

[47]Cf. *Caixa de Receita, e Despeza da Officina Litterária do Arco do Cego [...]* existente no Arquivo da Imprensa Nacional — Casa da Moeda (Arquivo Histórico, Fundo IN).

[48] Sobre o assunto veja-se a introdução de Alexandra Reis Gomes ao Catálogo da Exposição *Desenho – A Colecção do Museu Nacional de Arte Antiga*, Milão, Lisboa Capital Europeia da Cultura e Electa, 1994, p. 15. Agradecemos à Dr.ª Maria da Trindade Mexia Alves a chamada de atenção para esta bibliografia.

[49]Cirillo W. Machado – *op. cit.* p. 102.

BN/Iconografia

em diferentes obras estabelecendo, assim, uma base de dados visuais reutilizável que pudemos comprovar através da repetição da mesma estampa em diferentes títulos [50]. Ideia, que parece seguir à letra o «arquivo» de imagens defendido por Félix de Avelar Brotero que transcrevemos no início deste trabalho:

> «Seria acertado que huma Academia protegida por algum Soberano ou pessoas ricas e com artistas tencionados emprehendesse de dar todos os annos hum certo numero de Estampas completas dos vegetaes conhecidos athe chegar a publicar todas as suas especies e principaes variedades: este trabalho daria à Historia Natural hum precioso Archivo, e contribuiria summamente para o seu progresso».

---

[50] Veja-se, por exemplo, a «Quina do Brasil» – Portlandia hexandria das *Observações sobre a propriedade da quina do Brasil* e a «quina de Paranabuc» publicada na *Quinografia Portugueza*.

Este facto não impediu que a referida oficina calcográfica atingisse uma notável dimensão e grau de organização se atendermos à informação contida na referida *Lista de Todas as Pessoas que se Acham Empregadas* [...]

Nesse documento identificam-se 61 colaboradores empregues «na fatura das obras literárias do Arco do Cego», entre os quais se contam 21 gravadores. Este elevado número de artistas encontra-se ainda subdividido em áreas de especialização: «figuristas», «arquitectos» e gravadores de «paisagens e ornatos», contando cada um dos dois primeiros domínios com o seu grupo de «candidatos».

Completam a lista de colaboradores da Calcografia um desenhador, três iluminadores, dois estampadores, um estaqueador de cobres e dois empomesadores.

Reservamos para próxima intervenção uma análise sobre a produção desta oficina acompanhando o percurso dos seus principais artistas, desde a sua criação à posterior integração na Imprensa Régia.

O período de cerca de dois anos em que floresceu esta iniciativa é manifestamente breve para justificar o empenho, comprovado nos meios financeiros, materiais e humanos mobilizados, numa tão provisória realidade. O seu processo de extinção deve, pois, ser revisto para melhor ponderarmos o legado desta estrutura na instituição em que progressivamente se diluíu. Talvez não por acaso o principal responsável pela sua criação, D. Rodrigo de Sousa Coutinho, foi igualmente quem assinou o decreto que lhe pôs termo, depois de receber a tutela da Imprensa Régia. Entre os vários aspectos que se apontam para a sua extinção figura o elevado *déficit* financeiro verificado nas suas contas.

Acrescente-se, porém, que pese embora o esforço em construir uma base comercial para equilíbrio dos custos de produção – veja-se a loja do Rossio e a tentativa vã de edições em fascículos por subscrição – a Casa Literária do Arco do Cego mais que um projecto empresarial no domínio do comércio livreiro, ou da produção de imagens, deve ser entendido do ponto de vista da iniciativa do Estado patrocinador e respectivos agentes activos, como depositário das suas convicções ideológicas e programáticas.

Já no período posterior à integração na Imprensa Régia uma carta de expediente enviada por D. Rodrigo de Sousa Coutinho a frei Veloso elucida-nos sobre os circuitos habituais na decisão de editar. Escrevia, então o Ministro:

«Recomendo muito a Vossa Paternidade a execução da Obra sobre a Quina, cujas provas, tanto anteriores como as que agora lhe remeto, vio Sua Alteza Real com grande satisfação[...]Recomendo igualmente muito a Vossa

Paternidade a Impressão, tanto do terceiro Tomo de Rumford, como do Atlas Terrestre, e Deccionario Geographico, approvando desde já os Cooperadores, que Vossa Paternidade escolher, comtanto que sejão hábeis...» [51]

Numa produção onde a economia agrícola, a história natural, a poesia e as belas-artes ocupam lugar de relevo, surge paralelamente uma quota importante de obras ligadas à assistência e à saúde pública, nomeadamente a referida *Sopa de Rumford,* em que D. Rodrigo insiste. Sopa dos pobres e necessitados distríbuida em estabelecimentos de caridade criados especialmente para esse efeito que se espalhavam pelas principais cidades da Europa, preocupação que nos remete inevitávelmente para essa *Sopa de Arroios*, retratada numa obra-prima da gravura portuguesa assinada por Domingos Sequeira e Gregório Queiroz, ministrada à porta do Palácio do Ministro, edifício também vizinho, recordemos, das oficinas do Arco do Cego.

Editar, em última análise, revela-se sempre um acto – e uma forma – de poder. Por isso a Casa Literária do Arco do Cego, pela sua evidente dependência de uma cultura instituída, transcende, em muito, os domínios da História da Edição ou da Gravura, envolvendo horizontes mais abrangentes da História Social, Económica e Política do período em análise. É esse o desafio que deixamos aos especialistas para que contribuam com uma leitura renovada do significado desta efémera instituição.

---

[51]*Flora Fluminensis de Frei José Mariano da Conceição Vellozo* – Documentos, Publicações do Arquivo Nacional, vol. 48, Rio de Janeiro, 1961, p.22.

...ria muito proluxo, e inutil, o
...er todas as especies, que co
...pela qualidade de arruinar os
...e pennas dos animaes. Conten-
...hei em dizer, que a mais nu-
...a mais commua, e a mais te-
...he a especie, que pelo estio se
...em as cazas, e que todos co-
...pelo estrago que faz em os mo-
vestidos tecidos de lã.
...oncluo a historia das *Traças*,
...que pelo Outomno, Inver-
...principalmente na Primavera,
...gnos de se temer os seus destro-

no Outomno; e as *Larvas* comem
pelo Inverno: mais ellas parecem
como insensibilizadas no espaço dos
frios fortes, cahem muitas vezes em
huma especie de Lethargia, da qual
sahem para recahir de novo.

Ficando Coleopteros, logo se pa-
tenteão; mas he precizo descobrir suas
Larvas. Reconhecem-se, procurando
os seus despojos, armados das cobertas
das duas pontas, de que fallei. Fazem
pouco damno aos animaes; mas fazem hum grande destroço nos insectos:
são timidos, ao menor choque se dei-

CATÁLOGO
BIBLIOGRÁFICO

LISTA DE ABREVIATURAS

bibliogr. — bibliografia

br. — branca

ca. — *circa*

desdobr. — desdobrável (desdobráveis)

ed. — edição

ed. lit. — editor literário

enc. — encadernado / encadernação

ex. — exemplar

f. — folha (s)

fol. — fólio(s)

fl. — floresceu

grav. — gravura (s)

ms. — manuscrito (a)

O.C. — Ordem de Cister

O.F.M — Ordem dos Frades Menores

p. — página(s)

p. b. — preto e branco

pag. var. — paginação variável

pert. — pertence

port. — portuguesa

s.d. — *sine data*

s.l. — *sine locum*

s.n. — *sine nomine*

S.J. — Sociedade de Jesus

t. — tomo

ult. — última

trad. — tradução

vol. — volume (s)

1
ABREU, Jerónimo Vieira de
Respostas dadas a algumas perguntas que fizerão sobre as novas moendas dos engenhos de assucar e novos alambiques, / por Jeronymo Vieira de Abreu. – Lisboa : Na Typographia Chalcographica, e Litteraria do Arco do Cego, 1800. – 8 p. : 2 grav. ; 4.º (20 cm).

Inoc. vol. III, p. 280, refere ed. de 1802.

S.A. 1335//22 V. – Enc. com outras obras.

2
ANDRADE, José Maria Dantas Pereira de, 1772-1836
Memoria sobre hum projecto de pasigraphia... / por José Maria Dantas Pereira... – Lisboa : Na Officina da Casa Litteraria do Arco do Cego, 1800. – [6], 34 p. ; 2.º (33 cm).

Inoc. vol. V, p. 32.

S.A. 5481//2 V. – Enc. com outras obras.
S.A. 4602 A.
L. 3754 A.

ANDREONI, João António, 1649-1716 ver ANTONIL, André João

3
ANTONIL, André João, pseud.
Extracto sobre os engenhos de assucar do Brasil, e sobre o methodo já então praticado na factura deste sal essencial, tirado da obra *Riqueza e Opulencia do Brasil*, para se combinar com os novos methodos, que agora se propoem... / por Fr. José Mariano Velloso. – Lisboa : Typographia Chalcographica, e Litteraria do Arco do Cego, 1800. – [8], 116, [7] p. : 4 grav. desdobr. ; 4.º (21 cm).

Inoc. vol. I, p. 33, refere ed. original; BB não refere; Saldanha da Gama, 75.

S.A. 3023 P. – Enc. inteira de pele mosqueada. Corte das folhas ponteado em tons de azul. Guardas em papel marmoreado.

EXTRACTO
SOBRE
OS ENGENHOS DE ASSUCAR
DO BRASIL,
E
SOBRE O METHODO JA' ENTAÕ PRATICADO
NA FACTURA DESTE SAL ESSENCIAL,
TIRADO DA OBRA
RIQUEZA E OPULENCIA DO BRASIL,
PARA SE COMBINAR COM OS NOVOS METHODOS,
QUE AGORA SE PROPOEM DEBAIXO
DOS AUSPICIOS
DE
S. ALTEZA REAL
O PRINCIPE REGENTE
NOSSO SENHOR.
POR
Fr. JOSÉ MARIANO VELLOSO.

LISBOA,
NA TYPOGRAPHIA CHALCOGRAPHICA,
E LITTERARIA DO ARCO DO CEGO.
ANNO M. DCCC.

BREVE COMPENDIO
OU
TRATADO
SOBRE A ELECTRICIDADE,
IMPRESSO POR ORDEM
DE
S. ALTEZA REAL
O PRINCIPE REGENTE,
NOSSO SENHOR,
E COMPOSTO PELO REVERENDO
FRANCISCO DE FARIA E ARAGAÕ

LISBOA.
NA TYPOGRAPHIA CHALCOGRAPHICA,
E LITTERARIA DO ARCO DO CEGO.

ANNO M. DCCC.

4

ARAGÃO, Francisco de Faria e, 1726-1806, S.J.
Breve compendio ou tratado sobre a electricidade... /
composto pelo reverendo Francisco de Faria e
Aragão. – Lisboa: Na Typographia Chalcographica, e
Litteraria do Arco do Cego, 1800. – [6], 127, [1] p.: 2
grav. desdobr.; 4.º (22 cm).

Inoc. vol. II, p. 374.

S.A. 4368 P. – Faltam duas gravuras. – Enc. inteira de pele *racinée*,
corte das folhas ponteado em tons de azul, guardas em papel
marmoreado.

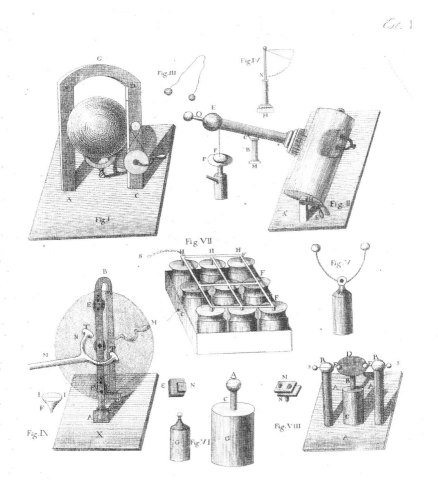

5

ARAGÃO, Francisco de Faria e, 1726-1806, S.J.
Tratado historico, e fyzico das abelhas, / composto
por Francisco de Faria e Aragão... ; publicado... por
Joze Mariano Velloso. – Lisboa : Na Offic. da Casa
Litteraria do Arco do Cego, 1800. – VIII i. é X, 238,
[1] p.: 1 grav. desdobr. ; 4.º (20 cm).

Inoc. vol. v, p. 374. , BB II-341; Saldanha da Gama, 137.

S.A. 15392 P.
S.A. 6756 P. – Enc. inteira de pele. Lombada decorada com falsos
nervos. Rótulo colado contendo o título da obra.

TRATADO
HISTORICO, E FYZICO
DAS
ABELHAS,
COMPOSTO,
POR
FRANCISCO DE FARIA E ARAGAÕ
PRESBYTERO SECULAR,
PUBLICADO
DEBAXO DOS AUSPICIOS, E ORDEM
DE
S. ALTEZA REAL,
O PRINCIPE REGENTE
NOSSO SENHOR.
POR
Fr. JOZE MARIANO VELLOSO

LISBOA,
NA OFFIC. DA CASA LITTERARIA DO ARCO DO CEGO.
ANNO M. DCCC.

6

ARAÚJO, Luís António de
Memoria chronologica dos tremores mais notaveis, e
irrupções de fogo, acontecidos nas ilhas dos Açores,
com a relação dos tremores que houverão nesta ilha
Terceira desde 24 de Junho de 1800, até 4 de
Setembro immediato... / por Luiz Antonio de Araujo.
– Lisboa : Na Typographia Chalcographica, e
Litteraria do Arco do Cego, 1801. – 24 p. ; 4.º
(21 cm).

Inoc. vol. II, p. 212.

H.G. 12222//3 V. – Enc. com outras obras.

MEMORIA
CHRONOLOGICA
DOS
TREMORES MAIS NOTAVEIS,
E IRRUPÇÕES DE FOGO, ACONTECIDOS NAS
ILHAS DOS AÇORES, COM A RELAÇAÕ
DOS TREMORES QUE HOUVERAÕ
NESTA ILHA TERCEIRA
Desde 24 de Junho de 1800, até 4 de Setembro immediato.
ACRESCENTA-SE A NOTICIA DE HUM FENOMENO
OBSERVADO NO DIA 25 DE JUNHO ; A DO ES-
TADO DAS FURNAS NESSE MESMO DIA, A EX-
PERIENCIA FEITA PARA SE TIRAR O ENXOFRE
DAS MESMAS FURNAS.
POR
LUIZ ANTONIO DE ARAUJO.

LISBOA,
NA TYPOGRAPHIA CHALCOGRAPHICA E LITTERARIA
DO ARCO DO CEGO.
M.DCCCI.
Por ordem Superior.

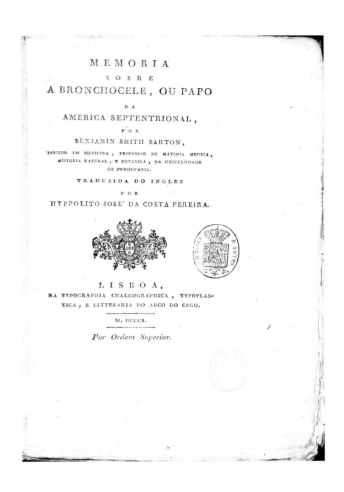

7

BARTON, Benjamin Smith, 1766-1855
Memoria sobre a bronchocele, ou papo da America septentrional, / por Benjamin Smith Barton... ; traduzido do inglez por Hyppolito José da Costa Pereira. – Lisboa : Na Tipographia Chalcographica, Typoplastica, e Litteraria do Arco do Cego, 1801. – [10], VII-X,[4], XI-XVII, [1], 86 p. ; 4.º (19 cm).

Inoc. vol. III, p.198; G. R. Trad. Port. I-2355; NUC NB 0164309.

S.A. 9265 P. – Enc. inteira de pele marmoreada. Filete na lombada marcando falsos nervos. Rótulo vermelho com o título inscrito.

8

BERTHOLLET, Claude Louis, conde de, 1748-1822
Descripção do branqueamento dos tecidos, e fiados
de linho, e algodão, pelo acido muriatico oxigenado,
e de outras suas propriedades, relativas as artes /
por Berthollet; traduzida do francez em linguagem
portugueza... – Lisboa : na Typographia
Chalcographica, Typoplastica, e Litteraria do Arco
do Cego, 1801. – 36 p. : 1 grav. desdobr. ; 4.º
(22 cm).

BB II-342; G. R. Trad. Port. I-2357.

S.A.16962 P. – Enc. em papel marmoreado sobre pastas de cartão,
sendo a lombada e o rótulo, colocado ao centro da pasta superior,
em carneira tinta de verde escuro.

9

BERTRAND, Philippe, 1730-1811?
Tractado da agua relativamente a economia rustica,
ou da rega, ou irrigação dos prados, / por
M. Bertrand... ; e traduzido... ; [pref. de José
Mariano da Conceição Veloso]. – Lisboa :
Na Typographia Chalcographica, Typoplastica e
Litteraria do Arco do Cego, 1801. – [4], 120, [4]
p. : 7 grav. ; 4.º (21 cm).

Inoc. vol. v, p. 57; G. R. Trad. Port. I-2223; Saldanha da Gama, 137.

BINCM 6-2- D-2-1/16.

ODE A' PAZ

POR

FRANCISCO JOAQUIM BINGRE;

IMPRESSA

POR ORDEM SUPERIOR.

LISBOA,

NA TYPOGRAPHIA CHALCOGRAPHICA, TYPOPLAS-
TICA, E LITTERARIA DO ARCO DO CEGO.

M. DCCCI.

10

BINGRE, Francisco Joaquim, 1763-1856
Ode à Paz / por Francisco Joaquim Bingre... – Lisboa :
Na Typographia Chalcographica, Typoplastica, e
Litteraria do Arco do Cego, 1801. – 7 p. ; 4.º
(20 cm).

Bibliogr. consultada não refere.

L. 25873//11 P. – Enc. com outras obras.
L. 37224//10 P. – Enc. com outras obras.
L. 9162//3 V. – Enc. com outras obras.

AOS FAUSTISSIMOS ANNOS

DO

SERENISSIMO

PRINCIPE REGENTE,

NOSSO SENHOR

ELOGIO

PARA SE RECITAR NO THEATRO
DA RUA DOS CONDES;

COMPOSTO

POR

MANOEL MARIA DE BARBOSA DU BOCAGE.

LISBOA.

NA TYPOGRAPHIA CHALCOGRAPHICA, TYPOPLASTICA,
E LITTERARIA DO ARCO DO CEGO.

M. DCCCI.

Por Ordem Superior.

11

BOCAGE, Manuel Maria de Barbosa du, 1765-1805
Aos faustissimos annos do Serenissimo Principe
Regente, Nosso Senhor: Elogio para se recitar no
Theatro da Rua dos Condes / composto por Manoel
Maria de Barbosa du Bocage. – Lisboa : Na
Typographia Chalcographica, Typoplastica, e
Litteraria do Arco do Cego, 1801. – 7 p. ; 4.º
(21 cm).

Inoc. vol. VI, p. 49, refere ed., de 1802, da Régia Oficina Tipográfica.

L. 44851 V.
L. 11932//113 V. – Enc. com outras obras.

12

BOSSE, Abraham, 1602-1676
Tratado da gravura a agua forte, e a buril, e em
maneira negra com o modo de construir as prensas
modernas, e de imprimir em talho doce / por
Abraham Bosse; traduzida do francez... ; por José
Joaquim Viegas Menezes. – Nova edição. – Lisboa :
Na Typographia Chalcographica, Typoplastica, e
Litteraria do Arco do Cego, 1801. – [8], X, 190
p. : [1], 21 grav.; 4.º (21 cm).

BB I-99; G. R. Trad. Port. I-2360.

B.A. 413 P. – Enc. em pele marmoreada sobre pastas de cartão.
Falsos nervos gravados na lombada rematam rótulo vermelho,
colado, contendo o título.
B.A. 1825// 26 P. – Enc. com outras obras.

TRATADO DA GRAVURA
Á
AGUA FORTE, E A BURIL, E EM MANEIRA NEGRA COM
O MODO DE CONSTRUIR AS PRENSAS MODERNAS,
E DE IMPRIMIR EM TALHO DOCE.
POR
ABRAHAM BOSSE
GRAVADOR REGIO.
NOVA EDIÇÃÕ
TRADUZIDA DO FRANCEZ
DEBAIXO DOS AUSPICIOS E ORDEM
DE
SUA ALTEZA REAL,
O PRINCIPE REGENTE,
NOSSO SENHOR,
POR
JOSÉ JOAQUIM VIEGAS MENEZES
PRESBYTERO MARIANNENSE.

LISBOA.
NA TYPOGRAPHIA CHALCOGRAPHICA, TYPOPLASTICA,
E LITTERARIA DO ARCO DO CEGO.

M. DCCCI.

13

BOTELHO, José de São Bernardino, 1742-1827
Ode ao feliz governo de S. Alteza Real o Principe
Regente Nosso Senhor / do velho abbade de S. João
Baptista de Gondar José de S. Bernardino Botelho. –
Lisboa: Na Offic. da Casa Litteraria do Arco de Cego,
1800. – 8 p. ; 4.º (19 cm).

Inoc. vol. IV, p. 273.

L. 25335//14 P. – Enc. com outras obras.
L. 25495//21 P. – Enc. com outras obras.

ODE
AO FELIZ GOVERNO
DE
S. ALTEZA REAL
O PRINCIPE REGENTE
NOSSO SENHOR,
DO
VELHO ABBADE DE S. JOÃO BAPTISTA
DE GONDAR
JOSÉ DE S. BERNARDINO BOTELHO.

LISBOA,
NA OFFIC. DA CASA LITTERARIA DO ARCO DO CEGO.

M. DCCC.

PHITOGRAPHIA
LUSITANIAE SELECTIOR,
SEU
NOVARUM ET ALIARUM MINUS COGNITARUM STIRPIUM,
QUAE IN LUSITANIA SPONTE VENIUNT,
DESCRIPTIONES.

FASCIC. I.us

AUCTORE
FELICE AVELLAR BROTERO,
D. M. AC PH., BOTAN. ET AGRIOL. IN ACAD. CONIMBR. PROF., HORTI REG.
CONIMB. PRAEF. SOCIET. LINN. LONDINENSIS, ETC. SODALIS,

OLISSIPONE,
TYPOGRAPHIA DOMUS CHALCOGRAPHICAE, TYPOPLASTICAE, AC LITTERARIAE
AD ARCUM CAECI.
M. DCCCI.
Cum facultate S. R. Cels.

14

BROTERO, Félix de Avelar, 1744-1828
Phitographia lusitaniae selectior: seu novarum et aliarum minus cognitarum stirpium, quae in Lusitania sponte veniunt, descriptiones: fasc. I.us / auctore Felice Avellar Brotero... – Olissipone : Typographia Domus Chalcographicae, Typoplasticae, ac Litterariae ad Arcum Caeci, 1800. – [8], 74, [6] p. : 8 grav. ; 2.º (30 cm).

2.ª ed. Olissipone: Typographia Domus Chalcographicae, Typoplasticae, ae Litterarieae ad Arcum Caeci, 1801. – Inoc. vol. II, p. 261.

S.A. 1884 A. – Enc. em papel marmoreado sobre pastas de cartão com cantos e lombada em pele castanha igualmente marmoreada. Rótulo vermelho contendo o título e o nome do autor gravados a ouro.
S.A. 891A. – 2.ª ed.

15

CÂMARA, Manuel Arruda da, 1752-1810, O.C.
Memoria sobre a cultura dos algodoeiros, e sobre o
methodo de o escolher, e ensacar, etc. em que se
propoem alguns planos novos, para o seu
melhoramento... / por Manuel Arruda da Camara... ;
impressa... por Fr. Joze Mariano da Conceição
Velloso. – Lisboa : Na Officina da Casa Litteraria do
Arco de Cego, 1799. – [6], V, [1], 80, [5] p. : 7 grav.
desdobr. ; 4.º (19 cm).

Inoc. vol. v, p. 56; BB I-127.

S.A. 28128 P. – Ex. restaurado.

MEMORIA
SOBRE A CULTURA DOS ALGODOEIROS,
E SOBRE O METHODO DE O ESCOLHER,
E ENSACAR, ETC.
EM QUE SE PROPOEM ALGUNS PLANOS NOVOS,
PARA O SEU MELHORAMENTO,
OFFERECIDA
A S. A. REAL,
O PRINCIPE REGENTE
NOSSO SENHOR.
POR MANUEL ARRUDA DA CAMARA,
Formado em Medicina, e Filosophia,
e Socio de varias Academias, etc.
IMPRESSA
DE ORDEM DO MESMO SENHOR
POR Fr. JOZE MARIANO DA CONCEIÇAÕ VELLOSO.

LISBOA,
NA OFFICINA DA CASA LITTERARIA
DO ARCO DO CEGO,
ANNO DE M DCCLXXXXIX.

CARDOSO, José Francisco ver MORAIS, José
Francisco Cardoso de

CASTEL, René Richard Louis de, 1758-1832
As plantas, poema / [Ricardo de Castel ; trad. da
II edição verso a verso... por Manoel Maria de
Barbosa du Bocage]. – Lisboa : Typographia
Chalcographica, Typoplastica, e Litteraria do Arco
do Cego, 1801. – [2], XV, [1], 181, [3] p. : 5 grav. e 8
vinhetas. ; 4.º (19cm).

Ed. bilingue: francês/português. – Inoc. vol. VI, p. 49; G. R. Trad.
Port. I-2327; NUC NC 0192278; Saldanha da Gama, 175.

L. 2429 V. – Enc. de pele marmoreada. Falsos nervos marcados por
filete ondulado gravado a ouro. Rótulo preto na 2.ª casa contendo
título. Corte das folhas ponteado.

AS PLANTAS,
POEMA.

CATALOGO
DAS OBRAS POETICAS.

IMPRESSAS NA OFFICINA CHALCOGRAPHICA DO ARCO
DO CEGO.

Poema sobre as façanhas dos Portuguezes na Expedi-
cão de Tripoli, em Latim , e Portuguez , 4.º (Cardoso , e Bocage).
—— sobre os Jardins , em Francez , e Portuguez , 4.º
(Delille , e Bocage)
—— sobre o Consorcio das Flores , em Latim , e Portuguez , 8.º (Lacroix , e Bocage).
—— de Poeto seu Tabaco , 4.º (Thori).
Cantata , a Vassallagem.
Ode á Paz , (Bingre).
—— (pelo Abbade de Gondara).

Debaixo do Prelo.

Poema sobre a Agricultura , em Francez , e Portuguez ,
4.º (Rousset , e Bocage).
—— sobre a Contemplação da Natureza , 4.º (Macedo).

Estas obras se vendem na loge da Officina Chalcografica ao Rocio. Na da Viuva Bertrand e Filho ,
na de Borel e Martin ao Chiado. Na de Semiond em
Coimbra. Na de Antonio Alvares Ribeiro no Porto.
Na mesma loge ao Rocio se vendem tambem Retratos em preto , e illuminados , gravados por artistas Portuguezes ; e caracteres typographicos de toda
a qualidade elegantemente abertos por Artistas Nacionaes.

FRONTISPICIO.

C. LINNÉ.

Tudo tu conheceste, e ensinas tudo.

17

CHABOUILLÉ

Manual pratico do lavrador, com hum tratado sobre
as abelhas, / por Chabouillé ; traduzido do frances...
por José Ferreira da Silva... – Lisboa : Na
Typographia Chalcographica, e Litteraria do Arco do
Cego, 1801. – 212, [2] p. : [1], [3] grav. desdobr. ; 4.º
(20 cm).

Inoc. vol. IV, p. 333; BB II-260; G. R. Trad. Port. I-2362.

S.A. 6961//4 P. – Enc. com obras do mesmo tema.

MANUAL PRATICO
DO
LAVRADOR,
COM HUM TRATADO
SOBRE
AS ABELHAS,
POR CHABOUILLÉ,
TRADUZIDO DO FRANCES POR ORDEM
DE
S. ALTEZA REAL
O PRINCIPE REGENTE
NOSSO SENHOR,
POR
JOSÉ FERREIRA DA SILVA
NATURAL DE SANTA LUZIA DO SABARÁ'.

LISBOA,
NA TYPOGRAPHIA CHALCOGRAPHICA E LITTERARIA
DO ARCO DO CEGO.
M. DCCCI.

18

CLERK, John, 1728-1812

Ensaio de tactica naval, / por João Clerk; traduzido
livremente do inglez... por Manoel do Espirito Santo
Limpo... – Lisboa: Na Typographia Chalcographica,
e Litteraria do Arco do Cego, 1801. – 2 vol. : 1.º vol.
– [12], VIII, 84 p. : 30 grav. desdobr. ; 2º vol. – [8],
72 p. : 22 grav. desdobr. ; 2.º (30 cm).

Inoc. vol. V, p. 412; G. R. Trad. Port. I-2363.

S.A. 933-34 A. – Enc. em carneira com efeito esponjado sobre
pastas de cartão. No dorso, casas fechadas com florão central, na
4.ª casa indicação de vol. Rótulo vermelho contendo o título.
Guardas em papel estampilhado de origem francesa?

ENSAIO
DE
TACTICA NAVAL,
POR
JOAÕ CLERK;
TRADUZIDO LIVREMENTE DO INGLEZ,
(I. Tomo, Ediçaõ de 1790; II. Tomo, Ediçaõ de 1797.)
DE ORDEM
DE SUA ALTEZA REAL,
O PRINCIPE REGENTE NOSSO SENHOR,
POR
MANOEL DO ESPIRITO SANTO LIMPO,
CAPITAÕ DE FRAGATA DA ARMADA REAL, ETC.

TOM. I.

LISBOA,
NA TYPOGRAPHIA CHALCOGRAPHICA, E LITTERARIA DO ARCO DO CEGO.
ANNO M. DCCCI.

ENSAIO
DE
TACTICA NAVAL;
POR
JOAÕ CLERK;
TRADUZIDO LIVREMENTE DO INGLEZ,
(I. Tomo, Ediçaõ de 1790; II. Tomo, Ediçaõ de 1797.)
DE ORDEM
DE SUA ALTEZA REAL,
O PRINCIPE REGENTE NOSSO SENHOR,
POR
MANOEL DO ESPIRITO SANTO LIMPO,
CAPITAÕ DE FRAGATA DA ARMADA REAL, ETC.

TOM. II.

LISBOA,
NA TYPOGRAPHIA CHALCOGRAPHICA, E LITTERARIA DO ARCO DO CEGO.
ANNO M. DCCCI.

COLECÇÃO DE MEMÓRIAS SOBRE A QUÁSSIA AMARGA
Collecção de memorias sobre a quassia amarga, e simaruba, (*Com Estampas*) / traduzidas... por Fr. José Mariano Velloso. – Lisboa : Na Typographia Chalcographica, e Litteraria do Arco do Cego, 1801. – [2], 39 p. : [6] grav. aguareladas ; 4.º (20 cm).

Inoc. vol. v, p. 56; BB II-342; G.R. Trad. Port. 2347; Saldanha da Gama, 43, atribui a trad. a Veloso.

S.A. 34727 V. – Grav. aguareladas. Enc. brochada em papel marmoreado manualmente.
S.A. 6326 P. – Grav. aparadas. Enc. com outras obras.
S.A. 20344//15 P. – Grav. aguareladas e aparadas. – Enc. com outras obras.

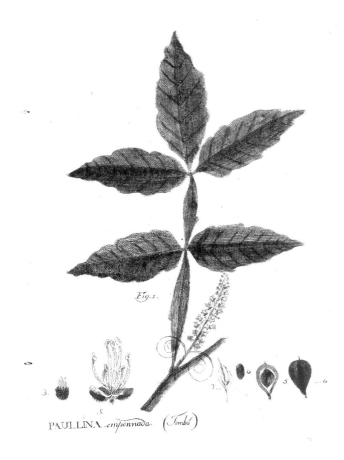

20

COMPARETTI, André, 1746-1801
Observações sobre a propriedade da quina do Brasil,
/ por Andre Comparetti P. P. P. ; traduzidas do
italiano... por José Ferreira da Silva... – Lisboa : Na
Typographia Chalcographica, e Litteraria do Arco do
Cego, 1801. – 53 p. : 1 grav. ; 4.º (19 cm).

Inoc. vol. IV, p. 333; BB II-261; G. R. Trad. Port. I-2352.

S.A. 6368 P. – Enc. de papel pintado sobre pastas de cartão,
lombada em carneira verde. O rótulo na mesma pele, colado no
centro da pasta superior, contém o título da obra gravado a ouro.

OBSERVAÇÕES
SOBRE
A PROPRIEDADE DA QUINA
DO BRASIL,
POR
ANDRE COMPARETTI P.P.P.
TRADUZIDAS DO ITALIANO POR ORDEM
DE
S. ALTEZA REAL
O PRINCIPE REGENTE
NOSSO SENHOR,
POR
JOSÉ FERREIRA DA SILVA
NATURAL DE SANTA LUZIA DO SABARÁ.

LISBOA,
NA TYPOGRAPHIA CHALCOGRAPHICA E LITTERARIA
DO ARCO DO CEGO.

M. DCCCI.

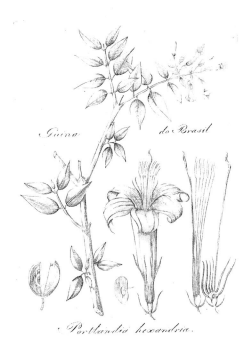

Quina   do Brasil

Portlandia hexandria.

Portlandia hexandria. (L.)
Ad Cinchonæ genus spectat, monente Valh.
(Gmelin Syst. Nat. Edit. 13.ª Lugduni 1796.)

Compendio de agricultura resumido de varias memorias, e cartas offerecidas à Sociedade de Bath / traduzidas do inglez... por Ignacio Paulino de Moraes. – Lisboa, 1801-1803. – 5 vol. : 1.º vol. – Na Typographia Chalcographica, Typoplastica, e Litteraria do Arco do Cego, 1801. – 336, [3] p. ; 2.º vol. – Na Regia Officina Typographica, 1802. – [2], IV, 188, p. : 21 grav. ; 3.º vol. – Na Regia Officina Typographica, 1802. – LIV, 316, [1] p. ; 4.º vol. – Na Regia Officina Typographica, 1802. – XXXVI, 249, [1]: 1 grav. desdobr. ; 5.º vol. – Na Regia Officina Typographica, 1803. – XXXVII, [1], 476, [2] p. : 6 grav. ; 8.º (21 cm).

Os rostos diferem: os do vol. 1.º e do vol. 3.º são idênticos; vol. 2º: «Compendio de agricultura, e collecção de maquinas e instrumentos, novamente inventados, e actualmente praticados em algumas provincias do reino de Inglaterra...»; vol. 4.º: «Compendio de agricultura, e tratado sobre as batatas...»; vol. 5.º: «Compendio de agricultura, e tratado sobre a plantaçao das arvores, tanto silvestres, como de fruto...». – Inoc. vol. III, p. 213; G. R. Trad. Port. I-2219.

S.A. 6653-57 P. – Enc. em pele esponjada sobre pastas de cartão. Dorso com quatro nervos delineados por filete vegetalista. Indicação do número de volume inscrita na 4.ª casa.

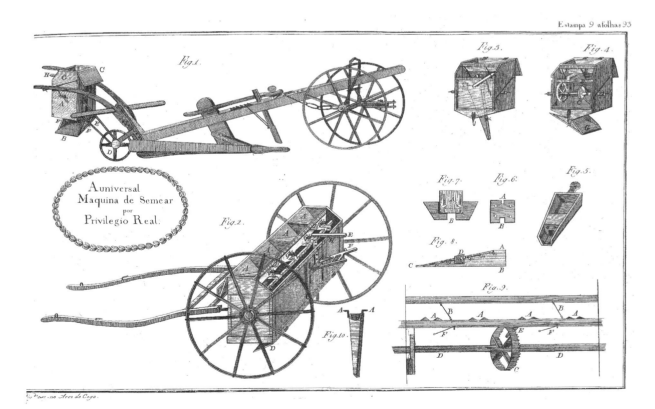

22

CONSIDERAÇÕES CÂNDIDAS E IMPARCIAIS SOBRE A
NATUREZA DO COMÉRCIO DO AÇÚCAR

Conciderações candidas e imparciaes sobre a
natureza do commercio do assucar; e importancia
comparativa das ilhas britannicas, e francezas das
Indias occidentaes, nas quaes se estabelece o valor,
e consequencias das ilhas de Santa Luzia, e
Granada, / trasladadas do inglez... por Antonio
Carlos Ribeiro de Andrade... ; publicadas por Fr. Joze
Mariano Velloso. – Lisboa: Na Offic. da Casa
Litteraria do Arco do Cego, 1800. – [4], 210 p. : 3
grav. desdobr. ; 4.º (20 cm).

Inoc. vol. I, p. 104, refere uma ed. de 1804; BB II-254; G. R. Trad.
Port. I-2176, cita ed. de 1799, em I-2574, ed. de 1804.

S.C. 527 V. – Enc. inteira de pele marmoreada sobre pastas de
cartão. Falsos nervos marcados por filete triplo. Rótulo vermelho
tem inscrito o nome do ed. lit. e o título.
S.C. 3422 P. – Enc. em papel estampilhado.

CONCIDERAÇÕES CANDIDAS
E
IMPARCIAES
SOBRE A NATUREZA
DO
COMMERCIO DO ASSUCAR ;
E IMPORTANCIA COMPARATIVA
DAS ILHAS BRITANNICAS , E FRANCEZAS
DAS INDIAS OCCIDENTAES,
NAS QUAES SE ESTABELECE O VALOR , E CON-
SEQUENCIAS DAS ILHAS DE SANTA
LUZIA, E GRANADA,
TRASLADADAS DO INGLEZ
DEBAXO DOS AUSPICIOS, E ORDEM
DE
S. ALTEZA REAL,
O PRINCIPE REGENTE
NOSSO SENHOR.
POR
ANTONIO CARLOS RIBEIRO DE ANDRADE
Formado em Leis , e Bacharel em Philosophia.
PUBLICADAS
POR
Fr. JOZE MARIANO VELLOSO.

LISBOA,
NA OFFIC. DA CASA LITTERARIA DO ARCO DO CEGO.
ANNO M. DCCC.

CONTINUAÇÃO DA RELAÇÃO DAS MEMÓRIAS
ver RELAÇÃO DAS MEMÓRIAS...

23

COSTA, Vicente José Ferreira Cardoso da, 1765-1834
Oração dirigida ao Muito Alto e Muito Poderoso
Senhor D. João Principe Regente de Portugal, / pelo
desembargador Vicente José Ferreira Cardoso da
Costa, offerecendo-lhe a medalha, que a cidade do
Porto mandou cunhar para memoria do dia, em que
o mesmo Senhor se dignou de começar a reger estes
reinos no seu Real Nome. – Lisboa : Na Offic. da
Casa Litteraria do Arco de Cego, 1800. – 14 p. : [1]
grav. [representando a medalha datada de 1799] ;
4.º (20cm).

Inoc. vol. VII, p. 429.

RES. 2939// 11 P. – Enc. com outras obras.

MEMORIA

RELATIVA

AOS

ECLIPSES DO SOL

VISIVEIS EM LISBOA,

DESDE 1800 ATE' 1900 INCLUSIVAMENTE.

POR

Mr. DAMOISEAU DE MONFORT.

ANNO 1801.

OBSERVAÇÕES
SOBRE AS
ENFERMIDADES DOS NEGROS,
SUAS CAUSAS, SEUS TRATAMENTOS, E OS MEIOS
DE AS PREVENIR,
POR Mr. DAZILLE,
MEDICO, PENSIONARIO DO REI, ANTIGO CIRURGIAÕ MÓR
DAS TROPAS DE CAYENNA, DOS HOSPITAES DA ILHA
DE FRANÇA,
etc. etc. etc.
TRADUZIDAS NA LINGUA PORTUGUEZA,
DEBAIXO DOS AUSPICIOS E ORDEM
DE
SUA ALTEZA REAL
O PRINCIPE REGENTE N. S.
POR
ANTONIO JOSE' VIEIRA DE CARVALHO,
CIRURGIAÕ MÓR DO REGIMENTO DE CAVALLERIA REGULAR
DA CAPITANIA DE MINAS GERAES; E LENTE DE ANA-
TOMIA, CIRURGIA, E OPERAÇÕES NO HOSPITAL
REAL MILITAR
DE
VILLA RICA.

LISBOA,
NA TYPOGRAPHIA CHALCOGRAPHICA, TYPOPLAS-
TICA, E LITTERARIA DO ARCO DO CEGO.
M. DCCCI.

24
DAMOISEAU DE MONTFORT, Marie Charles Théodore, barão de Damoiseau, 1768-1846
Memoria relativa aos eclipses do sol visiveis em Lisboa, desde 1800 até 1900 inclusivamente. / Por Mr. Damoiseau de Monfort. – Lisboa : Na Typographia Chalcographica, Typoplastica, e Litteraria do Arco do Cego, 1801. – [10] p. : [10] grav., 2 a 2 em 5 fl. ; 2.º (36 cm).

Inoc. vol. VI, p.136.

S.A. 4976//4 A. – Enc. com outras obras.

25
DAZILLE, Jean Barthélemy, ca. 1722-1812
Observações sobre as enfermidades dos negros, suas causas, seus tratamentos, e os meios de as prevenir, / por Mr. Dazille... ; traduzidas na lingua portugueza... por Antonio José Vieira de Carvalho... – Lisboa: Na Typographia Chalcographica, Typoplastica, e Litteraria do Arco do Cego, 1801. – [2], 189, [3] p. ; 4.º (22 cm).

Inoc. vol. VIII, p. 221; G. R. Trad. Port. I-2365.

S.A. 9056 P. – Pert. carimbo «Legado à Escola pelo Dr. Simão Joze Fernandes», carimbo «Este livro foi vendido... Faculdade de Medecina de Lisboa...»
S.A. 28970 V.

26

DELILLE, Jacques, 1738-1813

Os jardins, ou a arte de aformosear as paizagens, poema / de Mr. Delille... ; traduzido em verso... por Manoel Maria de Barbosa du Bocage. – Lisboa : Na Typographia Chalcographica, e Litteraria do Arco do Cego, 1800. – VII, [1], 157 p. : 8 vinhetas; 4.º (20 cm).

Ed. bilingue: francês/português. – G. R. Trad. Port. I-2207, 2251; Saldanha da Gama, 175.

L. 2427 V. – Enc. inteira de pele marmoreada. Falsos nervos indicados por filete ondulado. Rótulo com o título gravado a ouro.

OS JARDINS,
OU
A ARTE DE AFORMOSEAR AS PAIZAGENS,
POEMA
DE
Mr. DELILLE,
DA ACADEMIA FRANCEZA,
TRADUZIDO EM VERSO
DE ORDEM
DE
S. ALTEZA REAL
O PRINCIPE REGENTE,
NOSSO SENHOR,
POR
MANOEL MARIA DE BARBOSA
DU BOCAGE.

LISBOA.
NA TYPOGRAPHIA CHALCOGRAPHICA,
E LITTERARIA DO ARCO DO CEGO.

ANNO M. DCCC.

CATALOGO
DAS OBRAS DE MEDICIN
IMPRESSAS NA OFFICINA CHALCOGRAPHICA DO
DO CEGO.

Quinografia Portugueza, ou Collecção de Varias rias sobre 25 especies de Quina, 8.º 1799. 17 Estampas illuminadas. Collec.
Methodo de Curar a Peste com Azeite, 8.º 1797. teld.) Traduc.
Memoria sobre a planta da Quassia. Collec.
Memoria sobre a Quina do Brasil (Comparetti.)
Memoria sobre a Quina amarella.
Memoria sobre as molestias dos Agricultores (Fall Traduc.
Memoria sobre a Bronchocele, ou Papo. Traduc.

Estas obras se vendem na loge da Officina cografica ao Rocio. Na da Vicva Bertrand e na de Borel ao Chiado. Na de Estevão Semion Coimbra. Na de Antonio Alvares Ribeiro no Por Na mesma loge ao Rocio se vendem tamber tratos em preto, e illuminados, gravados por tas Portuguezes; e caracteres typographicos a qualidade elegantemente abertos por Nacionae

27

DICKSON, James, 1738-1822

Fasciculus plantarum cryptogamicarum Britanniae Lusitanorum botanicorum in usum... / Jacobi Dickson; curante Fr. Josepho Mariano Veloso. – Ulysipone : Typographia Domus Chalcographicae, ac Litterariae ad Arcum Caeci,1800. – [4], 94 p. : 18 grav. ; 4.º (20 cm).

Inoc. vol. v, p. 56; BB II-340; NUC ND 0255855.

S.A. 6324 P. – Enc. em pele marmoreada sobre pastas de cartão. Corte das folhas ponteado a cores. S.A. 32399 P.

JACOBI DICKSON
FASCICULUS
PLANTARUM
CRYPTOGAMICARUM
BRITANNIAE
LUSITANORUM BOTANICORUM
IN USUM,
CELSISSIMI AC POTENTISSIMI
LUSITANIAE
PRINCIPIS REGENTIS
DOMINI NOSTRI,
ET JUSSU, ET AUSPICIIS
DENUO TYPIS MANDATUS,
CURANTE
Fr. JOSEPHO MARIANO VELOSO.

ULYSIPONE,
TYPOGRAPHIA DOMUS CHALCOCRAPHICAE, AC LIT-
TERARIAE AD ARCUM CAECI.

M. DCCC.

DISCURSOS APRESENTADOS
A'
MEZA DA AGRICULTURA
SOBRE VARIOS OBJECTOS RELATÍVOS A' CULTURA,
E MELHORAMENTO INTERNO DO REINO:
TRADUZIDOS DA LINGUA INGLEZA
DEBAIXO DOS AUSPICIOS E ORDEM
DE
SUA ALTEZA REAL
O PRINCIPE REGENTE
NOSSO SENHOR
PELO BACHAREL
JOSÉ FELICIANO FERNANDES PINHEIRO.

LISBOA,
NA TYPOGRAPHIA CHALCOGRAPHICA, E LITTERARIA
DO ARCO DO CEGO.
ANNO M. DCCC.

TRACTADO
SOBRE A CULTURA, USO,
E
UTILIDADE
DAS
BATATAS , OU PAPAS
SOLANUM TUBEROSUM,
E
INSTRUCÇÃO
PARA A SUA MELHOR PROPAGAÇÃO,
POR
D. HENRIQUE DOYLE.
TRADUZIDO DO HESPANHOL
DE
ORDEM SUPERIOR,
POR
FR. JOSÉ MARIANO
VELLOSO.
✳═✳═✳
LISBOA,
NA TYPOGRAPHIA CHALCOGRAPHICA,
E LITTERARIA DO ARCO DO CEGO.
ANNO M. DCCC.

28

DISCURSOS APRESENTADOS À MESA DA AGRICULTURA
Discursos apresentados à Meza da Agricultura sobre varios objectos relativos à cultura, e melhoramento interno do Reino / traduzidos da lingua ingleza... pelo bacharel José Feliciano Fernandes Pinheiro. – Lisboa : Na Typographia Chalcographica, e Litteraria do Arco do Cego, 1800. – VII, [3], 150, [1] p. : 39 i.é 41 grav. ; 4.º (26 cm).

Inoc. vol. IV, p. 321; G. R. Trad. Port. I-2235.

S.C. 8017 V. – Pert. carimbo: «Legado à Escola pelo Dr. Simão Joze Fernandes.»
S.C. 9730 V.

29

DOYLE, Henry
Tractado sobre a cultura, uso, e utilidade das batatas, ou papas *solanum tuberosum*, e instrucção para a sua melhor propagação, / por D. Henrique Doyle; traduzido do hespanhol... por Fr. José Mariano Velloso. – Lisboa : Na Typographia Chalcographica, e Litteraria do Arco do Cego, 1800. – [2], 122, [3] p. ; 8.º (15 cm).

Inoc. vol. V, p. 57; BB II-341; G. R. Trad. Port. I-2227; Saldanha da Gama, 118; NUC ND 0361438.

S.A. 20324 P.
S.A. 28516 P.
S.A. 20221 P.

30

Du FRESNOY, Charles Alphonse, 1611-1665
A arte da pintura / de C. A. do Fresnoy ; traduzida do francez em portuguez, e exposta aos candidatos, e amadores desta bella arte... por Jeronymo de Barros Ferreira... – Lisboa: Na Typographia Chalcographica, Typoplastica, e Litteraria do Arco do Cego, 1801. – 58, [1] p. ; 4.º (21 cm).

Inoc. vol. II, p. 258; BB II-341; G. R. Trad. Port. I-2371.

S.A. 12699//2 V. – Enc. com outras obras.

A ARTE
DA PINTURA
DE C. A. DO FRESNOY,
TRADUZIDA DO FRANCEZ EM PORTUGUEZ,
E EXPOSTA AOS CANDIDATOS, E AMADORES DESTA
BELLA ARTE.
DEBAIXO DOS AUSPICIOS, E ORDEM
DE SUA ALTEZA REAL
O PRINCIPE REGENTE N. S.
POR
JERONYMO DE BARROS FERREIRA
PROFESSOR DE DESENHO, E PINTURA HISTO-
RICA NESTA CORTE.

LISBOA.
NA TYPOGRAPHIA CHALCOGRAPHICA, TYPOPLASTI-
CA, E LITTERARIA DO ARCO DO CEGO.
M. DCCCI.

31

DUHAMEL DU MONCEAU, 1700-1791
Arte do carvoeiro ou methodo de fazer carvão de madeira, / por M. Duhamel du Monceau ; traduzida... por Paulo Rodrigues de Sousa. – Lisboa : Na Typographia Chalcographica,Typoplastica, e Litteraria do Arco do Cego, 1801. – [2], 63, [2] p. : 1 grav.; 4.º (21 cm).

Inoc. vol. VI, p. 372; G. R. Trad. Port. I-2366.

S.A. 28148 P. – Pert. ms. «Ant.[ónio] R. Passos Agronomo.»

ARTE DO CARVOEIRO
OU
METHODO DE FAZER CARVAÕ
DE MADEIRA,
POR
M. DUHAMEL DU MONCEAU,
TRADUZIDA
DE ORDEM SUPERIOR
POR
PAULO RODRIGUES DE SOUSA.

LISBOA,
NA TYPOGRAPHIA CHALCOGRAPHICA,
E LITTERARIA DO ARCO DO CEGO.
ANNO M. DCCCI.

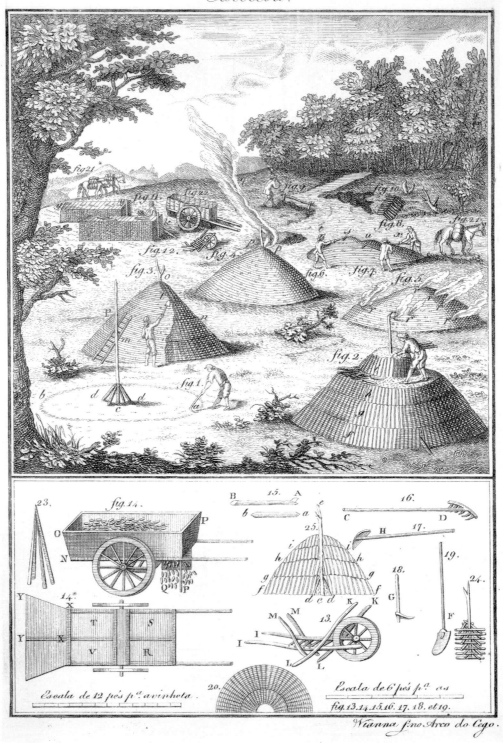

Vianna f.no Arco do Cego.

[31]

32

DutRONE la Couture, Jacques François, 1749-1814
Compendio sobre a canna, e sobre os meios de se
lhe extrahir o sal essencial, ao qual se ajuntão
muitas memorias ao mesmo respeito, dedicado à
colonia de S. Domingos / por J. F. Dutrone... ;
traduzido... por Fr. José Mariano da Conceição
Veloso. – Lisboa: Na Typographia Chalcographica,
Typoplastica, e Litteraria do Arco do Cego, 1801. –
[6], IX-XXIV 429, [1] p. : 2 vinhetas, 6 grav.
desdobr., 3 tabelas desdobr. ; 4.º (22 cm).

Inoc. vol. v, p. 57; BB II-342; G. R. Trad. Port. I-2367; Saldanha da
Gama, 61; NUC ND 0463018.

S.A. 28541 P. – Pert. ms. António Passos. – Enc. meia de pele sobre
pastas de cartão. Na lombada dois florões românticos enquadram
título gravado a ouro.

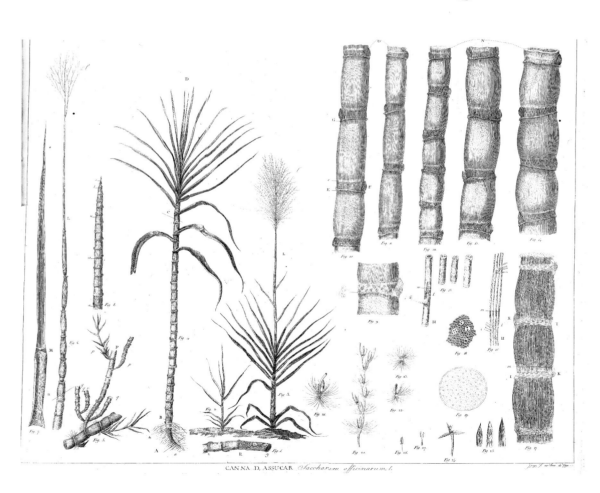

MEMORIA
SOBRE AS MOLESTIAS
DOS
AGRICULTORES,
COMPOSTA PELO
D. G. FALKONER·
FORMADO EM MEDICINA , E MEMBRO DA SO-
CIEDADE REAL DE LONDRES , etc. etc.
TRADUZIDA DO INGLEZ
POR
ORDEM SUPERIOR.

LISBOA,
NA TYPOGRAPHIA CHALCOGRAPHICA,
E LITTERARIA DO ARCO DO CEGO.

ANNO M. DCCCI.

33

FALKONER, D. G.
Memoria sobre as molestias dos agricultores, / composta pelo D. G. Falkoner... – Lisboa: Na Typographia Chalcographica, e Litteraria do Arco do Cego, 1801. – [2], 84 p. ; 4.º (18 cm).

G. R. Trad. Port. I-2368.

S.A. 28175 P. – Enc. inteira de pele marmoreada. Rótulo colado na lombada contendo o título. Corte das folhas salpicado de várias cores.
S.A. 9155 P.

HISTORIA
BREVE E AUTHENTICA
DO
BANCO DE INGLATERRA,
COM DISSERTAÇÕES SOBRE OS METAIS , MOEDA,
E LETRAS DE CAMBIO , E A CARTA
DE INCORPORAÇAÕ ;
POR
T. FORTUNE
AUTHOR DO EPITOME DOS FUNDOS, ETC.
TRADUZIDA DA SEGUNDA EDIÇAÕ DE LONDRES.
IMPRESSA POR ORDEM
DE
S. ALTEZA REAL
O PRINCIPE REGENTE,
NOSSO SENHOR,
POR
HYPOLITO JOSÉ DA COSTA PEREIRA.

LISBOA,
NA TYPOGRAPHIA CHALCOGRAPHICA,
E LITTERARIA DO ARCO DO CEGO.

ANNO M. DCCCI.

34

FORTUNE, Thomas
Historia breve e authentica do Banco de Inglaterra, com dissertações sobre os metaes, moeda, e letras de cambio, e a carta de incorporação / por T. Fortune... ; traduzida da segunda edição de Londres... por Hypolito José da Costa Pereira. – Lisboa : Na Typographia Chalcographica, e Litteraria do Arco do Cego, 1801. – 98 p. ; 4.º (22 cm).

Inoc. vol. III, p.199; G. R. Trad. Port. I-2215 (ed. de 1800) e I-2369; BN Paris LIII-801.

S.C. 553 V. – Enc. inteira de pele sobre pastas de cartão. Rótulo vermelho colado na lombada contendo o título da obra. Corte das folhas salpicado de diversas cores.

O Plano Medio pᵃ huma pequena subida.

No Arco do Cego. Freitas Gᵖ.

[35]

TRATADO DO MELHORAMENTO
DA
NAVEGAÇÃO POR CANAES,
Ó
ONDE SE MOSTRAÕ AS NUMEROSAS VANTAGENS, QUE SE PODEM TIRAR
DOS PEQUENOS CANAES, E BARCOS DE DOUS ATE' CINCO PE'S
DE LARGO, QUE CONTENHAÕ DUAS ATE' CINCO TONELADAS
DE CARGA,
COM HUMA DESCRIPÇAÕ DAS MAQUINAS PRECISAS PARA FACILITAR
A CONDUCÇÃO POR AGUA POR ENTRE OS MAIS MONTANHOSOS
PAIZES, SEM DEPENDENCIA DE COMPORTAS, E AQUEDUCTOS;
INCLUINDO OBSERVAÇÕES SOBRE A GRANDE IMPORTANCIA
DAS COMMUNICAÇÕES POR AGUA
COM REFLEXÕES E DESENHOS PARA AQUEDUCTOS, E PONTES DE FERRO,
E MADEIRA.
ILLUSTRADO COM XVIII. ESTAMPAS.
ESCRITO NA LINGUA INGLEZA
POR
ROBERTO FULTON, ENGENHEIRO CIVIL,
E TRADUZIDO PARA A PORTUGUEZA
SOB OS AUSPICIOS, E DE MANDADO
DE
S. ALTEZA REAL
O PRINCIPE REGENTE NOSSO SENHOR,
POR
ANTONIO CARLOS RIBEIRO DE ANDRADE MACHADO DA SILVA,
BACHAREL-FORMADO NA FACULDADE DE LEIS, E BACHAREL DE PHILOSOPHIA
PELA UNIVERSIDADE DE COIMBRA,
PUBLICADO POR
FR. JOSÉ MARIANO DA CONCEIÇÃO VELLOSO.

LISBOA,
NA OFFICINA DA CASA LITTERARIA DO ARCO DO CEGO.
ANNO. M. DCCC.

35
FULTON, Robert, 1764-1815
Tratado do melhoramento da navegação por canaes, onde se mostrão as numerosas vantagens, que se podem tirar dos pequenos canaes, e barcos de dous até cinco pés de largo, que contenhão duas até cinco toneladas de carga, com huma descripção das maquinas precisas para facilitar a conducção por agua por entre os mais montanhosos paizes, sem dependencia de comportas, e aqueductos; incluindo observações sobre a grande importancia das communicações por agua com reflexões e desenhos para aqueductos, e pontes de ferro, e madeira. Illustrado com XVIII. estampas. / Escrito na lingua ingleza por Roberto Fulton... ; traduzido para a portugueza... por Antonio Carlos Ribeiro de Andrade Machado da Silva... ; publicado por Fr. Jose Mariano da Conceição Velloso. – Lisboa : Na Officina da Casa Litteraria do Arco do Cego, 1800. – [16], 114 p. : 18 grav. das quais 13 desdobr. ; 4.º (25 cm).

Inoc. vol. I, p. 104; BB II-254; G. R. Trad. Port. 2229.

S.A. 8559 V.

MEMORIA
SOBRE
A IPECACUANHA FUSCA
DO BRASIL, OU CIPÓ
DAS NOSSAS BOTICAS.
IMPRESSA DE ORDEM
DE
S. ALTEZA REAL
O PRINCIPE REGENTE
NOSSO SENHOR,
E COMPOSTA
POR
BERNARDINO ANTONIO GOMES,
MEDICO D'ARMADA REAL, E CAPITAÕ DE FRAGATA
GRADUADO.

LISBOA,
NA TYPOGRAPHIA CHALCOGRAPHICA, TYPOPLASTICA,
E LITTERARIA DO ARCO DO CEGO.
M. DCCCI.

36
GOMES, Bernardino António, 1768-1823
Memoria sobre a ipecacuanha fusca do Brasil, ou cipó das nossas boticas / por Bernardino Antonio Gomes... – Lisboa : Na Typographia Chalcographica, Typoplastica, e Litteraria do Arco do Cego, 1801. – [8], 34, [2] p. : 2 grav. desdobr. ; 4.º (22 cm).

Inoc. vol. I, p. 359; BB I-304.

S.A. 6374 P. – Enc. de papel pintado, sobre pastas de cartão. Lombada em *chagrin* verde. Rótulo do mesmo material apresentando o título gravado a ouro.

37

GOMES, José Caetano

Memoria sobre a cultura, e productos da cana de
assucar offerecida... pela Mesa da Inspecção do Rio
de Janeiro / apresentada por Joze Caetano Gomes...;
publicada por Fr. Joze Mariano Velloso. – Lisboa :
Na Offic. da Casa Litteraria do Arco do Cego, 1800.
– [4], III, [1], 96 p. : 8 grav. ; 4.º (20 cm).

Inoc. vol. IV, p. 283, refere a ed. sem menção de tipografia.

S.A. 7048 P.

DESCRIPTIO
ET
ADUMBRATIO PLANTARUM
E
CLASSE CRIPTOGAMICA LINNAEI
QUAE
LICHENES
DICUNTUR.
VOLUMEN PRIMUM.
AD. GEORG. FRANC. HOFFMANN
P. P. E.
SOC. PHYSIOG. LUND. MEMB.
LUSITANORUM BOTANICORUM
IN USUM,
CELSISSIMI AC POTENTISSIMI
LUSITANIAE
PRINCIPIS REGENTIS
DOMINI NOSTRI,
ET JUSSU, ET AUSPICIIS
DENUO TYPIS MANDATA,
CURANTE
FR. JOSEPHO MARIANO VELOSO.

ULYSIPONE,
TYPOGRAPHIA DOMUS CHALCOGRAPHICÆ, AC LIT-
TERARIAE AD ARCUM CAECI.
M. DCCC.

38

HOFFMAN, D. Georg. Franc.

Descriptio et adumbratio plantarum e classe criptogamica Linnaei quae lichenes dicuntur: volumen primum [volumen secundum] / D. Georg. Franc. Hoffmann... ; curante Fr. Josepho Mariano Veloso. – Ulysipone: Typographia Domus Chalcographicae, ac Litterariae ad Arcum Caeci, 1800. – 2 vol. : 1.º vol. – [2], III, [3], 124 p. : 1 grav. p. b. em frontispício, 1 grav. p.b., 24 grav. aguareladas; 2.º vol. – Ulysipone: Typographia Domus Chalcographicae, Typoplasticae, ac Litterariae ad Arcum Caeci, 1801. – [4], 93, [2] p. : 1 grav. p. b., 25 grav. aguareladas; 4.º (20 cm).

Inoc. vol. v, p. 57; BB II-340.

S.A. 30536 P. – Falta o 2.º vol. – Enc. inteira de pele sobre pastas de cartão. Rótulo vermelho colado na lombada contendo o título. BINCM 6-2-D-2-2/29A. – Vol. 2.º cartonado com lombada e cantos de pele. Rótulo verde colado na lombada.

DESCRIPTIO
ET
ADUMBRATIO PLANTARUM
E
CLASSE CRIPTOGAMICA LINNEI,
QUAE
LICHENES
DICUNTUR
VOLUMEN SECUNDUM.
AUCTORE
D. GEORG. FRANC. HOFFMANN
MED. DOCT. MEDIC. PROFES. PUBL. ORDINAR. HORT. R. BOTAN.
PRAEFECTO, SOC. SCIENT. GOTTING. LUGD. PHYSIOGR.
LUND. HIST. NAT. PARIS. ALIARUMQUE MEMBR.
LUSITANORUM BOTANICORUM
IN USUM,
CELSISSIMI AC POTENTISSIMI
LUSITANIAE
PRINCIPIS REGENTIS
DOMINI NOSTRI,
ET JUSSU, ET AUSPICIIS
DENUO TYPIS MANDATUM,
CURANTE
FR. JOSEPHO MARIANO VELOSO.

ULYSIPONE,
TYPOGRAPHIA DOMUS CHALCOGRAPHICAE, TYPOPLASTICAE,
AC LITTERARIAE AD ARCUM CAECI.
M. DCCI.

39

HOWARD, John, 1726-1790

Historia dos principaes lazaretos d'Europa, acompanhada de diferentes memorias sobre a peste, etc. tirada da Colleção de memorias sobre os estabelecimentos d'humanidade, / por João Howard; traduzido... por José Ferreira da Silva. – Lisboa : Na Typographia Chalcographica, e Litteraria do Arco do Cego, 1800. – 117 p. ; 4.º (20 cm). – (Collecção de memorias sobre os estabelecimentos de humanidade; n.º 6).

Erratas impressas na pasta posterior. – Inoc. vol. IV, p. 333; BB II-340; G. R. Trad. Port. I-2216, cita ed. sl. sn.

H.G. 20121 P.

HISTORIA
DOS
PRINCIPAES LAZARETOS
D'EUROPA,
ACOMPANHADA DE DIFFERENTES MEMORIAS
SOBRE A PESTE, ETC.
TIRADA DA COLLEÇAÕ
DE
MEMORIAS SOBRE OS ESTABELECIMENTOS
D'HUMANIDADE,
POR JOAÕ HOWARD
MEMBRO DA SOCIEDADE REAL,
TRADUZIDO POR ORDEM
DE
S. ALTEZA REAL
O PRINCIPE REGENTE
NOSSO SENHOR
POR JOSÉ FERREIRA DA SILVA.

LISBOA,
NA TYPOGRAPHIA CHALCOGRAPHICA,
E LITTERARIA DO ARCO DO CEGO.

ANNO M. DCCC.

COLLECÇÃO
DE MEMORIAS
SOBRE
OS ESTABELECIMENTOS
DE HUMANIDADE.

N.º 6.

LISBOA,
NA TYPOGRAPHIA CHALCOGRAPHICA,
E LITTERARIA DO ARCO DO CEGO.

ANNO M. DCCC.

INSTITUTO

DOS

POBRES D'HAMBURGO.

TRADUCÇÃO DO INGLEZ PARA O ALEMÃO, E
AGORA DESTE PARA O PORTUGUEZ

POR

ILDEFONSO LEOPOLDO BAYARD.

LISBOA,

NA TYPOGRAPHIA CHALCOGRAPHICA, TYPOPLAS-
TICA, E LITTERARIA DO ARCO DO CEGO.

M. DCCCI.

Por Ordem Superior.

INSTRUCÇÃO

SOBRE

A CULTURA DAS BATATAS

TRADUZIDA DO INGLEZ

POR

ORDEM SUPERIOR.

LISBOA,

NA OFFIC. DA CASA LITTERARIA DO ARCO DO CEGO.

ANNO M. DCCC.

40

INSTITUTO DOS POBRES DE HAMBURGO
Instituto dos pobres d'Hamburgo / traducção do inglez para o alemão, e agora deste para o portuguez por Ildefonso Leopoldo Bayard. – Lisboa : Na Typographia Chalcographica, Typoplastica, e Litteraria do Arco do Cego, 1801. – [4], 67 p. : 1 tabela desdobr. ; 4.º (20 cm).

Inoc. vol. III, p. 216; G. R. Trad. Port. I-2349.

S.C. 23678 P.

41

INSTRUÇÃO SOBRE A CULTURA DAS BATATAS
Instrucção sobre a cultura das batatas / traduzida do inglez.... – Lisboa: Na Offic. da Casa Litteraria do Arco do Cego, 1800. – VI, 7-15 p. ; 4.º (20 cm).

2.ª ed. Lisboa: Na Regia Officina Typografica, 1802. – G. R. Trad. Port. I-2221.

S.A. 28456 P.

42

LACROIX, Demétrius de

O consorcio das flores / epistola de De La Croix a
seu irmão; traduzida em verso portuguez por
Manoel Maria de Barbosa du Bocage. – Lisboa:
Na Typographia Chalcographica, e Litteraria do Arco do
Cego, 1801. – VIII, 61, [3] p. : [1] grav. ; 8.º (19 cm).

Inoc. vol. VI, p. 49; G. R. Trad. Port. I-2328; Saldanha da Gama,
175.

L. 2361 V. – Enc. em papel marmoreado em tons de lilás. Lombada
em *chagrin* verde. Rótulo do mesmo material apresentando o título
gravado a ouro.
L. 2362 V.
L. 2363 V.

O CONSORCIO DAS FLORES,

EPISTOLA

DE LA CROIX

A SEU IRMAŌ,

TRADUZIDA EM VERSO PORTUGUEZ

POR

MANOEL MARIA DE BARBOSA DU BOCAGE.

Urit Amor plantas etiam suus.

Ib.

LISBOA,

NA TYPOGRAPHIA CHALCOGRAPHICA, E LITTERARIA
DO ARCO DO CEGO.

M.DCCCI.

Por Ordem Superior.

43

LAIRESSE, Gérard, 1640-1711

O grande livro dos pintores, ou arte da pintura,
considerada em todas as suas partes, e demonstrada
por principios, com reflexões sobre as obras d'alguns
bons mestres, e sobre as faltas que nelles se
encontrão / por Gerardo Lairesse; com hum
appendice no principio sobre os principios do
desenho / traducção do francez... ; [pref. de José
Mariano da Conceição Veloso]. – Lisboa : Na
Typographia Chalcographica, Typoplastica, e
Litteraria do Arco do Cego, 1801. – [4], XVII [1], 48
p. : 4 grav. desdobr. ; 4.º (22 cm).

Só o rosto difere, em tudo o mais é idêntica à obra descrita no n.º 45.
– BB II-343; G. R. Trad. Port. I-2374.

B.A. 923//8 P.

O

GRANDE LIVRO DOS PINTORES,

OU

ARTE DA PINTURA,

CONSIDERADA EM TODAS AS SUAS PARTES, E DEMONSTRADA
POR PRINCIPIOS,

COM REFLEXÕES SOBRE AS OBRAS D'ALGUNS BONS
MESTRES, E SOBRE AS FALTAS QUE NELLES
SE ENCONTRAÕ,

POR GERARDO LAIRESSE,

COM HUM APPENDICE NO PRINCIPIO

SOBRE OS PRINCIPIOS DO DESENHO

TRADUCÇAÕ DO FRANCEZ.

DE ORDEM,

E DEBAIXO DOS AUSPICIOS

DE

SUA ALTEZA REAL

O PRINCIPE REGENTE N. S.

LISBOA,

NA TYPOGRAPHIA CHALCOGRAPHICA, TYPOPLASTI-
CA, E LITTERARIA DO ARCO DO CEGO.

M. DCCCI.

PRINCIPIOS

DA

ARTE DA GRAVURA,

TRASLADADOS

DO

GRANDE LIVRO DOS PINTORES

DE GERARDO LAIRESSE

LIVRO DECIMOTERCEIRO

PARA SERVIREM DE APPENDICE AOS PRINCIPIOS DO DESENHO
DO MESMO AUTHOR , EM BENEFICIO DOS GRAVADORES
DO ARCO DO CEGO.

LISBOA,
NA TYPOGRAPHIA CHALCOGRAPHICA , TYPOPLAS-
TICA , E LITTERARIA DO ARCO DO CEGO.

M. DCCCI.

Por Ordem Superior.

44

LAIRESSE, Gérard, 1640-1711
Principios da arte da gravura, trasladados do grande
livro dos pintores de Gerardo Lairesse : livro
decimoterceiro: para servirem de appendice aos
principios do desenho do mesmo author, em
beneficio dos gravadores do Arco do Cego ; [pref. de
José Mariano da Conceição Veloso]. – Lisboa : Na
Typographia Chalcographica, Typoplastica, e
Litteraria do Arco do Cego, 1801. – [4], 42, [4] p. :
[1] grav. ; 4.º (20 cm).

BB II-342; G.R. Trad. Port. I-2375.

B.A. 1564 P. – Enc. em papel marmoreado em tons de verde.
Lombada em *chagrin* da mesma cor. Rótulo apresentando o título
gravado a ouro.

45

LAIRESSE, Gérard, 1640-1711

Principios do desenho tirados do grande livro dos
pintores, ou da arte da pintura / de Gerardo Lairesse;
traduzidos do francez para beneficio dos gravadores
do Arco de Cego... ; [pref. de José Mariano da
Conceição Veloso]. – Lisboa : Na Typographia
Chalcographica, Typoplastica, e litteraria do Arco de
Cego, 1801. – [4], XVII, [1], 48 p. : 4 grav. desdobr. ;
4.º (22 cm).

BB II-342.

B.A. 2756 //11 P. – Enc. com outras obras.
B.A. 496 //5 V. – Enc. com outras obras.

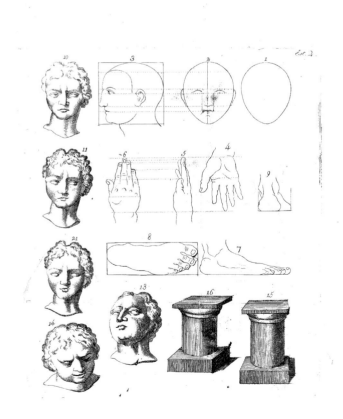

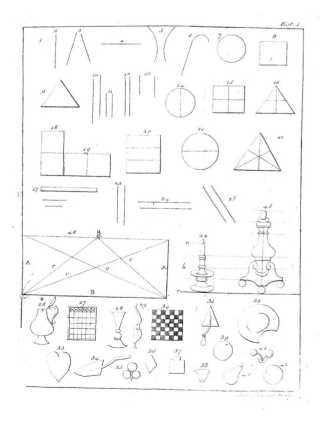

PRINCIPIOS
DE
DIREITO MERCANTIL,
E
LEIS DE MARINHA
PARA USO
DA MOCIDADE PORTUGUEZA, DESTINADA AO COMMERCIO,
TRATADO IV.
DAS LETRAS DE CAMBIO.
DE ORDEM
DE
SUA ALTEZA REAL,
O PRINCIPE REGENTE NOSSO SENHOR,
POR
JOSÉ DA SILVA LISBOA,
DEPUTADO, E SECRETARIO DA MEZA DE INSPECÇÃO DA AGRICULTURA,
E COMMERCIO DA CIDADE DA BAHIA.

TOM. IV.

LISBOA,
NA TYPOGRAPHIA CHALCOGRAPHICA, TYPOPLASTICA,
E LITTERARIA DO ARCO DO CEGO.

ANNO M. DCCCI.

46
LISBOA, José da Silva, 1756-1835
Principios de direito mercantil, e leis de marinha para uso da mocidade portugueza, destinada ao commercio... / por José da Silva Lisboa... – Lisboa, 1801-1808. – 8 vols. : t. 1.º – Lisboa : Na Impressão Régia, 1806. – [12], X, 280 p. ; t. 2.º – Lisboa : Na Impressão Régia, 1803. – 74 p. ; t. 3.º – Lisboa : Na Typographia Chalcographica, Typoplastica, e Litteraria do Arco do Cego, 1801. – [4], 103, [3] p. ; t. 4.º – Lisboa : Na Typographia Chalcographica, Typoplastica, e Litteraria do Arco do Cego, 1801. – [2], II, 184, [3] p. ; t. 5.º – Lisboa : Na Officina de Simão Thaddeo Ferreira, 1808. – IV, 119 p. ; t. 6 º, parte 1.ª – Lisboa : Na Typographia Chalcographica, Typoplastica, e Litteraria do Arco do Cego, 1801. – VIII, 110 p. ; t. 6.º, parte 2.ª – Lisboa : Na Regia Officina Tipográfica, 1803. – 4, 86 p. ; t. 7.º – Lisboa: Na Officina de Simão Thadeo Ferreira, 1808. – IV, 122, [1] p. ; 2.º (31 cm).

Inoc. vol. V, p.125.

S.C. 982-83 V. – Enc. em pele marmoreada sobre pastas de cartão. Cinco nervos delimitados por grilhão gravado a ouro. Rótulo vermelho colado na 2.ª casa contendo o título e indicação de tomo. Corte das folhas ponteado de azul.

47

MACEDO, José Agostinho de, 1761-1831
Contemplação da Natureza: poema... / por José
Agostinho de Macedo. – Lisboa : Na Typographia
Chalcographica, Typoplastica, e Litteraria do Arco
do Cego, 1801. – [4], IV, 56 p. ; 8.º (20 cm).

Inoc. vol. IV, p.187.

L. 69044 P.
L. 69048 P.

CONTEMPLAÇAÕ

DA

NATUREZA

POEMA

CONSAGRADO

A

S. ALTEZA REAL

O PRINCIPE REGENTE

NOSSO SENHOR,

POR

JOSÉ AGOSTINHO DE MACEDO.

LISBOA,

NA TYPOGRAPHIA CHALCOGRAPHICA, TYPOPLASTI-
CA, E LITTERARIA DO ARCO DO CEGO.

M. DCCCI.

De Ordem Superior.

AO REVERENDISSIMO PADRE

Fr. JOSE' MARIANO VELLOSO

FILOSOFO NATURALISTA.

EPISTOLA.

Eu respiro , oh doutissimo Velloso
Existo , e sinto regular no peito
Bater me o coraçaõ , bater-me o sangue
Que vai girando nas delgadas veias.
Ca dentro naõ sei donde , eu vejo os raios
De huma luz immortal , que mil idéas
Vai de objectos extrinsecos formando
Eu combino , e cogito : huma substancia
Mais nobre que esta que meus dedos tocaõ
Este meu ser compõe , meu ser governa.
Em suas azas voo , e deixo a Terra
E lá do espaço que naõ rasga o Raio
A Natureza inteira observo e vejo.
Q'pasmoso Theatro , que sublime

B

MEMORIA

SOBRE A QUALIDADE,

E

SOBRE O EMPREGG

DOS

ADUBOS, OU ESTRUMES

Por M. DE MASSAC,

TRADUZIDA

DE ORDEM SUPERIOR.

Arida tantum
Ne saturare fimo pingui pudeat sola, neve
Effaetos cinerem immundum jactare per agros.
Virg. Georg. Liv. I.

LISBOA,

NA TYPOGRAPHIA CHALCOGRAPHICA, TYPOPLASTICA,
E LITTERARIA DO ARCO DO CEGO.

M. DCCCI.

48

Massac

Memoria sobre a qualidade, e sobre o emprego dos adubos, ou estrumes / por M. de Massac ; traduzida... ; [pref. de José Mariano da Conceição Veloso]. – Lisboa : Na Typographia Chalcographica, Typoplastica, e Litteraria do Arco do Cego, 1801. – [4], 89, [3] p. ; 4.º (21 cm).

BB II-341; G. R. Trad. Port. I-2377; Saldanha da Gama, 137.

S.A. 6608 P. – Enc. em pele marmoreada sobre pastas de cartão. Vestígio de rótulo na lombada. Corte das folhas ponteado a azul.

O MEIO

DE SE FAZER PINTOR

EM TRES HORAS,

E DE EXECUTAR COM O PINCEL AS OBRAS DOS
MAIORES MESTRES, SEM SE TER APREN-
DIDO O DESENHO,

TRADUZIDO DO FRANCEZ.

LISBOA,

NA TYPOGRAPHIA CHALCOGRAPHICA, TYPOPLAS-
TICA, E LITTERARIA DO ARCO DO CEGO.

M. DCCCI.

Por Ordem Superior.

49

O Meio de se Fazer Pintor em Três Horas

O meio de se fazer pintor em tres horas, e de executar com o pincel as obras dos maiores mestres, sem ter aprendido o desenho, / traduzido do francez. – Lisboa : Na Typographia Chalcographica, Typoplastica, e Litteraria do Arco do Cego, 1801. – [8], 70, [1] p. ; 4.º (20 cm).

BB II-342; G. R. Trad. Port. I-2350.

B.A. 97 P. – Enc. em papel marmoreado em tons de lilás. Lombada em *chagrin* verde. Rótulo do mesmo material, colado na pasta superior, contém o título gravado a ouro.

50

MENDONÇA, Hipólito José da Costa Pereira Furtado de, 1774-1823

Descripção da arvore assucareira, e da sua utilidade e cultura... / por Hippolyto José da Costa Pereira... – Lisboa : Na Typographia Chalcographica, e Litteraria do Arco do Cego, 1800. – [2], 36 p. : [1] grav. ; 4.º (20 cm).

Inoc. vol. III, p. 199.

S.A. 11255 P. – Enc. em papel marmoreado em tons de lilás. Lombada em *chagrin* verde. Rótulo do mesmo material, colado na pasta superior, contém o título gravado a ouro.

DESCRIPÇAÕ
DA
ARVORE ASSUCAREIRA,
E
DA SUA UTILIDADE E CULTURA,
IMPRESSA
DE ORDEM SUPERIOR,
POR
HIPPOLYTO JOSÉ DA COSTA PEREIRA,
BACHAREL-FORMADO EM LEIS ETC,
ACTUALMENTE EMPREGADO NO SERVIÇO
DE S. A. R.

LISBOA,
NA TYPOGRAPHIA CHALCOGRAPHICA,
E LITTERARIA DO ARCO DO CEGO.

ANNO M. DCCC.

Acer assucareiro

Vianna f.

DESCRIPÇAÖ
DE
HUMA MAQUINA
PARA TOCAR A BOMBA
A BORDO DOS NAVIOS SEM O TRABALHO
DE HOMENS,
OFFERECIDA
A
REAL MARINHA PORTUGUEZA,
E
IMPRESSA DE ORDEM SUPERIOR,
POR
HIPPOLYTO JOSÉ DA COSTA PEREIRA,
BACHAREL-FORMADO EM LEIS ETC.
ACTUALMENTE EMPREGADO NO SERVIÇO
DE S. A. R.

LISBOA,
NA TYPOGRAPHIA CHALCOGRAPHICA,
E LITTERARIA DO ARCO DO CEGO.

ANNO M. DCCC.

51

MENDONÇA, Hipólito José da Costa Pereira Furtado de, 1774-1823
Descripção de huma maquina para tocar a bomba a bordo dos navios sem o trabalho de homens... / por Hippolyto José da Costa Pereira... – Lisboa : Na Typographia Chalcographica, e Litteraria do Arco do Cego, 1800. – 5 p. : [1] grav. ; 4.º (20 cm).

Inoc. vol. III, p.199.

S.A. 11254 P. – Enc. em papel marmoreado em tons de lilás. Lombada em *chagrin* verde. Rótulo do mesmo material, colado na pasta superior, contém o título gravado a ouro.

METHODO
COM QUE SE GOVERNA O ESTADO
DE
RAGUZA E DALMACIA,
QUANDO NOS CONFINS SE PERCEBE ALGUM
ATAQUE DE PESTE OU OUTRO MAL
CONTAGIOSO,
TRADUZIDO POR ORDEM
DE
S. ALTEZA REAL
O PRINCIPE REGENTE
NOSSO SENHOR
POR JOSÉ FERREIRA DA SILVA.

LISBOA,
NA TYPOGRAPHIA CHALCOGRAPHICA,
E LITTERARIA DO ARCO DO CEGO.

ANNO M. DCCC.

52

MÉTODO COM QUE SE GOVERNA O ESTADO DE RAGUSA E DALMÁCIA
Methodo com que se governa o Estado de Raguza e Dalmacia, quando nos confins se percebe algum ataque de peste ou outro mal contagioso, / traduzido... por José Ferreira da Silva. – Lisboa : Na Typographia Chalcographica, e Litteraria do Arco do Cego, 1800. – 10 p. ; 4.º (22 cm).

Inoc. vol. IV, p. 333; G. R. Trad. Port. I-2222.

S.A. 33310//5 V. – Enc. com outras obras.

53

MORAIS, José Francisco Cardoso de, 1761-1842?
Ao serenissimo, piissimo, felicissimo, Principe
Regente de Portugal D. João... Canto heroico sobre
as façanh. dos Portuguezes na expedição de
Tripoli... / por José Francisco Cardoso; traduzido por
Manoel Maria de Barbosa du Bocage. — Lisboa: Na
Offic. da Casa Litteraria do Arco do Cego, 1800. –
103 p. ; 4.º (20 cm).

Ed. bilingue: latim/portuguez. – Inoc. vol. VI, p. 49; BB I-130; G. R.
I-2205; Saldanha da Gama, 175.

L. 1431 A. – Enc. meia de pele em papel marmoreado sobre pastas
de cartão em tons de verde. Assinada por «J. C. de Freitas» (rótulo
impresso).
L. 1432 A.
L. 22573 P.
L. 2305 P.

AO
SERENISSIMO, PIISSIMO, FELICISSIMO,
PRINCIPE REGENTE
DE PORTUGAL,
D. JOÃO,
ORNAMENT. PRIM., ESPERANÇA, E ESTABILIDADE
DO BRASIL,
E
PROTECTOR EXIMIO DAS LETRAS,
CANTO HEROICO
SOBRE AS FAÇANH. DOS PORTUGUEZES
NA EXPEDIÇÃO DE TRIPOLI.
Em testemunhó de vassalagem, profundo acatamento,
e gratidão, mui respeitoso, e humildemente
D. O. C.
POR
JOSÉ FRANCISCO CARDOSO,
Professor Regio de Grammatica Latina na Cidade
da Bahia, e delta natural;
TRADUZIDO POR
MANOEL MARIA DE BARBOSA DU BOCAGE.

LISBOA,
NA OFFIC. DA CASA LITTERARIA DO ARCO DO CEGO.
ANNO. M. DCCC.
Por Ordem de S. A. R.

JOANNI
AUGUSTISSIMO, PIISSIMO, FELICISSI
PORTUGALIAE PRINCIPI,
TOTIUSQUE IMPERII GUBERNACUL
AUSPICATIUS MODERANTI,
BRASILIAE
MAXIMO DECORI, SPEI, AC FIRMAMENTO
LITTERARUM
FAUTORI EXIMIO,
DE REBUS A LUSIT. AD TRIPOLIM VIRILIT. GEST
CARMEN
In obsequii, summae reverentiae, gratique anim
Devotionem
Perquam submisse
D. O. C.
JOSEPHUS FRANCISCUS CARDOS
Soteropoli Bahiensi
Regius Latinae Linguae Professor,
Ibidemque natus.

ULYSSIPONE,
TYPOGRAPHIA DOMUS LITTERARIAE AD ARCUM CAECI.
ANNO M. DCCC.
Suae Regiae Celsitudinis Jussu.

54

MORAIS, José Francisco Cardoso de, 1761-1842?
Joanni Augustissimo Piisimi, Felicissimo,
Portugalliae Principi... De rebus a Lusit. ad Tripolim
virilit. gestis carmen in obsequii, summae
reverentiae, gratique animi devotionem perquam
submisse / D.O.C. Josephus Franciscus Cardoso. –
Ulyssipone : Typographia Domus Litterariae ad
Arcum Caeci, 1800. – [2], 35 p. ; 2.º (28 cm).

Inoc. vol. IV, p. 335.

BINCM 6-2-D-2-2/1

JOANNI
AUGUSTISSIMO, PIISSIMO, FELICISSIMO,
PORTUGALLIAE PRINCIPI,
TOTIUSQUE IMPERII GUBERNACULUM
AUSPICATIUS MODERANTI;
BRASILIAE
MAXIMO DECORI, SPEI, AC FIRMAMENTO,
LITTERARUM
FAUTORI EXIMIO,
DE REBUS A LUSIT. AD TRIPOLIM VIRILIT. GESTIS
CARMEN
In obsequii, summae reverentiae, gratique animi
Devotionem
Perquam submisse.
D. O. C.
JOSEPHUS FRANCISCUS CARDOSO
Soteropoli Bahiensi
Regius Latinae Linguae Professor.

ULYSSIPONE,
TYPOGRAPHIA DOMUS LITTERARIAE AD ARCUM CAECI.
ANNO M. DCCC.
Suae Regiae Celsitudinis Jussu.

MEMORIA
SOBRE
A MOAGEM DOS GRAONS,
E SOBRE OUTROS OBJECTOS RELATIVOS·
POR
MR. JOAÕ LUIZ MURET,
TRADUZIDO DO FRANCEZ DE ORDEM
DE
S. ALTEZA REAL
O PRINCIPE REGENTE
NOSSO SENHOR,
POR
FR. JOSÉ MARIANO VELLOSO.

LISBOA,
NA TYPOGRAPHIA CHALCOGRAPHICA, E LITTERARIA
DO ARCO DO CEGO.
ANNO M. DCCC.

55

MURET, Jean Louis, 1715-1796
Memoria sobre a moagem dos graons, e sobre outros objectos relativos / por Mr. João Luiz Muret ; traduzido do francez... por Fr. José Mariano Velloso. – Lisboa : Na Typographia Chalcographica, e Litteraria do Arco do Cego, 1800 – [4], 219 p. ; 4.º (23 cm).

Inoc. vol. V, p. 57; BB II-340; G.R. I Trad. Port. I-2233.

S.A.5188 P. – Enc. em pele marmoreada sobre pastas de cartão. Rótulo vermelho na lombada contendo o título. Corte das folhas ponteado de azul.

EXPERIENCIAS, E OBSERVAÇÕES
SOBRE A LIGA
DOS
BRONZES,
QUE DEVEM SERVIR NAS FUNDIÇÕES DAS
PEÇAS DE ARTILHERIA.
DE
CARLOS ANTONIO NAPION,
TENENTE CORONEL DA ARTILHERIA DA CORTE,
INSPECTOR DAS FUNDIÇÕES, OFFICINAS, E LA-
BORATORIOS DOS REAES EXERCITOS ; SOCIO
DAS ACADEMIAS REAES DE LISBOA , TU-
RIM , STOCKHOLM , BERGBAUKUNDE , E
DA MINERALOGIA DE JENA , ETC.
TRADUZIDAS
POR
CARLOS JULIAÕ,
SARGENTO MÓR COM EXERCICIO NO ARSENAL REAL.

LISBOA,
NA TYPOGRAPHIA CHALCOGRAPHICA , TYPOPLAS-
TICA , E LITTERARIA DO ARCO DO CEGO.
ANNO M. DCCCI.
Por Ordem Superior.

56

NAPIONE, Carlo Antonio, 1756-1814
Experiencias, e observações sobre a liga dos bronzes, que devem servir nas fundições das peças de artilharia / de Carlos Antonio Napion... ; traduzidas por Carlos Julião. – Lisboa : Na Typographia Chalcographica, Typoplastica, e Litteraria do Arco do Cego, 1801. – 32, [1] p. ; 4.º (20 cm).

Inoc. vol. II, p. 29; G. R. Trad. Port. I-2379.

S.A. 16171//3 P. Enc. com outras obras.

57

NOTÍCIA DA SOPA DE RUMFORD
Noticia da sopa de Rumford, estabelecida em Paris,
rua do Malho n. 16... – Lisboa : Na Typographia
Chalcographica, e Litteraria do Arco do Cego, 1800.
– 14 p. : 1 grav. desdobr. ; 4.º (20 cm).

Bibliogr. consultada não refere.

RES. 3943 P.
S.C.P. 9865//4 V.

N O T I C I A

D A

S O P A   D E   R U M F O R D,

ESTABELECIDA EM PARIS,

RUA DO MALHO N. 16.

IMPRESSA DE ORDEM SUPERIOR.

L I S B O A,

NA TYPOGRAPHIA CHALCOGRAPHICA,
E LITTERARIA DO ARCO DO CEGO.

ANNO M. DCCC.

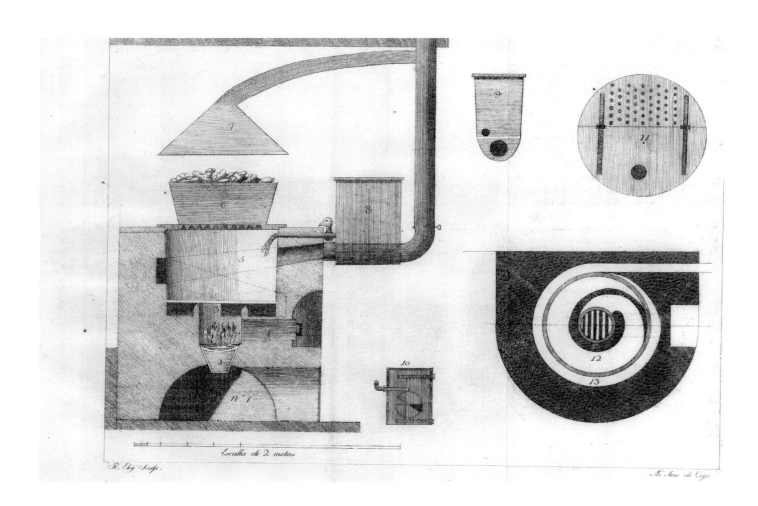

ENSAYO

SOBRE O MODO

DE

MELHORAR AS TERRAS,

COMPOSTO EM FRANCEZ

POR M. PATULLO,

TRADUZIDO EM PORTUGUEZ,

E IMPRESSO

DE ORDEM SUPERIOR.

LISBOA,

NA TYPOGRAPHIA CHALCOGRAPHICA, TYPOPLAS-
TICA, E LITTERARIA DO ARCO DO CEGO.

M. DCCCI.

COPIA DA CONTINUAÇÃO
DE HUMA CARTA SOBRE
A
NITREIRA ARTIFICIAL,
ESTABELECIDA NA VILLA DE SANTOS,
DA CAPITANIA DE S. PAULO,
DIRIGIDA A ESTA CORTE
POR
JOÃO MANSO PEREIRA,
E PUBLICADO DE ORDEM
DE
S. ALTEZA REAL
O PRINCIPE REGENTE
NOSSO SENHOR,
POR
FR. JOSÉ MARIANO VELLOSO.

LISBOA,
NA TYPOGRAPHICA CHALCOGRAPHICA E LITTERARIA
DO ARCO DO CEGO.

M. DCCC.

COPIA DE HUMA CARTA
SOBRE
A NITREIRA ARTIFICIAL,
ESTABELECIDA NA VILLA DE SANTOS,
DA CAPITANIA DE S. PAULO,
DIRIGIDA A ESTA CORTE
POR
JOÃO MANSO PEREIRA,
E PUBLICADA DE ORDEM
DE
S. ALTEZA REAL
O PRINCIPE REGENTE
NOSSO SENHOR,
POR
FR. JOSÉ MARIANO VELLOSO.

LISBOA,
NA OFFIC. DA CASA LITTERARIA DO ARCO DO CEGO.

M. DCCC.

58

PATULLO

Ensayo sobre o modo de melhorar as terras, / composto em francez por M. Patullo; traduzido em portuguez… – Lisboa : Na Typographia Chalcographica, Typoplastica, e Litteraria do Arco do Cego, 1801. – [4], VIII, 137, [2] p. : 3 grav. ; 4.º (22 cm).

BB II-342; G. R. Trad. Port. I-2381; Saldanha da Gama, 137.

SA. 26530 P. – Enc. em papel estampilhado.

59

PEREIRA, João Manso, 17- - -1820

Copia da continuação de huma carta sobre a nitreira artificial, estabelecida na villa de Santos, da capitania de S. Paulo, / dirigida a esta Corte por João Manso Pereira; e publicado... por Fr. José Mariano Velloso. – Lisboa : Na Typographia Chalcographica, e Litteraria do Arco do Cego, 1800. – 14 p. ; 2.º (29 cm).

Inoc. vol. III, p. 404.

BINCM 6-2-D-2-2/34

60

PEREIRA, João Manso, 17- - -1820

Copia de huma carta sobre a nitreira artificial, estabelecida na villa de Santos, da capitania de S. Paulo, / dirigida a esta Corte por João Manso Pereira; e publicada... por Fr. José Mariano Velloso. – Lisboa : Na Offic. da Casa Litteraria do Arco do Cego, 1800. – 19 p. ; 4.º (20 cm).

Inoc. vol. III, p.404.

SA. 20344//7 P. - Enc. com outras obras.

PEREIRA, José Maria Dantas ver ANDRADE, José Maria
Dantas Pereira de

61
PERSOON, Christian Henrik
Tentamen dispositionis methodicae fungorum in
classes, ordines genera et familias. Cum
supplemento adjecto / auctore C. H. Persoon... ;
curante Fr. Josepho Mariano Veloso. – Ulyssipone :
Typographia Domus Litterariae ad Arcum Caeci,
1800. – IV, 80 p. : 4 grav. ; 4.º (21 cm).

Inoc. vol. v, p. 57; BB II 340.

S.A. 33302 V.
S.A. 3127 V. – Enc. papel marmoreado em tons de azul sobre pastas
de cartão. Lombada plana em *chagrin* verde. Título gravado a ouro
em rótulo colado na pasta superior. Corte das folhas ponteado a
azul.

TENTAMEN
DISPOSITIONIS METHODICÆ
FUNGORUM
IN
CLASSES, ORDINES
GENERA ET FAMILIAS.
CUM
SUPPLEMENTO ADJECTO.
AUCTORE
C. H. PERSOON.

LUSITANORUM BOTANICORUM
IN USUM:
CELSISSIMI AC POTENTISSIMI
LUSITANIÆ
PRINCIPIS REGENTIS,
ET JUSSU, ET AUSPICIIS
DENUO TYPIS MANDATUM,
CURANTE
Fr. JOSEPHO MARIANO VELOSO.

ULYSSIPONE,
TYPOGRAPHIA DOMUS LITTERARIAE AD ARCUM CAECI.
ANNO M. DCCC.

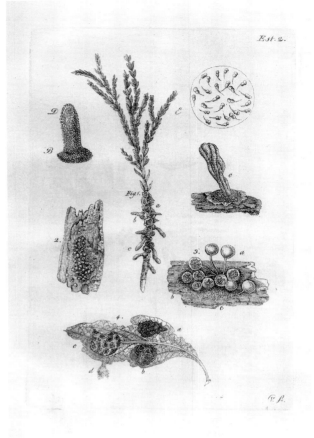

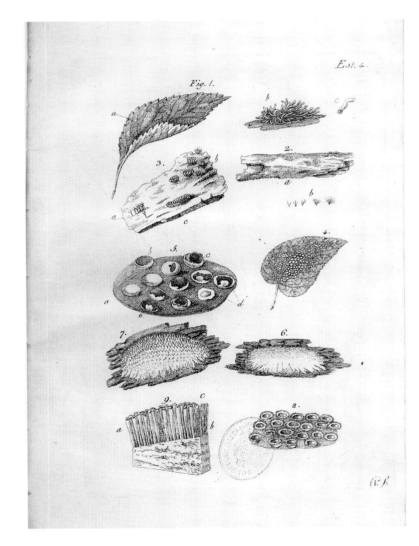

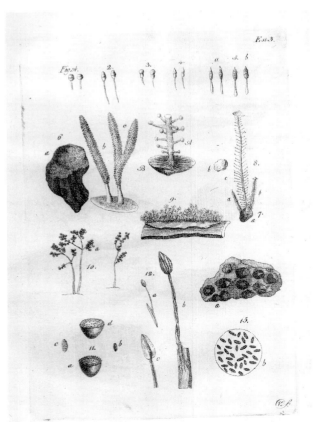

62

PINHEIRO, José Feliciano Fernandes, 1774-1847
Historia nova, e completa da America, colligida de
diversos authores... / pelo bacharel José Feliciano
Fernandes Pinheiro ; publicado por Fr. José
Marianno Vellozo. – Lisboa : Na Offic. da Casa
Litteraria do Arco do Cego, 1800.

Descrição segundo as bibliografias. – 2.ª ed. existe na BN, H. G.
8549 P. : Lisboa: Impressão Regia, 1807. – [4], 142, [2] p. ; 4.º (22
cm). – Inoc. vol. IV p. 321; BB II-151; G. R. Trad. Port. I-2211.

HISTORIA NOVA, E COMPLETA
DA
AMERICA,
COLLIGIDA DE DIVERSOS AUTHORES,
DEBAIXO DOS AUSPICIOS, E ORDEM
DE
S. ALTEZA REAL
O PRINCIPE REGENTE
NOSSO SENHOR,
PELO BACHAREL
JOSE' FELICIANO FERNANDES PINHEIRO.
Vol. I.
PUBLICADO POR
FR. JOSE' MARIANNO VELLOZO.

LISBOA
NA IMPRESSÃO REGIA.
ANNO M. DCCC. VII.
Com licença de S. A. R.

63

RELAÇÃO DAS MEMÓRIAS APRESENTADAS À SOCIEDADE
REAL MARÍTIMA
Relação das memorias apresentadas à Sociedade
Real Maritima desde a sua instalação. – [Lisboa]: Na
Officina da Casa Litteraria do Arco do Cego, 1799. –
6, [1] p. ; 2.º (38 cm).

Bibliogr. consultada não refere.

RES. 1570//1 A. – Enc. com outras obras.

RELAÇÃO
DAS
MEMORIAS APRESENTADAS A' SOCIEDADE REAL MARITIMA
DESDE A SUA INSTALAÇÃO.

DISCURSO recitado pelo Illustrissimo e Excellentissimo Senhor D. Rodrigo de Sousa Coutinho na abertura, e Instalação da Sociedade em 22 de Dezembro de 1798. . . . . N.º 1

Memoria sobre a divisão hydrografica do Globo, attendendo ao Commercio em geral, e mais particularmente ao Commercio Nacional: por José Maria Dantas Pereira, em 3 de Janeiro de 1799. 2

Discurso sobre o progresso da Arte de navegar: por Luiz Candido Cordeiro Pinheiro Furtado, em 3 de Janeiro. 3

Annúncio do eclipse de Jupiter pela Lua a 15 de Janeiro de 1799; e da passagem de Mercurio pelo disco do Sol em 7 de Maio do mesmo anno : por Custodio Gomes de Villas-Boas, em 3 de Janeiro. . . . 4

Compáração do resultado da observação do eclipse de Jupiter de 15 de Janeiro com os das Taboas Astronomicas do mesmo planeta: por Custodio Gomes de Villas-Boas, em 24 de Janeiro. 5

Memoria sobre a necessidade de levantar Cartas topograficas, e formar memorias, em que se dê conta em detalhe dos terrenos relativamente aos movimentos militares: por Antonio Teixeira Rebello, em 24 de Janeiro. 6

Exposição de differentes Planisferios pela projecção da Esfera sobre diversos planos: por José de Sande Vasconcellos, em 24 de Janeiro. . 7

Me-

64

RELAÇÃO DAS MEMÓRIAS APRESENTADAS À SOCIEDADE
REAL MARÍTIMA
Relação das memorias apresentadas à Sociedade
Real Maritima, por membros da mesma Sociedade
(Continuação da). – Lisboa : Na Officina da Casa
Litteraria do Arco de Cego, [1800]. – [4] p. ; 2.º (36
cm).

Bibliogr. consultada não refere.

RES. 1570//2 A. – Enc. com outras obras.

CONTINUAÇÃO
DA
RELAÇÃO DAS MEMORIAS
APRESENTADAS
Á
SOCIEDADE REAL MARITIMA,
POR MEMBROS DA MESMA SOCIEDADE.

DIscurso lido na Sessão Publica de 7 de Janeiro de 1800 pelo Presidente Honorario, Ministro, e Secretario de Estado, D. Rodrigo de Sousa Coutinho.

Historia succinta dos trabalhos da Sociedade, no primeiro anno depois da sua fundação; pelo Secretario, Francisco de Paula Travassos. Lida na mesma Sessão.

Taboadas das Latitudes crescidas, e das Distancias ao Equador calculadas no Esferoide, supposta a depressão polar de 1/341; por Manoel Pedro de Mello : em Sessão de 17 de Outubro de 1799.

Observações Astronomicas feitas em 1798, e 1799 no Observatório Real da Marinha ; apresentadas pelo Director do mesmo Observatorio, Manoel do Espirito Santo Limpo ; em Sessão de 23 de Janeiro de 1800.

Memoria Topografica, Geografica, e Hydrografica do Termo de Cascoes para servir de intelligencia á Carta, que se levantar daquelle districto; por Antonio Teixeira Rebello : em Sessão de 30 de Janeiro de 1800. (Ainda naõ entregue.)

Me-

EXPLICAÇÃO
D A
TABOADA NAUTICA
PARA O CALCULO DAS LONGITUDES,
OFFERECIDA
Á'
SOCIEDADE REAL MARITIMA,
MILITAR, E GEOGRAFICA,
POR SEU SOCIO
JOSE' MONTEIRO DA ROCHA,
VICE-REITOR, E DECANO DA FACULDADE DE MATHEMA-
TICA DA UNIVERSIDADE DE COIMBRA; E INDAGA-
ÇAÕ DAS FORMULAS, QUE SERVIRAÕ PARA A
SUA CONSTRUCÇAÕ.
POR
FRANCISCO DE PAULA TRAVASSOS,
CAPITAÕ-TENENTE DA ARMADA REAL, SOCIO CORRES-
PONDENTE DA ACADEMIA REAL DAS SCIENCIAS, PRO-
FESSOR DE MATHEMATICA NAS DA MARINHA, E SE-
CRETARIO DA SOCIEDADE REAL MARITIMA.

LISBOA,
NA TYPOGRAPHIA CHALCOGRAPHICA, TYPOPLAS-
TICA, E LITTERARIA DO ARCO DO CEGO.

M. DCCCI.
POR ORDEM DE SUA ALTEZA REAL.

65
ROCHA, José Monteiro da, 1734-1819
Explicação da taboada nautica para o calculo das longitudes, offerecida à Sociedade Real Maritima, Militar e Geografica / por seu socio José Monteiro da Rocha... ; e indagação das formulas que servirão para a sua construcção, / por Francisco de Paula Travassos... – Lisboa : Na Typographia Chalcographica, Typoplastica, e Litteraria do Arco do Cego, 1801. – [4], VII, [1], 38, [1] p. : 3 tabelas desdobr., 3 grav. (1 desdobr.) ; 4.º (22 cm).

Inoc. vol. III, p. 27.

S.A. 1760 V. – Enc. de papel pintado, sobre pastas de cartão. Lombada em *chagrin* verde. Rótulo do mesmo material apresentando o título gravado a ouro.

ERRATAS.

Pag.	lin.	Erros.	Emmendas.
4	22	ββ	δβ
14	1	$sen\,(90° - L - D)\,tg^2\frac{1}{2}\,P$	$sen\,(90° - L - D)\,tg^2\frac{1}{2}\,P$
15	25	6	7
30	1	$\dfrac{cos^2\,S - sen\,L - sen^2\,S}{sen\,S'}$	$\dfrac{cos^2\,S - sen^2\,L - sen^2\,S}{sen\,S'}$
34	ult.	falta o termo	$- \pi\,(sen\,A - sen\,\Sigma\,cos\,D)$
38	1	57' 18'',8	57' 18'',2

A folha G deve ser numerada desde 41 até 46.

EXEMPLO I.

vol.	lin.		
1	4	appar.	approx.
ult.	3	58 44,5	58 34,3

EXEMPLO II.

1	4	appar.	approx.

CATALOGO
DAS OBRAS NAUTICAS
IMPRESSAS NA CASA LITTERARIA DO ARCO DO CEGO.

ARchitectura naval, fol. 1798. Com 4 Estampas.
Methodo de dar á bomba a bordo dos Navios, 4.º 1800. Com 1 Estampa. (Costa) Orig.
Taboa das Longitudes, por (Monteiro.)
Tactica Naval Tom. I. e II. Com 52 Estampas.

Debaixo do Prelo.

Theoria prática das Longitudes, fol. 2. vol.
Magnetismo 4.º 1. vol.

Estas obras se vendem na loge da Officina Chalcografica ao Rocio. Na da Viuva Bertrand e Filho ao Chiado.
Na de Estevão Semiond em Coimbra. Na de Antonio Alvares Ribeiro no Porto.
Na mesma loge ao Rocio se vendem tambem Retratos
em preto, e illuminados, gravados por artistas Portuguezes; e caracteres typographicos de toda a qualidade elegantemente abertos por Nacionaes.

66
ROUSSEAU, Jean Jacques, 1712-1778
Cartas sobre os elementos de botanica, / por J. J. Rousseau ; com as notas, e addições de Thomaz Martyn ; traduzidas da lingua ingleza por Huma Senhora desta Corte. – 4.ª ed. em Londres. – Lisboa : Na Typographia Chalcographica, Typoplastica, e Litteraria do Arco do Cego, 1801. – 82, [4], 12 p. : 6 grav. aguareladas ; 4.º (20 cm).

Bibliogr. consultada não refere.

BINCM 6-2-D-2-1/12
S.A. 6207 P. – Grav. mal posicionadas. – Enc. em pele marmoreada. Vestígio de rótulo. Corte ponteado.

RUMFORD, conde de ver THOMPSON, Benjamin

CARTAS
SOBRE OS ELEMENTOS
DE
BOTANICA,
POR J. J. ROUSSEAU,
COM AS NOTAS, E ADDIÇÕES
DE
THOMAZ MARTYN;
(QUARTA EDIÇAÕ EM LONDRES.)
TRADUZIDAS
DA LINGUA INGLEZA
POR
HUMA SENHORA DESTA CORTE.

LISBOA,
NA TYPOGRAPHIA CHALCOGRAPHICA, TYPOPLAS-
TICA, E LITTERARIA DO ARCO DO CEGO.

M. DCCCI.

Por Ordem Superior.

CATALOGO
DAS OBRAS DE BOTANICA
IMPRESSAS NA CASA LITTERARIA DO ARCO DO CEGO.

Quinografia Portugueza, ou Collecçaõ de varias Memorias sobre 23 especies de Quina, 8.º 1799. Com 17 Estampas illuminadas. Collec.
Dispositio Methodica Fungorum, 4.º 1800. Com 4 Estampas.
Hoffman Lichenes, 4.º 1800. (Vol. I. com 24 Estampas, e II. com 25 Estampas illuminadas, e pretas.)
Cryptogamicarum Britaniæ, 4.º 1800. Com 17 Estampas. (*Dikson*)
Systema Sexual Explicado. (*Govan*) Traduc.
Poema sobre o Consorcio das Flores, em verso Latino, e Portuguez. (*Lacroix*, e *Bocage*)
Memoria sobre a Ipecacuanha. (*Gomes*)

Debaixo do Prelo.

Especies das plantas de Linne descriptas, e figuradas (Tom. I.) (*Wildenou*)
Poema sobre as plantas (*Castel*, e *Bocage*)
Phytographia Lusitana (*Brotero*) Com 8 Estampas.

Estas obras se vendem na loge da Officina Chalcografica ao Rocio. Na da Viuva Bertrand e Filho ao Chiado. Na de Estevão Semiond em Coimbra. Na de Antonio Alvares Ribeiro no Porto.
Na mesma loge ao Rocio se vendem tambem Retratos em preto, e illuminados, gravados por artistas Portuguezes; e caracteres typographicos de toda a qualidade elegantemente abertos por Nacionaes.

LIÇÕES
DE
CALCULO DIFFERENCIAL
OU
METHODO DIRECTO DAS FLUXÕES
ORDENADAS E REDUZIDAS A COMPENDIO

POR
TRISTÃO ALVARES DA COSTA SILVEIRA
CAPITAÕ-TENENTE DA ARMADA REAL,
LENTE DA FACULDADE DE MATHEMATICA
NA UNIVERSIDADE DE COIMBRA, ETC.

LISBOA.
NA TYPOGRAPHIA CHALCOGRAPHICA, TYPOPLASTICA,
E LITTERARIA DO ARCO DO CEGO.
M. DCCCI.

POR ORDEM DE SUA ALTEZA REAL.

SYSTEMA UNIVERSAL
DE
HISTORIA NATURAL,
INCLUINDO
A HISTORIA NATURAL DO HOMEM,
DOS ORANG-OUTANGS,
E TODA A TRIBU DE XIMIA;
TRADUZIDO DO INGLEZ
PELO BACHAREL
JOSÉ FELICIANO FERNANDES PINHEIRO.

N.º 1.

LISBOA,
NA TYPOGRAPHIA CHALCOGRAPHICA, TYPOPLAS-
TICA, E LITTERARIA DO ARCO DO CEGO.
M. DCCCI.

Por Ordem Superior.

67
SILVEIRA, Tristão Álvares da Costa, 17- - - 1811
Lições de calculo differencial ou methodo directo
das fluxões ordenadas e reduzidas a compendio /
por Tristão Alvares da Costa Silveira... – Lisboa : Na
Typographia Chalcographica, Typoplastica, e
Litteraria do Arco do Cego, 1801. – [8], III, [1], 40
p. : 1 grav. desdobr. ; 4.º (22 cm).

Inoc. vol. VII, p. 387.

BINCM 6-2-D-2-2/16

68
SISTEMA UNIVERSAL DE HISTÓRIA NATURAL
Systema universal de historia natural, incluindo a
historia natural do homem, dos orang-outangs, e
toda a tribu de ximia / traduzido do inglez pelo
bacharel José Feliciano Fernandes Pinheiro. – Lisboa
: Na Typographia Chalcographica, Typoplastica, e
Litteraria do Arco do Cego, 1801. – 71 p : 2 grav. a
sanguínea ; 4.º (22 cm).

BB II-151; G. R. Trad. Port. I-2353.

H.G. 8680 V. – Brochura da época.

69

SOUSA, Gabriel Soares de, ca. 1540-?
Descripção geographica da America portugueza.
Parte primeira [e segunda]. – [Lisboa : Na
Typographia do Arco Cego, 1800]. – 202 p.; 2.º (30
cm).

Inoc. vol. III, p.113.

RES. 183 A. – Nota ms. com a história da edição: «Esta obra he
estimada como se fosse manuscripta; porq[ue] começouse a
imprimir no tempo do Ministerio de D. Rodrigo de Souza Coutinho,
depois Conde de Linhares p[or]q[ue] tendoa mandado imprimir não
se continuou por discordar com o editor Fr. Jose Mariano da
Conceição Vellozo. Achouse na Bibliotheca Real do Rio de Janeiro
a ordem pela qual se mandou imprimir, e a contra ordem, e assim
tambem o original completo ainda q[ue] não tanto como algumas
copias que vi. Poucos exemplares se acharão como este; porq[ue] a
edição se vendeo a pezo, e foi ter a maior parte a Pará e Maranhão
de maneira q[ue] na Impressão não se poude ajuntar hum
exemplar apezar das ordens mais terminantes e curiosidade.» –
Pert. ms. D. Francisco Manuel da Câmara.

DESCRIPÇAÕ GEOGRAPHICA
DA
AMERICA PORTUGUEZA.

PARTE PRIMEIRA.

Em que se dá verdadeira noticia do seu descobrimento, situa-
çaõ, e demarcação.

CAPITULO I.

Em que se refere, quem foi o primeiro descobridor deste Paiz:
quaes foraõ os seus successores: onde está situado, e como foi
descuberto.

1. A AMERICA Portugueza está situada além da linha equi-
nocial da parte do Sul: da qual começa a correr, junto do rio
chamado das Amazonas, onde se principia o norte da linha da
demarcaçaõ, e repartiçaõ, que discorre pelo certaõ até 45 gráos,
com pouca differença.

2. Descobrio-se esta terra aos 25 dias do mez de Abril do
anno de 1500; por Pedro Alvares Cabral, hindo por Capitaõ
Mór para os Estados da India, mandado por ElRei D. Manoel,
em nome do qual tomou este Inventor posse do descobrimento
que fazia: e foi na parte, onde actualmente está a Capitania de
Porto Seguro, e em outro tempo se chamou Terra de Santa Cruz:
primeiro nome, que lhe poz o mesmo Inventor, logo que a des-
cobrio, com o fundamento de ter nella mandado arvorar huma
Cruz de excessiva grandeza: ao pé da qual em o proprio dia 3 de
Maio, em que a Igreja celebra sua Invençaõ, mandou dizer Missa com a possivel ostentação, apparato, e solennidade, que per-
mittia o sitio, e a occaziaõ: revestindo-se de huma extraordinaria
alegria, e permittindo todo o licito divertimento, em applauzo do
grande jubilo que tinha.

3.

BIBLIOTHECA HISTORICA
DE PORTUGAL,
E SEUS DOMINIOS ULTRAMARINOS:
Na qual se contém varias Historias daquelle, e destes Ms.
e impressas em prosa, e em verso, só, e juntas
com as de outros Estados,

ESCRITAS POR
AUTHORES PORTUGUEZES, E ESTRANGEIROS;
Com hum Resumo das suas Vidas, e das opiniões que ha
sobre o que alguns escreveráõ:

DIVIDIDA EM QUATRO PARTES:

A I. Consta de Historias deste Reino, e do Ultramar em
prosa, e em verso por Authores Portuguezes Ms.

A II. De Historias deste Reino, e do Ultramar em prosa,
e em verso por AA. Portuguezes impressas.

A III. De Historias deste Reino, unicamente relativas ás Vidas, positivamente escritas por AA. Portuguezes, de
certos Soberanos de Portugal, de algumas de suas
Augustas Esposas, e de varios dos seus Se-
renissimos Descendentes só em prosa
Ms., e impressas.

A IV. De Historias deste Reino, e do Ultramar por AA.
Estrangeiros, tambem só em prosa, impressas.

DEDICADA
AO PRINCIPE NOSSO SENHOR
REGENTE DO REINO
DOM JOAÕ MARIA JOSE'
FRANCISCO XAVIER DE PAULA LUIZ
ANTONIO DOMINGOS RAFAEL.

Nova Edição, correcta, e amplamente augmentada
como no §. 8° do Prologo se especifica.

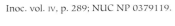

LISBOA,
NA TYPOGRAPHIA CHALCOGRAPHICA, TYPOPLAS-
TICA, E LITTERARIA DO ARCO DO CEGO.

ANNO M. DCCCI.

70

SOUSA, José Carlos Pinto de
Bibliotheca historica de Portugal, e seus dominios ultramarinos: na qual se contém varias historias daquelle, e destes ms. e impressas em prosa, e em verso, só, e juntas com as de outros Estados, escritas por authores portuguezes, e estrangeiros... dividida em quatro partes... / [dedicatórias de José Carlos Pinto de Sousa]. – Nova edição, correcta, e amplamente augmentada... – Lisboa : Na Typographia Chalcographica, Typoplastica, e Litteraria do Arco do Cego, 1801. – [26], XIII, [1], 408, 100 p. ; 4.º (21 cm).

Inoc. vol. IV, p. 289; NUC NP 0379119.

B. 10185 V.
B. 8525 V.

MEMORIA
SOBRE
A CULTURA DO ARROS
EM
PORTUGAL,
E SUAS CONQUISTAS,
OFFERECIDA
A
S. ALTEZA REAL
O PRINCIPE REGENTE
NOSSO SENHOR,
POR
VICENTE COELHO DE SEABRA SILVA TELLES
MEDICO, E LENTE SUBSTITUTO DE ZOOLOGIA, MINERALOGIA,
BOTANICA, E AGRICULTURA, NA UNIVERSIDADE DE
COIMBRA, E SOCIO DA ACADEMIA REAL DAS
SCIENCIAS DE LISBOA, ETC.

PUBLICADA POR
FR. JOSÉ MARIANO VELLOSO.

LISBOA,
NA OFFIC. DA CASA LITTERARIA DO ARCO DO CEGO

M. DCCC.

71

TELES, Vicente Coelho de Seabra Silva, 1764-1804
Memoria sobre a cultura do arros em Portugal, e suas conquistas... / por Vicente Coelho de Seabra Silva Telles... ; publicado por Fr. José Mariano Velloso. – Lisboa : Na Offic. da Casa Litteraria do Arco do Cego, 1800. – [6], II, 30 p. ; 4.º (20 cm).

Inoc. vol. VII, p. 422; BB II-298.

S.A. 20345//3 P. – Enc. com outras obras.

72

TELES, Vicente Coelho de Seabra Silva, 1764-1804
Memoria sobre os prejuisos causados pelas
sepulturas dos cadaveres nos templos, e methodo de
os prevenir... / por Vicente Coelho de Seabra Silva
Telles... ; publicada por Fr. José Mariano Velloso. –
Lisboa : Na Offic. da Casa Litteraria do Arco do
Cego, 1800. – [4], 36 p. ; 4.º (20 cm).

Inoc. vol. VII, p. 422; BB II-298.

S.A. 11253 P. – Enc. em papel marmoreado em tons de lilás.
Lombada em *chagrin* verde. Rótulo do mesmo material
apresentando o título gravado a ouro.
S.A. 10616//10 P. – Enc. com outras obras.

MEMORIA
SOBRE
OS PREJUISOS CAUSADOS
PELAS SEPULTURAS DOS CADAVERES
NOS TEMPLOS,
E
METHODO DE OS PREVENIR,
OFFERECIDA
A
S. ALTEZA REAL
O PRINCIPE REGENTE
NOSSO SENHOR,
POR
VICENTE COELHO DE SEABRA SILVA TELLES
MEDICO, E LENTE SUBSTITUTO DE ZOOLOGIA, MINERALOGIA,
BOTANICA, E AGRICULTURA, NA UNIVERSIDADE DE
COIMBRA, E SOCIO DA ACADEMIA REAL DAS
SCIENCIAS DE LISBOA, ETC.
PUBLICADA POR
FR. JOSÉ MARIANO VELLOSO.

LISBOA,
NA OFFIC. DA CASA LITTERARIA DO ARCO DO CEGO

M. DCCC.

73

TELES, Vicente Coelho de Seabra Silva, 1764-1804
Nomenclatura chimica portugueza, franceza, e
latina. À que se ajunta o systema de characteres
chimicos adaptados a esta nomenclatura por
Haffenfratz, e Adet... / por Vicente Coelho de Seabra
Silva Telles... – Lisboa : Na Typographia
Chalcographica, Typoplastica, e Litteraria do Arco
do Cego, 1801. – [4], III, [1], 121, [4] p. ; 4.º
(22 cm).

Inoc. vol. VII, p. 423.; BB II-298.

S.A. 11426 P. – Carimbo «CAZA». – Enc. meia de pele e papel
marmoreado sobre pastas de cartão.

NOMENCLATURA CHIMICA
PORTUGUEZA, FRANCEZA,
E LATINA.
A' QUE SE AJUNTA
O SYSTEMA DE CHARACTERES CHIMICOS
ADAPTADOS A ESTA NOMENCLATURA
POR
HAFFENFRATZ, E ADET.
OFFERECIDA
A S. ALTEZA REAL,
O PRINCIPE REGENTE N. S.
POR
VICENTE COELHO DE SEABRA SILVA TELLES
LENTE SUBSTITUTO DE ZOOLOGIA, MINERALOGIA, BOTAN.,
E AGRICULTURA NA UNIVERSIDADE DE COIMBRA,
E SOCIO DA ACAD. REAL DAS SCIENCIAS
DE LISBOA, ETC.

LISBOA,
NA TYPOGRAPHIA CHALCOGRAPHICA, TYPOPLASTICA,
E LITTERARIA DO ARCO DO CEGO.

M. DCCCI.

COLLECÇÃO DE MEMORIAS
SOBRE
OS
ESTABELECIMENTOS
DE
HUMANIDADE;
TRADUZIDAS DE ORDEM
DE
S. ALTEZA REAL
O PRINCIPE REGENTE
NOSSO SENHOR,
PELO BACHAREL
JOSÉ FELICIANO FERNANDES PINHEIRO.

RELAÇÕES
CIRCUNSTANCIADAS
SOBRE HUM ESTABELECIMENTO FORMADO
EM
MUNICH
A FAVOR DOS POBRES.
TRADUZIDAS DO ALEMÃO
DE
BENJ. THOMSON,
CONDE DE RUMFORD.

N.º I.

LISBOA,
NA TYPOGRAPHIA CHALCOGRAPHICA E LITTERARIA
DO ARCO DO CEGO.

M.DCCCI.

74

THOMPSON, Benjamin, conde de Rumford, 1753--1814

Collecção de memorias sobre os estabelecimentos de humanidade / traduzidas... pelo bacharel José Feliciano Fernandes Pinheiro : N.º 1 Relações circunstanciadas sobre hum estabelecimento formado em Munich a favor dos pobres / traduzidas do alemão de Benj. Thomson, conde de Rumford. – Lisboa : Na Typographia Chalcographica, e Litteraria do Arco do Cego, 1801. – [4], 118, [1] p. ; 4.º (22 cm).

Inoc. vol. IV, p. 321; BB II-152; G. R. Trad. Port. I-2345.

S.C. 6895 //10 V. – Enc. com outras obras.

ENSAYOS
POLITICOS, ECONOMICOS,
E
PHILOSOPHICOS,
POR BENJAMIN
CONDE DE RUMFORD
CAVALLEIRO DAS ORDENS DA AGUIA BRANCA, E DE SANTO
ESTANISLAO, CAMARISTA, CONSELHEIRO DE ESTADO PARTI-
CULAR, E TENENTE-GENERAL NO SERVIÇO DE S. A. S. ELEI-
TORAL BAVARO-PALATINA, CORONEL DO SEU REGIMENTO
DE ARTILHERIA, E COMMANDANTE EM CHEFE DO ESTADO
MAIOR DOS SEUS EXERCITOS, MEMBRO DAS SOCIEDADES
REAES DE LONDRES E DUBLIN, DA ACADEMIA REAL DAS
SCIENCIAS DE BERLIN, DAS ELECTORAES DE MANHEIM E
MUNICH, MEMBRO DA SOCIEDADE PHILOSOPHICA DA AME-
RICA, E DA SOCIEDADE DAS ARTES DE GENEBRA, E DA
COMMISSÃO DE AGRICULTURA DE LONDRES,
TRADUZIDO EM VULGAR
POR
HIPPOLYTO JOSÉ DA COSTA PEREIRA.

LISBOA,
NA TYPOGRAPHIA CHALCOGRAPHICA, TYPOPLASTI-
CA, E LITTERARIA DO ARCO DO CEGO.

M. DCCCI.
De Ordem Superior.

75

THOMPSON, Benjamin, conde de Rumford, 1753--1814

Ensayos politicos, economicos, e philosophicos, / por Benjamin Conde de Rumford... ; traduzido em vulgar por Hippolyto José da Costa Pereira. – Lisboa : Na Typographia Chalcographica, Typoplastica, e Litteraria do Arco do Cego, 1801. – 517 p. : [2] grav. desdobr. ; 4.º (21 cm).

2.ª ed., em 2 vol., de Lisboa: Regia Officina Typografica, 1801-1802. – Inoc. vol. III, p.199; G. R. Trad. Port. I-2346 cita ed. da Regia Off. Typ., 1801-1802.

BINCM 6-2-D-2-1/2.

76

THORIO, Raphaele, 15- - -1625

Hymnvs tabaci / autore Raphaele Thorio [frontispício]. De paeto seu tabaco carminum libri duo, in paetisugorum gratiam, aeque ac praecipue colentium soteropolitanis Brasiliae in arvis / Raphaelis Thori; denuo typis commissi, curante Fr. Josepho Mariano Velloso. – Ulysipone : Typographia Domus Chalcographica, ac Litterariae ad Arcum Caeci, 1800. – [8], 58 i.é. 48 p.: 1 grav. (frontispício), 4 grav. ; 4.º (21 cm).

BB II-308.

L. 18419 V. – Enc. em papel marmoreado
RES. 3683 P.
L. 31567 V.

RAPHAELIS THORI

DE

PAETO SEU TABACO

CARMINUM

LIBRI DUO

IN PAETISUGORUM GRATIAM,

AEQUE AC PRAECIPUE COLENTIUM

SOTEROPOLITANIS BRASILIAE IN ARVIS,

DENUO TYPIS COMMISSI,

CURANTE

Fr. JOSEPHO MARIANO VELLOSO.

ULYSIPONE,

TYPOGRAPHIA DOMUS CHALCOGRAPHICA, AC LITTERA-
RIAE AD ARCUM CAECI.

M. DCCC.

Cum permissu Regio.

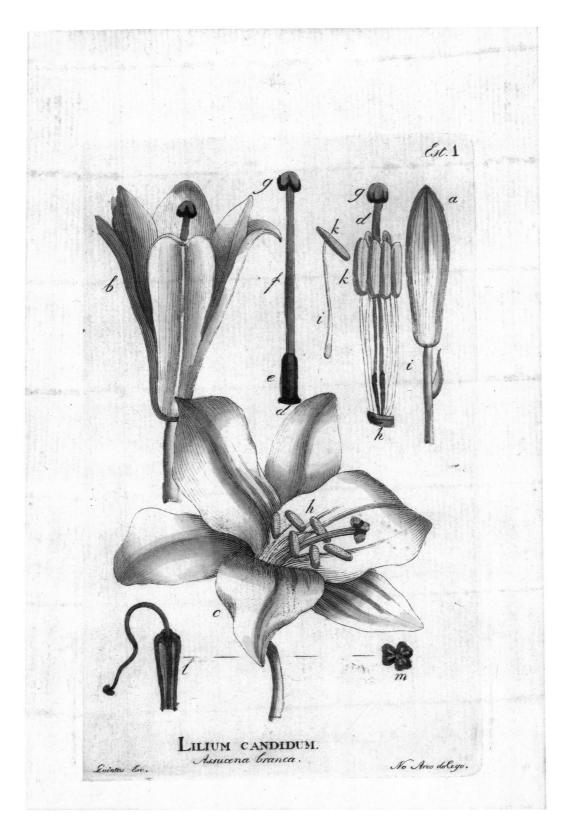

LILIUM CANDIDUM.
Assucena branca.

Quintos &c.

No Arco do Cego.

Est. 1

G. XVIII. Ouriço.

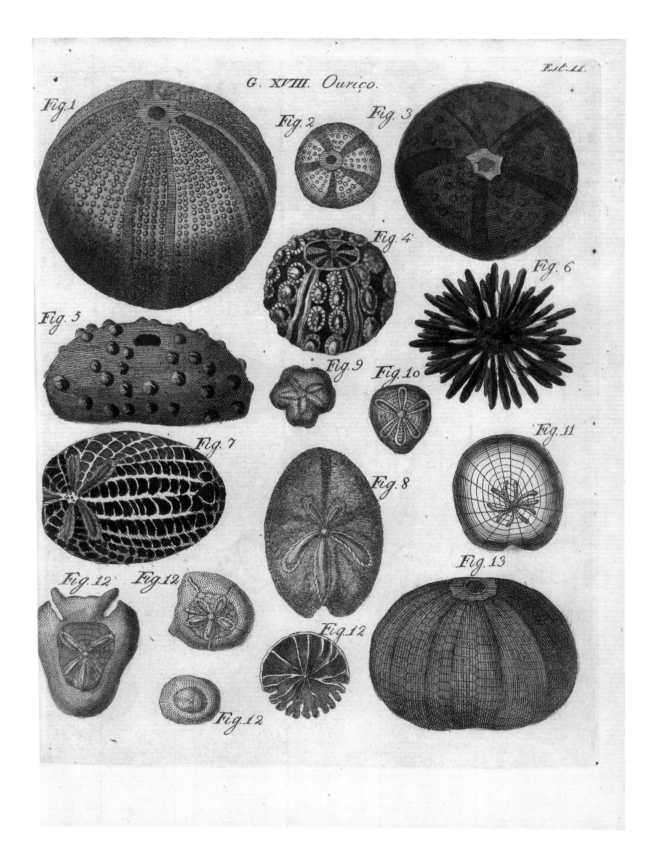

Fig. 1

Fig. 2

Fig. 3

Fig. 4

Fig. 5

Fig. 6

Fig. 7

Fig. 8

Fig. 9

Fig. 10

Fig. 11

Fig. 12

Fig. 12

Fig. 12

Fig. 12

Fig. 13

G. XVII. Estrella.

Fig. 2. Fig. 1. Fig. 3.

Fig. 9. Fig. 4. Fig. 10.

Fig. 5.

Fig. 11.

Fig. 12. Fig. 6.

Fig. 7.

Fig. 8.

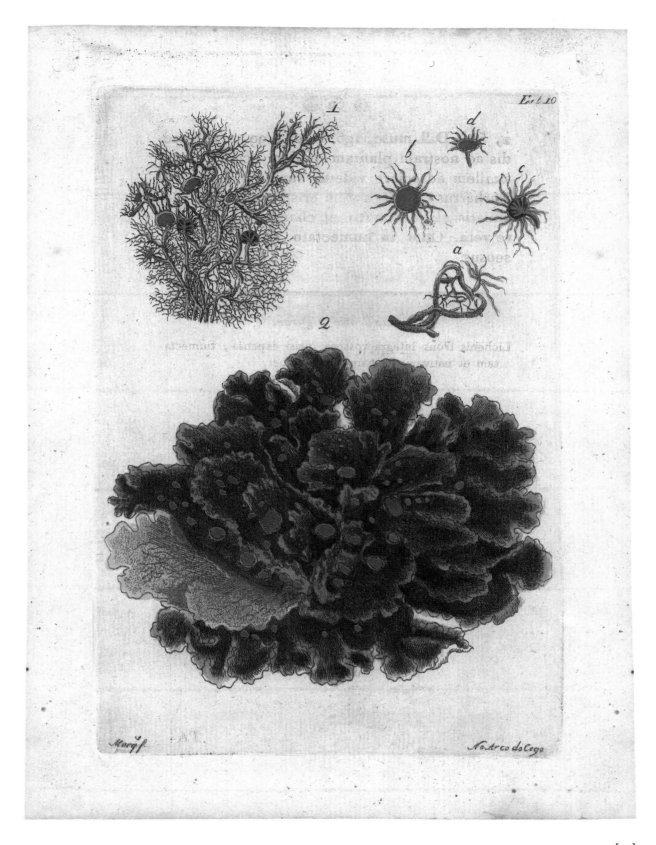

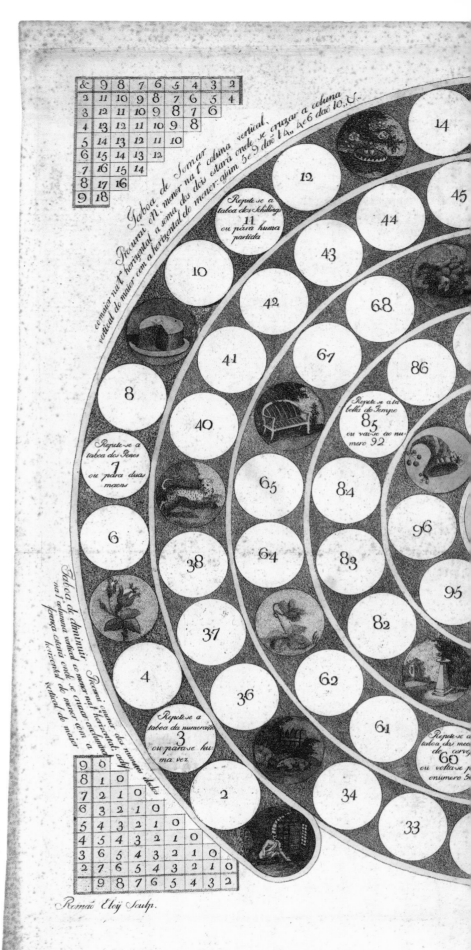

Taboa de Somar.

&	9	8	7	6	5	4	3	2
2	11	10	9	8	7	6	5	4
3	12	11	10	9	8	7	6	
4	13	12	11	10	9	8		
5	14	13	12	11	10			
6	15	14	13	12				
7	16	15	14					
8	17	16						
9	18							

Procuru-se o Nᵒ menor na 1ª coluna vertical, e o maior na 1ª horizontal: a soma dos dois estará onde se cruzar a coluna vertical do maior com a horizontal do menor: assim 5 e 9 dão 14, 4 e 6 dão 10, &.

Taboa de diminuir.

9	0							
8	1	0						
7	2	1	0					
6	3	2	1	0				
5	4	3	2	1	0			
4	5	4	3	2	1	0		
3	6	5	4	3	2	1	0	
2	7	6	5	4	3	2	1	0
9	8	7	6	5	4	3	2	

Procura-se o maior na 1ª coluna vertical, e o menor na 1ª horizontal: achando elle, a coluna vertical onde se encontra achará o menor com a horizontal achará a horizontal do menor, e a resta estará na coluna vertical do maior.

Româo Eloy Sculp.

Tabea de repartir

2	3	4	5	6	7	8	9	
1	1/1	2	2/1	3	3/1	4	4/1	2
	1	1/1	1/2	2	2/1	2/2	3	3
		1	1/1	1/2	1/3	2	2/1	4
			1	1/1	1/2	1/3	1/4	5
				1	1/1	1/2	1/3	6
					1	1/1	1/2	7
						1	1/1	8
							1	9

Tabea de Multiplicar

							81	9
					64	72		8
				49	56	63		7
			36	42	48	54		6
		25	30	35	40	45		5
	16	20	24	28	32	36		4
9	12	15	18	21	24	27		3
4	6	8	10	12	14	16	18	2
2	3	4	5	6	7	8	9	

No Arco de Cego.

[JOGO ARITMÉTICO]

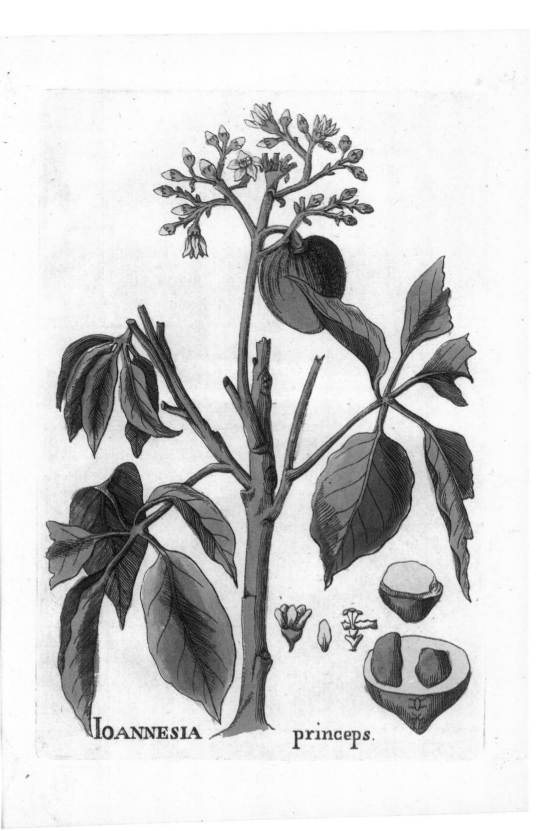

IOANNESIA princeps.

Musa do Paraiso

Est. 3.

Girasol de todos os an— nos

[136]

77

TRATADO DA CULTURA DOS PESSEGUEIROS

Tractado da cultura dos pessegueiros... / traduzido da lingua franceza por Manoel Rodrigues da Costa... – Nova edição revista, corregida, e augmentada. – Lisboa : Na Typographia Chalcographica, e Litteraria do Arco do Cego, 1801. – VII, [1], 136, [3] p. : [16] grav.; 4.º (20 cm).

Algumas das gravuras são numeradas sem sequência lógica, levando a crer que tenham sido feitas para outra obra. – Inoc. vol. VI, p. 93; G. R. Trad. Port. I-2354.

S.A. 7049 P. – Enc. inteira de pele marmoreada. Vestígio de rótulo. Corte das folhas ponteado.

78

TRIBUTO DE GRATIDÃO

Tributo de gratidão, que a Pátria consagra a Sua
Alteza Real, o Principe Regente Nosso Senhor, por
mãos do Intendente Geral da Polícia da Corte, e
Reino. – Lisboa : Na Typographia Chalcographica,
Typoplastica, e Litteraria do Arco do Cego, 1801. –
27 p. ; 4.º (21 cm).

Inoc. vol. VII, p. 387.

L. 69031 P.
L. 477//7 V. – Enc. com outras obras.

79

VASSALAGEM

A vassallagem: cantata a tres vozes a lealdade, a
fortaleza, a constancia... – Lisboa : Na Typographia
Chalcographica, Typoplastica, e Litteraria do Arco
do Cego, 1801. – 7 p. ; 4.º (22 cm).

Bibliogr. consultada não refere.

L. 1427//6 A. – Enc. com outras obras.

AVIARIO BRASILICO,
ou
GALLERIA ORNITHOLOGICA
DAS AVES INDIGENAS DO BRASIL,
DISPOSTO, E DESCRIPTO SEGUNDO O SYSTEMA DE CARLOS LINNE,
COPIADO DO NATURAL, E DOS MELHORES AUTHORES.
PRECEDIDO DE DIVERSAS DISSERTAÇÕES ANALOGAS AO SEU MELHOR CONHECIMENTO,
ACOMPANHADO DE OUTRAS ESTRANHAS AO MESMO CONTINENTE,
TUDO DEBAIXO DA PROTECÇÃO, E ORDEM
DE
S. A. R. O PRINCIPE DO BRASIL
NOSSO SUPREMO IMPERANTE,
POR
Fr. JOSÉ MARIANO DA CONCEIÇÃO VELLOSO.

LISBOA,
NA OFFICINA DA CASA LITTERARIA DO ARCO DO CEGO.
ANNO DE MDCCC.

80

VELOSO, José Mariano da Conceição, 1742-1811, O.F.M., ed. lit.

Aviario brasilico, ou galleria ornithologica das aves indigenas do Brasil, disposto, e descripto segundo o systema de Carlos Linne, copiado do natural, e dos melhores authores, precedido de diversas dissertações analogas ao seu melhor conhecimento, acompanhado de outras estranhas ao mesmo continente... / por José Mariano da Conceição Velloso. – Lisboa : Na Officina da Casa Litteraria do Arco do Cego, 1800. – [4], 14, [1] p. : 1 grav. (frontispício), 1 grav. ; 2.º (26 cm x 39 cm).

Na capa da brochura o «Plano do Aviario Brasilico», explica que se trata do fascículo de apresentação da obra, que seria vendida em cadernos de seis pássaros cada um, com um caderno de texto de seis em seis, mediante subscrição. – Inoc. vol. v, p. 57; BB II-340; Saldanha da Gama, 20; NUC NV 0077385.

BINCM 6-2-D-2-2/54.

81

VELOSO, José Mariano da Conceição, 1742-1811, O. F. M., ed. lit.

O fazendeiro do Brazil criador. Melhorado na economia rural dos generos já cultivados, e de outros que se podem introduzir; e nas fabricas, que lhe são proprias, segundo o melhor, que se tem escrito a este assumpto... / collegido de memorias estrangeiras, publicado por Fr. José Mariano da Conceição Velloso : tom. I Part. I Do leite, queijo, e manteiga. – Lisboa : na Typographia Chalcographica, Typoplastica, e Litteraria do Arco do Cego, 1801. – [8], 250, [1] p.: 2 grav. desdobr. ; 4.º (21 cm).

Inoc. vol. V, p. 56, refere-o como sendo tomo I, parte 3ª; BB II-338; G. R. Trad. Port. I-2348; NUC NV 0077391.

BINCM 1-2-B-2-2/30

O FAZENDEIRO
DO BRAZIL
CRIADOR.
Melhorado na economia rural dos generos já cultivados, e de outros, que se podem introduzir; e nas fabricas, que lhe saõ proprias, segundo o melhor, que se tem escrito a este assumpto:
DEBAIXO DOS AUSPICIOS
E DE ORDEM
DE
SUA ALTÉZA REAL
O
PRINCIPE REGENTE
NOSSO SENHOR.
Collegido de Memorias Estrangeiras,
PUBLICADO
POR
Fr. JOSÉ MARIANO DA CONCEIÇAÕ VELLOSO.
TOM. I. PART. I.
Do Leite, Queijo, e Manteiga.

LISBOA
NA TYPOGRAPHIA CHALCOGRAPHICA, TYPOPLASTICA,
E LITTERARIA DO ARCO DO CEGO.
M. DCCCI.

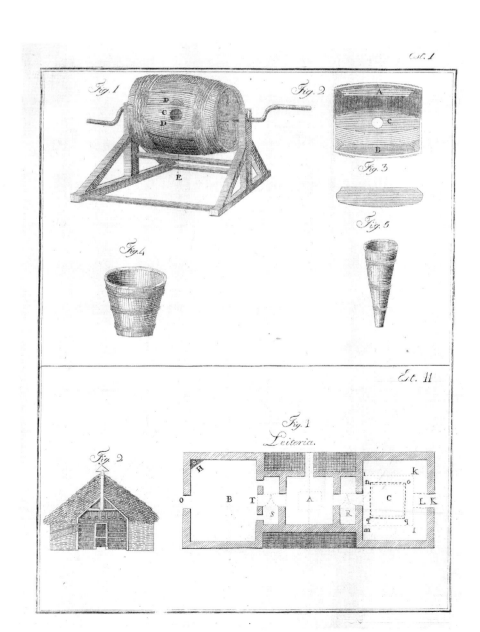

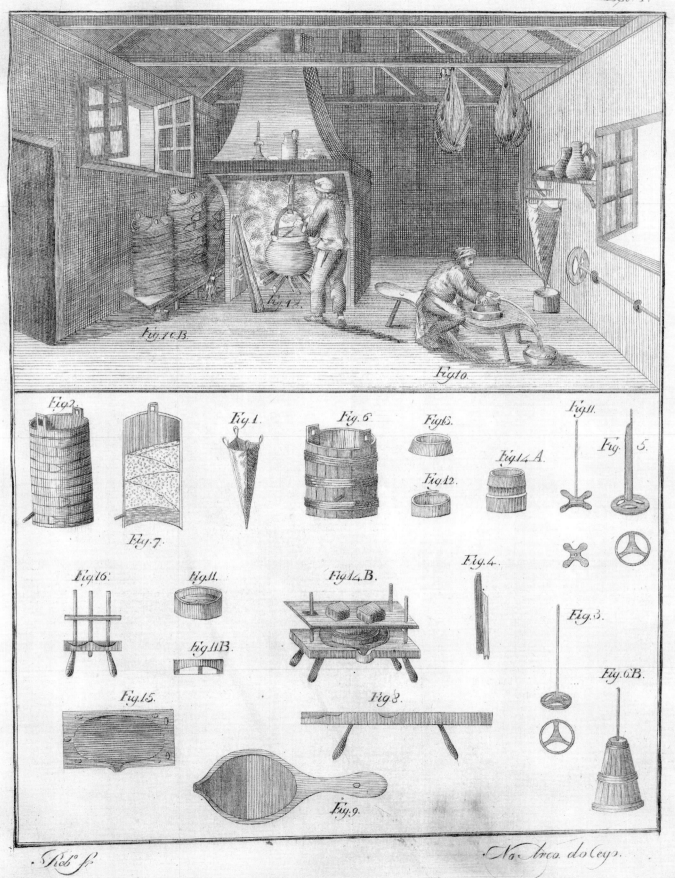

Fig. 1 C B.

Fig. 10.

Fig. 2.

Fig. 7.

Fig. 1.

Fig. 6.

Fig. 13.

Fig. 12.

Fig. 14. A.

Fig. 11.

Fig. 5.

Fig. 16.

Fig. 11.

Fig. 11 B.

Fig. 14. B.

Fig. 4.

Fig. 3.

Fig. 15.

Fig. 8.

Fig. 6. B.

Fig. 9.

Rob f.

Na Arca. dolcys.

82

VELOSO, José Mariano da Conceição, 1742-1811,
O.F.M., ed. lit.
Naturalista instruido nos diversos methodos antigos
e modernos a ajuntar, preparar, e conservar, a
producção dos tres reinos da natureza, colligidos de
differentes authores, dividido em varios livros. Reino
animal, I Tomo / por Fr. José Mariano Velloso. –
Lisboa : Na Offic. da Casa Litteraria do Arco de
Cego, 1800.

Descrição feita a partir das bibliografias. – Inoc. vol. V, p. 57; BB II-
-340; Saldanha da Gama, 98.
BN Rio de Janeiro

NATURALISTA INSTRUIDO

NOS

DIVERSOS METHODOS

ANTIGOS, E MODERNOS

DE AJUNTAR, PREPARAR, E CONSERVAR AS

PRODUCÇÕES DOS TRES REINOS

DA NATUREZA,

COLLIGIDO DE DIFFERENTES AUTHORES,

DIVIDIDO EM VARIOS LIVROS.

REINO ANIMAL

I. TOM.

DEBAIXO DA PROTECÇÃO, E ORDEM

DE

S. ALTEZA REAL,

O PRINCIPE REGENTE

NOSSO SENHOR,

POR

FR. JOSE MARIANO VELLOSO.

LISBOA,

NA OFFIC. DA CASA LITTER. DO ARCO DO CEGO.

M. DCCC.

83

VELOSO, José Mariano da Conceição, 1742-1811,
O.F.M.
Relação das moedas dos paizes estrangeiros, com o
valor de cada huma, reduzida ao dinheiro portuguez
para uso dos commerciantes, / publicada... por Fr.
Jose Mariano Velloso. – Lisboa: Na Offic. da Casa
Litter. do Arco de Cego, 1800. – [4], XV, [1], 103, [1]
p.; 8.º (15 cm).

Inoc. vol. V, p. 57; BB II-341; Saldanha da Gama, 135.

N. 226 P. – Enc. em papel marmoreado com cantos de pele.
Lombada restaurada.
S.C. 6676 P.

RELAÇÃO

DAS

MOEDAS DOS PAIZES

ESTRANGEIROS,

Com o valor de cada huma, reduzida
ao dinheiro Portuguez

PARA O USO DOS COMMERCIANTES,

PUBLICADA,

DEBAIXO DOS AUSPICIOS, E ORDEM

DE

S. ALTEZA REAL,

O PRINCIPE REGENTE

NOSSO SENHOR,

POR

FR. JOSE MARIANO VELLOSO.

LISBOA,

NA OFFIC. DA CASA LITTER. DO ARCO DO CEGO.

M. DCCC.

84

ACCIOLI, José de Sá Betencourt, 1755-1828
Memoria sobre a plantação dos algodões, e sua exploração; sobre a decadencia da lavoura de mandiocas, no termo da villa de Camamú, comarca dos Ilhéos, governo da Bahia, / appresentada, e offerecida... por José de Sá Betencourt. – [Lisboa] : Na Officina de Simão Thaddeo Ferreira, 1798. – 34, [1] p. , 1 tabela desdobr. : 1 grav. desdobr.; 8.º (15 cm).

Inoc. vol. V, p. 118; BB II-224.

S.A. 28355 P.

85

ALMEIDA, António de, 17- - - 1822
Dissertação sobre o methodo mais simples, e seguro de curar as feridas das armas de fogo... / por Antonio d'Almeida. – Lisboa : Na Regia Officina Typografica, 1797. – XXVII, [1], 62 p. ; 4.º (22 cm).

Inoc. vol. I, p.83.

S.A. 4440 V. – Enc. inteira de pele marmoreada sobre pastas de papelão.

86

ANDRADE, José Maria Dantas Pereira de, 1772-1836
Curso de estudos para uso do commercio, e da fazenda: primeiro compendio, que trata da arithmetica universal... / pelo seu author José Maria D'Antas Pereira. – Lisboa : Na Regia Officina Typographica, 1798. – 2 vol.: Parte I — [6], IV, 390 p. ; Continuação da parte I - 229 p.; 4.º (21 cm).

Inoc. vol. v p. 30, diz que não se chegou a publicar a 2.ª parte.

S.A. 1174//75 V. – Enc. inteira de pele marmoreada sobre pastas de papelão.

CURSO DE ESTUDOS
PARA USO
DO
COMMERCIO, E DA FAZENDA.
PRIMEIRO COMPENDIO,
Que trata da Arithmetica universal.
PARTE I.
OU
THEORICA DA MESMA ARITHMETICA,
DEDICADA
A SUA ALTEZA REAL
O SERENISSIMO
PRINCIPE DO BRAZIL
NOSSO SENHOR
PELO SEU AUTHOR
JOSÉ MARIA D'ANTAS PEREIRA,
Capitão de Fragata , Lente de Mathematica , Socio da Academia Real das Sciencias , e Mestre do Serenissimo Senhor Infante D. Pedro Carlos.

LISBOA,
NA REGIA OFFICINA TYPOGRAFICA.
M. DCC. XCVIII.
COM LICENÇA DE SUA MAGESTADE.

87

ARTE DE LOUCEIRO
Arte de louceiro ou tratado sobre o modo de fazer as louças de barro mais grossas, / traduzido do francez... por Jose Ferreira da Silva. – Lisboa : Na Impressão Regia, 1804. – 202, [2] p. : 3 grav. desdobr. ; 8.º (17 cm).

Inoc. vol. IV, p. 333; BB II-261.

S.A. 15702 P.
S.A. 15703 P.
S.A. 12881 P.

ARTE DE LOUCEIRO
OU
TRATADO SOBRE O MODO DE FAZER
AS LOUÇAS DE BARRO MAIS
GROSSAS;
TRADUZIDO DO FRANCEZ
POR ORDEM
DE
SUA ALTEZA REAL,
O PRINCIPE REGENTE,
NOSSO SENHOR;
POR
JOSE FERREIRA DA SILVA

LISBOA
NA IMPRESSÃO REGIA.
ANNO DE 1804.
Por Ordem Superior.

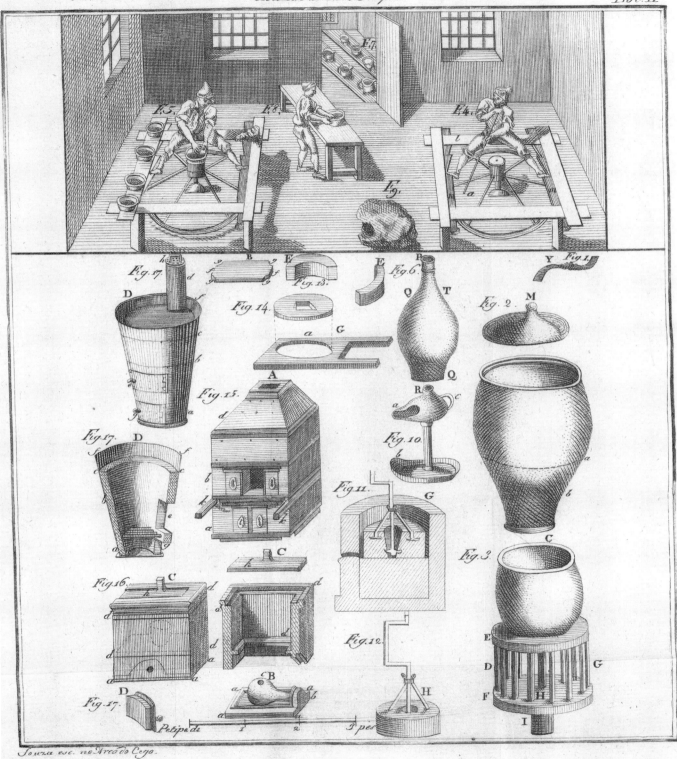

88

ATWOOD, George
Construcção, e analyse de proposições geometricas, e experiencias practicas, que servem de fundamento à architectura naval... / traduzida do inglez por Antonio Pires da Silva Pontes... – Lisboa : Na Offic. Patriarcal de João Procopio Correa da Silva, 1798. – [6], 79, [3] p. : 4 grav. desdobr. ; 2.º (29 cm).

Inoc. vol. I, p. 239; G. R. Trad. Port. I-1771, cita ed. de 1789.

S.A. 899 A. – Enc. de carneira esponjada sobre pastas de papelão. Ao centro das pastas armas reais portuguesas e a inscrição «Bibliotheca Publica». Guardas marmoreadas em tons de azul.

CONSTRUCÇÃO, E ANALYSE
DE
PROPOSIÇÕES GEOMETRICAS,
E
EXPERIENCIAS PRACTICAS
QUE SERVEM DE FUNDAMENTO
Á
.ARCHITECTURA NAVAL.
IMPRESSA POR ORDEM
DE
SUA MAGESTADE
E TRADUZIDA DO INGLEZ
POR ANTONIO PIRES DA SILVA PONTES
Cavalleiro Proefeſſo na Ordem de S. Bento de Aviz , Capitaõ
de Fragata da Real Armada , e Governador da Capi-
tania do Eſpirito Santo.

LISBOA,
Na Offic. Patriarcal de JOAÕ PROCOPIO CORREA DA SILVA.
ANNO M. DCC. XCVIII.

89

BARBUT, Jacques,
Helminthologia portugueza, em que se descrevem alguns generos das duas primeiras ordens, intestinaes, e molluscos da classe sexta do reino animal, vermes, e se exemplificão com varias amostras de suas especies, segundo o systema do cavalheiro Carlos Linne, / por Jacques Barbut ; traduzida... por Fr. José Mariano da Conceição Velloso... – Lisboa : Na Officina de João Procopio Correa da Silva, 1799. – [18], XII, [2], 67 p. : [1] grav. (frontispício), 11 grav. aguareladas ; 4.º (23 cm).

Inoc. vol. V, p. 56; BB II-339; G. R. Trad. Port. I-2181; Saldanha da Gama, 111.

BINCM 10-1-E-2-1/28.
S.A. 3320 V. – Falta o frontispício gravado.
S.A. 3321 V. – Falta o frontispício gravado. Enc. do estilo Império. Tem ao centro armas portuguesas e gravado na pasta posterior o nome da instituição a que se destinava: "Bibliotheca Publica".

HELMINTHOLOGIA
PORTUGUEZA,
EM QUE SE DESCREVEM ALGUNS GENEROS
DAS DUAS PRIMEIRAS ORDENS,
INTESTINAES , E MOLLUSCOS
DA
CLASSE SEXTA DO REINO ANIMAL,
VERMES,
E SE EXEMPLIFICAÕ COM VARIAS AMOSTRAS DE SUAS ESPECIES ,
SEGUNDO O SYSTEMA DO CAVALHEIRO
CARLOS LINNE,
POR JAQUES BARBUT,
TRADUZIDA
DEBAIXO DOS AUSPICIOS, E ORDEM
DE SUA ALTEZA REAL
O PRINCIPE DO BRASIL
NOSSO SENHOR,
POR
FR. JOSE' MARIANO DA CONCEIÇAÕ VELLOSO,
Menor Reformado da Provincia do Rio de Janeiro.
Penſionado por Sua Mageſtade.

LISBOA,
Na Officina de JOAÕ PROCOPIO CORREA DA SILVA,
Impreſſor da Santa Igreja Patriarcal.
ANNO M. DCC. XCIX.

HELMINTHOLOGIA PORTUGUEZA

90

BERCHTOLD, Leopoldo de

Exposição de hum novo remedio curativo, e preservativo da peste, presentemente usado com feliz successo no Hospital de Santo Antonio de Esmyrna... / dada à luz para ser distribuida gratis pelo conde Leopoldo de Berchtold... ; traduzida do italiano... a favor dos que navegão para a costa d'Africa. – Lisboa : Officina de João Antonio da Silva, 1797. – 28 p. ; 8.º (17 cm).

G. R. Trad. Port. I-2119.

S.A. 11265 P. – Enc. em meia de pele, respectivamente, em carneira tinta de verde e papel marmoreado. Rótulo, colado ao centro da pasta superior, tem inscrito o título.

{EXPOSIÇAÕ
DE HUM NOVO REMEDIO
CURATIVO, E PRESERVATIVO
DA PESTE,
PRESENTEMENTE
USADO COM FELIZ SUCCESSO
NO HOSPITAL
DE SANTO ANTONIO
DE ESMYRNA,
RECEBIDA NA QUELLA CIDADE, E DADA Á
LUZ PARA SER DISTRIBUIDA GRATIS
PELO CONDE
LEOPOLDO DE BERCHTOLD,
CAVALHEIRO DA ORDEM MILITAR DE SANTO
ESTEVAÕ DE TOSCANA.
*Traduzida do Italiano por ordem do Illustrissi-
mo, e Excellentissimo Senhor *** a favor dos
que Navegaõ para a Costa d' Africa.*

LISBOA:
Na Officina de JOAÓ ANTONIO DA SILVA,
Impressor de Sua Magestade. 1797.
Impresso por Ordem de Sua Magestade.

91

BERGMAN, Torbern,

Manual do mineralogico, ou esboço do reino mineral, disposto segundo a analyse chimica / por Mr. Torbern Bergman... ; publicado por Mr. Ferber... ; traduzido, e augmentado de notas por Mr. Mongez, o Moço... ; nova edição, consideravelmente augmentada por M. J. C. de La Metherie ; ultimamente traduzido... por Martim Francisco Ribeiro de Andrade Machado... ; publicado por Fr. José Marianno da Conceição Velloso. – Lisboa : Na Offic. de João Procópio Correa da Silva, 1799. – 2 vol. : t. 1.º – LXIX, [3], 351 p. ; t. 2.º – Lisboa: Na Off. de Antonio Rodrigues Galhardo, 1800. – [4], 405, [2] p. : 2 grav. desd. ; 4.º (20 cm).

BB I-30; G. R. Trad. Port. I-2182.

S.A. 5924 P. – 1.º vol.
S.A. 5925 P. – 2.º vol.
BINCM 2-1-A-1-2/35 – Edição variante do Tomo I, da mesma oficina e com a mesma data.

MANUAL
DO
MINERALOGICO,
OU
ESBOÇO DO REINO MINERAL,
DISPOSTO SEGUNDO A ANALYSE CHIMICA
POR MR. TORBERN BERGMAN,
*Cavalleiro da Ordem de Wasa, Professor de Chimica
em Upsal, Membro de muitas Academias.*
PUBLICADO
POR MR. FERBER,
Professor de Chimica em Mittaw;
Traduzido, e augmentado de notas
POR MR. MONGEZ o Moço,
Author do Jornal de Phisica, e Membro de muitas Academias.
Nova Ediçaõ, consideravelmente augmentada
POR M. J. C. DE LA METHERIE.
Ultimamente traduzido
POR MARTIM FRANCISCO RIBEIRO DE ANDRADE MACHADO,
Formado em Mathematica, e Bacharel em Philosophia.
PUBLICADO POR
FR. JOSÉ MARIANO DA CONCEIÇAÕ VELLOSO,
TOMO I.

LISBOA,
Na Offic. de JOAÕ PROCOPIO CORREA DA SILVA,
Impressor da Santa Igreja Patriarcal.
ANNO M. DCC. XCIX.
Impresso por Ordem de Sua Magestade,

MANUAL
DO
MINERALOGICO,
OU
ESBOÇO DO REINO MINERAL,
DISPOSTO SEGUNDO A ANALYSE CHIMICA
POR MR. TORBERN BERGMAN,
*Cavalleiro da Ordem de Wasa, Professor de Chimica em
Upsal, Membro de muitas Academias.*
PUBLICADO
POR MR. FERBER,
Professor de Chimica em Mittaw,
TRADUZIDO, E AUGMENTADO DE NOTAS
POR MR. MONGEZ, E DE LA METHERIE,
ULTIMAMENTE TRADUZIDO
DE ORDEM
DE SUA ALTEZA REAL
O
PRINCIPE DO BRAZIL
NOSSO SENHOR
POR MARTIM FRANCISCO RIBEIRO
DE ANDRADE MACHADO,
Formad.o em Mathematica, e Bacharel em Philosophia.
PUBLICADO POR
FR. JOSÉ MARIANO DA CONCEIÇAÕ VELLOSO.
TOMO SEGUNDO.

LISBOA:
NA OFF. DE ANTONIO RODRIGUES GALHARDO,
Impressor do Eminentissimo Senhor Cardeal Patriarca.
ANNO M. DCCC.

MEMORIA
SOBRE A CULTURA
DA
URUMBEBA,
E SOBRE A CRIAÇÃO
DA
COCHONILHA
EXTRAHIDA
POR M. BERTHOLET
Das Observações feitas em Guaxaca.
POR
M. THIERY DE MENONVILLE,
E Copiada do V. Tomo dos Annaes de
Chymica,
DEBAIXO DOS AUSPICIOS,
E ORDEM
DE SUA ALTEZA REAL
O
PRINCIPE N. SENHOR,
Por Fr. José Marianno da Conceição
Velloso.

LISBOA. M. DCC. XCIX.

NA OF. DE SIMÃO THADDEO FERREIRA.

92
BERTHOLLET, Claude Louis, conde de, 1748-1822
Memoria sobre a cultura da urumbeba, e sobre a
criação da cochonilha / extrahida por M. Bertholet
das observações feitas em Guaxaca por M. Thiery de
Menonville ; e copiada do V. tomo dos Annaes de
Chymica... por Fr. José Mariano da Conceição
Velloso. – Lisboa : Na Of. de Simão Thaddeo
Ferreira, 1799. – VII, [1], 9-45 p. ; 1 grav. desdobr. ;
8.º (15 cm).

BB II-339; G. R. Trad. Port. I-2183; Saldanha da Gama, 100; NUC
NT 0154362.

S.A.28515 P. – Pert. ms. «Antonio... Passos Agronomo».

BETENCOURT, José de Sá ver ACCIOLI, José de Sá
Betencourt

COMPENDIO
DA
DOUTRINA CHRISTÃA
NA
LINGUA PORTUGUEZA,
E
BRASILICA.
COMPOSTO PELO
P. JOÃO FILIPPE BETENDORF
Antigo Missionario do Brasil,
E REIMPRESSO DE ORDEM
DE
S. ALTEZA REAL
O
PRINCIPE REGENTE
NOSSO SENHOR
POR
FR. JOSÉ MARIANO DA CONCEIÇÃO
VELLOZO.

LISBOA. M. DCCC.

NA OFFIC. DE SIMÃO THADDEO FERREIRA.

93
BETENDORF, João Filipe, 1625-1698, S. J.
Compendio da doutrina christãa na lingua
portugueza e brasilica, / composto pelo P. João
Filippe Betendorf... ; e reimpresso... por Fr. José
Mariano da Conceição Vellozo. – Lisboa : Na Offic.
de Simão Thaddeo Ferreira, 1800. – VIII, 131, [3] p.
; 8.0 (14 cm).

BB I-91.

R. 3290 P.

94

CARNOT, Lazaro Nicolas Margueriti, 1753-1823
Reflexões sobre a metaphysica do calculo
infinitesimal / por Carnot... publicadas em Pariz no
anno de 1797... ; traduzidas do francez por Manoel
Jacinto Nogueira da Gama... – Lisboa : Na Offic. de
João Procopio Correa da Silva, 1798. – [2], XVI, [2],
56, [2] p. : 1 grav. desdobr. ; 4.º (19 cm).

Inoc. vol. VI, p. 8; G. R. Trad. Port. I-2146.

S.A. 1356 V.

REFLEXÕES
SOBRE A
METAPHYSICA
DO
CALCULO INFINITESIMAL
POR CARNOT,
Membro do Instituto Nacional.
PUBLICADAS EM PARIZ NO ANNO DE 1797.
E POR ORDEM DE
SUA ALTEZA REAL
O PRINCIPE
NOSSO SENHOR
TRADUZIDAS DO FRANCEZ
POR
MANOEL JACINTO NOGUEIRA DA GAMA
Cavalleiro Professo na Ordem de S. Bento de Aviz, Bacharel Formado em as Faculdades de Mathematica, e Philosophia pela Universidade de Coimbra, Capitaõ Tenente da Armada Real, e Professor de Mathematica na Academia Real da Marinha.

LISBOA,
Na Offic. de JOAÕ PROCOPIO CORREA DA SILVA,
Impressor da Santa Igreja Patriarcal.
ANNO M. DCC. XCVIII.
Impressa por ordem de Sua Magestade.

95

CHAPTAL, Jean Antoine, 1756-1832
Extracto ácerca do methodo de se fazer nitrato de
potassa ou salitre copiado dos elementos de chymica
/ compostos em francez por J. A. Chaptal ;
traduzido... – Lisboa : Na Offic. de João Procopio
Correa da Silva, 1798. – 39 p. ; 4.º (22 cm).

Bibliogr. consultada não refere.

BINCM 8-1-C-1-2/59

EXTRACTO
A'CERCA
DO METHODO DE SE FAZER
NITRATO DE POTASSA
OU
SALITRE
COPIADO
DOS ELEMENTOS DE CHYMICA
COMPOSTOS EM FRANCEZ
POR J. A. CHAPTAL
TRADUZIDO
E IMPRESSO
POR ORDEM
DE SUA MAGESTADE.

LISBOA,
Na Offic. de JOAÕ PROCOPIO CORREA DA SILVA,
Impressor da Santa Igreja Patriarcal.
ANNO M. DCC. XCVIII.

COLLECÇAÕ
DE
MEMORIAS INGLEZAS
SOBRE
A CULTURA E COMMERCIO
DO
LINHO CANAMO
TIRADAS DE DIFFERENTES AUTHORES
Que devem entrar no quinto tomo do
Fazendeiro do Brazil
TRADUZIDAS DE ORDEM
DE SUA ALTEZA REAL
O
PRINCIPE DO BRAZIL
NOSSO SENHOR
E PUBLICADAS
POR
Fr. JOSE' MARIANO DA CONCEIÇAÓ
VELLOSO.

LISBOA:
Na Officina de Antonio Rodrigues Ga'hardo,
Impreffor da Sereniffima Cafa do Infantado,
ANNO M. DCC. XCIX.
Com Licença de Sua Magestade.

TRATADO ELEMENTAR
DA
ANALYSE MATHEMATICA,
POR J. A. J. COUSIN,
Membro do Inftituto Nacional, e Profeffor no Col-
legio de França,
TRADUZIDO DO FRANCEZ,
DE ORDEM DE
SUA ALTEZA REAL
O PRINCIPE REGENTE
NOSSO SENHOR,
POR
MANOEL FERREIRA DE ARAUJO GUIMARÃES
Lente Subftituto de Mathematica na Academia Real dos Guar-
das-Marinhas, e Socio da Sociedade Real Maritima.

Non pacem, non concordiam, non fecuritatem, non opes ora-
mus, non honores: fimplex cunéla que ifta complexum unum
omnium votum eft, SALUS PRINCIPIS.
Plin. in fin. Pan. Traj.

LISBOA
✕✕✕✕✕✕✕✕✕✕✕✕✕ ✕✕✕✕✕✕✕✕✕✕
ANNO M. DCCCII.
✕✕✕✕✕✕✕✕✕✕✕✕✕ ✕✕✕✕✕✕✕✕✕✕
NA OFFICINA DE JOAÕ PROCOPIO CORREA DA SILVA,
Impreffor da Santa Igreja Patriarcal.
Por Ordem de Sua Alteza Real.

96
CHAPTAL, Jean Antoine, 1756-1832
Memoria sobre os queijos de Roquefort / por M. Chaptal ; traduzida... por Fr. José Mariano Velloso... – Lisboa: Na Offic. de João Procopio Correa da Silva, 1799.

Descrição segundo as bibliografias. – Inoc. vol. v, p. 56, BB II-340; G. R. Trad. Port. I-2184; Saldanha da Gama, 137.

97
COLECÇÃO DE MEMÓRIAS INGLESAS SOBRE A CULTURA E COMÉRCIO DO LINHO CÂNHAMO
Collecção de memorias inglezas sobre a cultura e commercio do linho canamo tiradas de diferentes authores que devem entrar no quinto tomo do Fazendeiro do Brazil / traduzidas... e publicadas por Fr. José Mariano da Conceição Velloso. – Lisboa: Na Officina de Antonio Rodrigues Galhardo, 1799. – [6], 156 p. ; 8.º (16 cm).

BB II-340; G.R. Trad. Port. I-2175.

S.A. 6767 P.
S.A. 28134 P.

98
COUSIN, Jacques Antoine Joseph, 1739-1800
Tratado elementar da analyse mathematica, / por J. A. J. Cousin... ; traduzido do francez... por Manoel Ferreira de Araujo Guimarães... – Lisboa : Na Officina de João Procopio Correa da Silva, 1802. – [16], 206 p .; 4.º (22 cm).

Inoc. vol. v, p. 424; G. R. Trad. Port. I-2443.

S.A. 32840 V. – Enc. em *marroquin* vermelho gravado a ouro.

99

Cultura Americana

Cultura americana que contem huma relação do terreno, clima, producção, e agricultura das colonias britanicas no norte da America, e nas Indias occidentais, com observações sobre as vantagens, e desvantagens de se estabelecer nellas, em comparação com a Grã-Bretanha, e Irlanda. / Por hum Americano. ; Traduzida da lingua ingleza... pelo bacharel José Feliciano Fernandes Pinheiro : Vol. 1.º [Vol. 2.º trad. por António Carlos Ribeiro de Andrade.] ; publicado por Fr. José Mariano da Conceição Velloso. – Lisboa : Na Off. de Antonio Rodrigues Galhardo, 1799. – 2 vol. enc. juntos : vol. I – [6], 419, [2] p. : 1 grav. desd. (mapa) ; vol. II – 179, [7] p. ; 4.º (21 cm).

Inoc. vol. IV, p. 321; BB II-151; G. R. Trad. Port. I-2177.

S.A. 6728 P.

CULTURA AMERICANA
QUE CONTE'M HUMA RELAÇÃO
DO TERRENO, CLIMA,
PRODUCÇÃO, E AGRICULTURA
DAS
COLONIAS BRITANICAS
NO NORTE DA AMERICA, E NAS INDIAS
OCCIDENTAIS,
Com Observações sobre as vantagens, e desavantagens de se estabelecer nellas, em comparação com a Grã-Bretanha, e Irlanda.
POR HUM AMERICANO.
Traduzida da Lingua Ingleza,
DEBAIXO DOS AUSPICIOS, E DE ORDEM
DE SUA ALTEZA REAL
O PRINCIPE REGENTE
NOSSO SENHOR,
PELO BACHAREL
JOSE' FELICIANO FERNANDES PINHEIRO,
EM DOIS VOLUMES.
VOL. I.
PUBLICADO
POR
Fr. JOSE' MARIANO DA CONCEIÇAÕ VELLOSO,
Menor Reformado da Provincia do Rio de Janeiro,
e pensionado por Sua Magestade.

LISBOA:
NA OFF. DE ANTONIO RODRIGUES GALHARDO,
Impressor do Eminentissimo Senhor Cardeal Patriarca.
ANNO M. DCC. XCIX.

CULTURA AMERICANA
QUE CONTE'M HUMA RELAÇÃO
DO TERRENO, CLIMA,
PRODUCÇÃO, E AGRICULTURA
DAS
COLONIAS BRITANICAS
NO NORTE DA AMERICA, E NAS INDIAS
OCCIDENTAIS,
Com Observações sobre as vantagens, e desavantagens de se estabelecer nellas, em comparação com a Grã-Bretanha, e Irlanda,
POR HUM AMERICANO.
Traduzida da Lingua Ingleza,
DEBAIXO DOS AUSPICIOS, E DE ORDEM
DE SUA ALTEZA REAL
O PRINCIPE REGENTE
NOSSO SENHOR,
PELO BACHAREL
ANTONIO CARLOS RIBEIRO D'ANDRADE
EM DOIS VOLUMES.
VOL. II.
PUBLICADO
POR
Fr. JOSE' MARIANO DA CONCEIÇAÕ VELLOSO,
Menor Reformado da Provincia do Rio de Janeiro,
e pensionado por Sua Magestade.

LISBOA:
NA OFF. DE ANTONIO RODRIGUES GALHARDO,
Impressor do Eminentissimo Senhor Cardeal Patriarca.
ANNO M. DCC. XCIX.

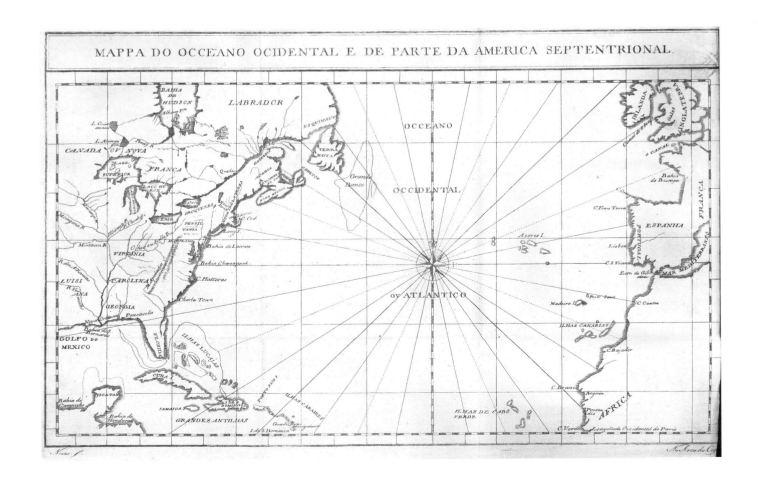

MAPPA DO OCCEANO OCIDENTAL E DE PARTE DA AMERICA SEPTENTRIONAL.

MINEIRO DO BRASIL
MELHORADO PELO CONHECIMENTO
DA
MINERALOGIA, E METALLURGIA,
E DAS
SCIENCIAS AUXILIADORAS.
SEGUNDA PARTE.
MINEIRO GEOMETRA,
OU
GEOMETRIA PRATICA,
E SUBTERRANEA,
APPLICADA AO USO DOS TRABALHOS DAS MINAS
POR MR. DE GENSSANE,
MEMBRO DA SOCIEDADE REAL DAS SCIENCIAS DE MOM-
PELHER, etc. etc. etc.
TRADUZIDO EM PORUGUEZ
DE ORDEM
DE SUA ALTEZA REAL
O PRINCIPE REGENTE N. S.
POR
Fr. JOSE' MARIANO DA CONCEIÇAŌ VELLOSO.

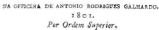

LISBOA
NA OFFICINA DE ANTONIO RODRIGUES GALHARDO.
1801.
Por Ordem Superior.

101
DICIONÁRIO PORTUGUÊS E BRASILIANO
Diccionario portuguez, e brasiliano, obra necessaria aos ministros do altar, que emprehenderem a conversão de tantos milhares de almas que ainda se achão dispersas pelos varios certões do Brasil, sem o lume da fé e baptismo. Aos que parocheão missões antigas, pelo embaraço com que nellas se falla a lingua portugueza, para melhor poder conhecer o estado interior das suas consciencias. A todos os que se empregam no estudo da historia natural, e geografia daquelle paiz; pois couserva [sic] constantemente os seus nomes originarios, e primitivos / por *** : Primeira parte. – Lisboa : Na Officina Patriarcal, 1795. – [8], IV, 79 p. ; 4.º (20 cm.).

Inoc. vol. II, p. 138; BB II-336.

L. 7863 P.

DICCIONARIO
PORTUGUEZ, E BRASILIANO,
OBRA NECESSARIA
AOS MINISTROS DO ALTAR,
QUE EMPREHENDEREM A CONVERSAŌ DE TANTOS
MILHARES DE ALMAS QUE AINDA SE ACHAŌ
DISPERSAS PELOS VASTOS CERTÕES DO
BRASIL, SEM O LUME DA FE', E
BAPTISMO.
AOS QUE PAROCHEAŌ MISSÕES ANTIGAS, PELO EMBARAÇO
COM QUE NELLAS SE FALLA A LINGUA PORTUGUE-
ZA, PARA MELHOR PODER CONHECER O
ESTADO INTERIOR DAS SUAS
CONSCIENCIAS.
A todos os que se empregarem no estudo da Historia
natural, e Geografia daquelle paiz; pois couser-
va constantemente os seus nomes originarios,
e primitivos:
POR * * *
PRIMEIRA PARTE.

LISBOA
NA OFFICINA PATRIARCAL.

ANNO N. DCC. XCV.
Com licença.

100
DE GENSSANE
Mineiro do Brasil melhorado pelo conhecimento da mineralogia, e metallurgia, e das sciencias auxiliadoras: Segunda parte. Mineiro geometra, ou geometria pratica, e subterranea, aplicada ao uso dos trabalhos das minas / por Mr. De Genssane... ; traduzido em portuguez... por José Mariano da Conceição Velloso. – Lisboa: Na Officina de Antonio Rodrigues Galhardo, 1801. – VIII, 135 p. ; 4.º (22 cm).

Inoc. vol. V, p. 452; BB II-342.

BINCM 5-1-B-2-1/21

102

Discurso Prático Acerca da Cultura, Maceração e Preparação do Cânhamo

Discurso prático àcerca da cultura, maceração, e preparação do canamo, lido e approvado pela Real Sociedade Agraria de Turim, na sessão de 8 de Maio de 1795... / traduzido do italiano... por Fr. José Marianno da Conceição Velloso. – Lisboa : Na Of. de Simão Thaddeo Ferreira, 1799. – 70 p. : 2 grav. desdobr. ; 8.º (14 cm).

Inoc. V, p. 56; BB II-339; Saldanha da Gama, 129.

S.A. 28513 P. – Pert. ms. «Antonio... Passos. Agronomo.»

DISCURSO PRÁTICO
A'CERCA DA CULTURA,
MACERAÇÃO, E PREPARAÇÃO
DO
CANAMO,
LIDO E APPROVADO
PELA REAL SOCIEDADE
AGRARIA DE TURIM,
Na Sessão de 8 de Maio de 1795,
E DEDICADO A' MESMA SOCIEDADE
POR SEU AUTHOR.
TRADUZIDO DO ITALIANO
DE ORDEM
DE SUA ALTEZA REAL
O
PRINCIPE DO BRAZIL,
NOSSO SENHOR
Por Fr. José Marianno da Conceição Velloso
Jubet amor patriæ, natura juvat, sub numine crescit.

LISBOA. M. DCC. XCIX.
NA OF. DE SIMÃO THADDEO FERREIRA.

103

Duhamel du Monceau, 1700-1791

Descripção sobre a cultura do canamo, ou canave, sua colheita, maceração n'agua, até se pôr no estado para ser gramado, ripado, e assedado. / Traduzida... – Lisboa : Na Offic. de João Procopio Correa da Silva, 1798. – 15 p. ; 8.º (15 cm).

G. R. Trad. Port. I-2143, 2185, atribui a trad. a José Mariano Veloso. – 2.ª ed. na Of. de Simão Thaddeo Ferreira, 1799 (SA. 35740 P.)

BINCM 5-2-B-1-2/62

DESCRIPÇAÕ
SOBRE
A CULTURA
DO
CANAMO,
OU
CANAVE,
Sua colheita, maceraçaõ n'agua, até se pôr no estado para ser gramado, ripado, e assedado.
TRADUZIDA, E IMPRESSA
POR ORDEM
DE SUA MAGESTADE.

LISBOA,
Na Offic. de Joaõ Procopio Correa da Silva,
Impressor da Santa Igreja Patriarcal.
ANNO M. DCC. XCVIII.

104

DUPAIN

A sciencia das sombras relativas ao desenho, obra necessaria a todos, que querem desenhar architectura civil, e militar, ou que se destinão a pintura, &c... / por M. Dupain; traduzida... por Fr. José Mariano da Conceição Velloso... – Lisboa: Na Offic. de João Procopio Correa da Silva, 1799. – [8], 84, [3] p. : 14 grav. desdobr. ; 4.º (20 cm).

BB II-339; G. R. Trad. Port. I-2186.

B.A. 419 P.
B.A. 1954 P.

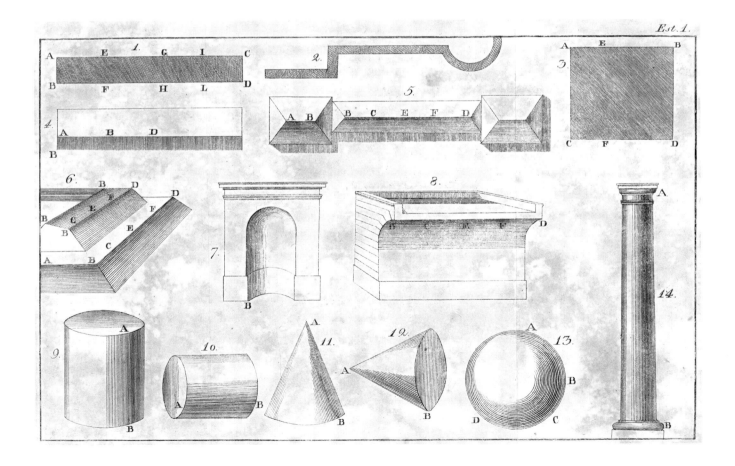

105

ENSAIO SOBRE A TEORIA DAS TORRENTES E RIOS

Ensaio sobre a theoria das torrentes e rios que contem os meios mais simples de obstar aos seus estragos, de estreitar o seu leito e facilitar a sua navegação, sirga, e fluctuação; acompanhado de huma discussão a respeito da navegação interior da França; e terminado pelo projecto de tornar Paris em porto maritimo, fazendo subir à vela pelo Seine as embarcações, que párão em Rouen / por Fabre... ; seguido da indagação da mais vantajosa construcção dos diques / por Mrs. Bossut e Viallet ; e de hum extracto da architectura hydraulica / de M. Belidor... ; terminado pelo tratado pratico da medida das águas correntes, e uso da taboa parabolica / do P. D. Francisco Maria de Regi... ; traduzidos por Manoel Jacinto Nogueira da Gama. – Lisboa : Na Offic. Patr. de João Procopio Correa da Silva, 1800. – [24], XXXII , 367 , [56] p.; 16 grav.; 4.º (16 cm).

G. R. Trad. Port. I-2228.

S.A. 28340 P. – Pert. ms. «António R. Passos Agronomo». Enc. em meia de pele com ferros românticos na lombada.

ENSAIO SOBRE A THEORIA
DAS TORRENTES E RIOS
Que contem os meios mais simples de obstar aos seus estragos, de estreitar o seu leito e facilitar a sua Navegação, Sirga, e Fluctuação: acompanhado de huma discussão a respeito da Navegação interior da França; e terminado pelo projecto de tornar Paris em Porto Maritimo, fazendo subir á véla pelo Seine as embarcações, que párão em Rouen
POR FABRE
Engenheiro em Chêfe das Pontes e Calçadas na Provincia do Var:
SEGUIDO DA INDAGAÇÃO
DA MAIS VANTAJOSA CONSTRUCÇÃO DOS DIQUES
POR Mrs. BOSSUT E VIALLET:
E DE HUM EXTRACTO DA ARCHITECTURA HYDRAULICA
DE M. BELIDOR
RELATIVO AO ENSECAMENTO DOS PAUES, METHODO DE OS REDUZIR Á CULTURA , E AOS CANAES DE REGA DESTINADOS A FERTILISAR HUM PAIZ ARIDO :
TERMINADO PELO TRATADO PRATICO DA MEDIDA DAS AGUAS CORRENTES, E USO DA TABOA PARABOLICA
DO P. D. FRANCISCO MARIA DE REGI:
DE ORDEM DE SUA ALTEZA REAL
O PRINCIPE REGENTE NOSSO SENHOR
TRADUZIDOS
POR MANOEL JACINTO NOGUEIRA DA GAMA
Cavalleiro Professo na Ordem de S. Bento de Aviz, Bacharel Formado em as Faculdades de Mathematica, e Philosophia pela Universidade de Coimbra , Capitão de Fragata da Armada Real , e Professor de Mathematica na Academia Real da Marinha.

LISBOA
ANNO M. DCCC.
NA OFFIC. PATR. DE JOÃO PROCOPIO CORREA DA SILVA.

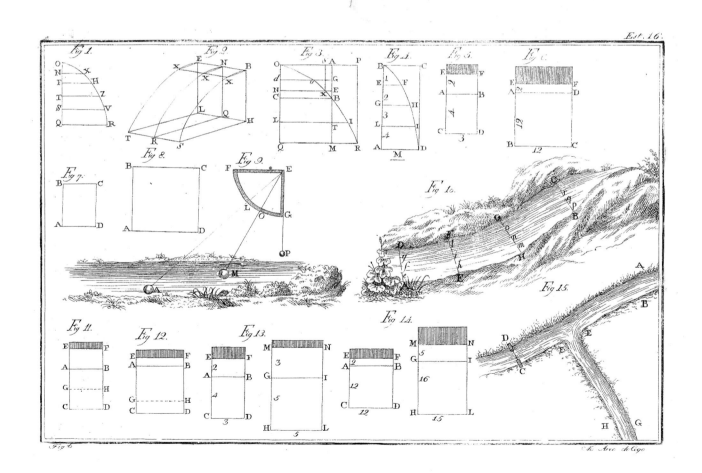

EXTRACTO

SOBRE O METHODO

DE SE PREPARAR

A

· POTASSA

TRADUZIDA, E IMPRESSA

POR ORDEM

DE

SUA MAGESTADE.

(*ENCYCLOPEDIE METHODIQUE.*)

LISBOA. M. DCC. XCVIII.

NA OFFIC. DE SIMÃO THADDEO FERREIRA.

106
\text{E}\textsc{xtracto} Sᴏʙʀᴇ ᴏ Mᴇ́ᴛᴏᴅᴏ ᴅᴇ ꜱᴇ Pʀᴇᴘᴀʀᴀʀ ᴀ
Pᴏᴛᴀꜱꜱᴀ
Extracto sobre o methodo de se preparar a potassa /
traduzida... (Encyclopedie Methodique) – Lisboa :
Na Offic. de Simão Thaddeo Ferreira, 1798. – 14 p. ;
2.º (32 cm).

Bibliogr. consultada não refere.

S.A. 2910//2 V. – Enc. com outras obras.

ARTE

DA

GRAMMATICA

DA

LINGUA DO BRASIL,

COMPOSTA

PELO

P. LUIZ FIGUEIRA,

NATURAL DE ALMODOVAR.

QUARTA IMPRESSAõ.

LISBOA:
NA OFFICINA PATRIARCAL.

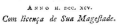

ANNO M. DCC. XCV.

Com licença de Sua Magestade.

107
Fɪɢᴜᴇɪʀᴀ, Luís, 1574-1643, S.J.
Arte da grammatica da lingua do Brasil, / composta
pelo P. Luiz Figueira... – Quarta impressão. – Lisboa :
Na Officina Patriarcal, 1795. – [4], 103 p. ; 4.º (19
cm).

Inoc. vol. v, p. 286; BB I-263.

L. 5249 A.
M. 1245 P.

108

Flamsteed, John, 1646-1719

Atlas celeste, / arranjado por Flamsteed; publicado por J. Fortin; correcto, e augmentado por Lalande, e Mechain; trasladado em lingoagem... – Primeira edição portugueza revista, e correcta / pelo doutor Francisco Antonio Ciera ; e pelo coronel Custodio Gomes Villas-Boas. – Lisboa : Na Impressão Régia, 1804. – XVI, 43 p. : 30 grav. em folha dupla; 4.º (25 cm).

Inoc. vol. II, p. 113; G. R. Trad. Port. I-2583.

S.A. 1789 V.

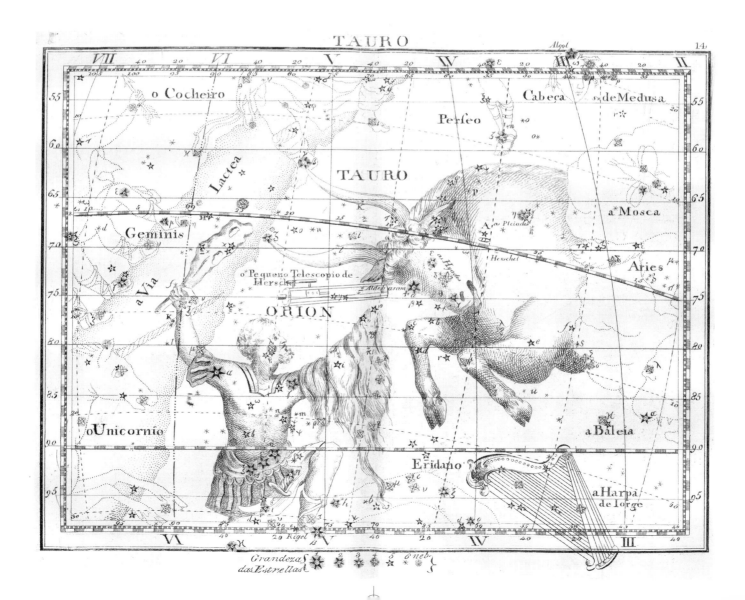

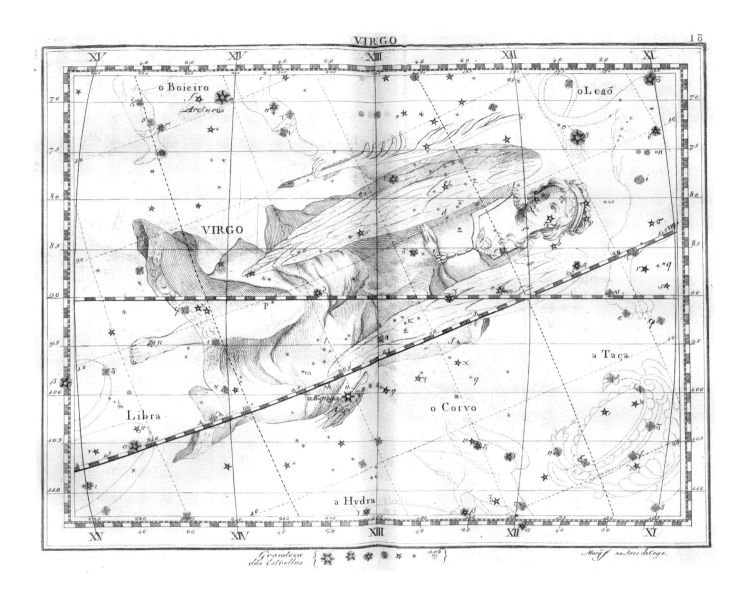

Grandeza das Estrellas

Mackf no Arco do Cego.

43

Precisa-se , para se reconhecerem os Planetas no Ceo , e apontar o seu lugar nas cartas, recorrer as Ephemerides, e melhor ao conhecimento dos tempos ; e assim por sua longitude , e latitude , ou tambem pela sua passagem pelo Meridiano , se conhecerão quaes são as Estrellas , em cuja vizinhança se encontrão cada hum dos Planetas.

F I M.

Pelo Correr. Lisboa 20 de Fever. de 1805.

Amaral Oliveira P.º Velloso
Manoel Portugal

Taxaó em 1920 rs. Lisboa 5 de Fevr.
de 1805

Amaral C

109

LA CAILLE, Nicolas Louis de, 1713-1762
Curso elementar e completo de mathematicas-puras,
/ ordenado por La Caille ; augmentado por Marie ; e
illustrado por Theveneau ; traduzido do francez...
por Manoel Ferreira de Araujo Guimarães. – Lisboa :
Na Officina Patriarcal de João Procopio Correa da
Silva, 1800. – [12], 475, [3] p. ; 12 grav. desdobr. ;
4.º (21 cm).

Inoc. vol. V, p. 424; G. R. I-2231.

S.A. 32800 V. – Enc. em *marroquin* vermelho gravado a ouro. Corte
das folhas e das pastas cinzelados. Provável enc. de editor.

CURSO ELEMENTAR
E
COMPLETO
DE
MATHEMATICAS-PURAS,
ORDENADO POR LA CAILLE,
AUGMENTADO POR MARIE,
E
ILLUSTRADO POR THEVENEAU,
TRADUZIDO DO FRANCEZ,
E DEDICADO
A SUA ALTEZA REAL
O PRINCIPE REGENTE
NOSSO SENHOR
POR
MANOEL FERREIRA DE ARAUJO GUIMARÃES
Alumno da Real Academia da Marinha.

. . . *Audacibus adnuc cœptis.*
Virg. L. I. Georg. v. 40.

LISBOA
ANNO M. DCCC.
Na Officina Patriarcal de Joaó Procopio Correa da Silva,
Por Ordem de Sua Alteza Real.

110

LA GRANGE, Joseph Louis, 1736-1813
Theorica das funções analyticas, que contem os
principios do calculo differencial livres de toda a
consideração de quantidades infinitamente
pequenas... / por M. La Grange... ; traduzido do
francez por Manoel Jacinto Nogueira da Gama... :
Primeira parte [e Segunda]. – Lisboa : Na Offic. de
João Procópio Correa da Silva, 1798. – 2 partes em 1
vol. : 1.ª parte – [8], 156, [4] p. ; 2.ª parte – [8], 214
p. ; 4.º (20 cm).

BB I 292; G.R. Trad. Port. I-2147.

S.A. 1359 V. – Enc. apresenta armas portuguesas na pasta superior
e o nome da instituição a que se destinava, gravado a ouro.

E. 2. 45

THEORICA
DAS FUNÇÕES ANALYTICAS,
QUE CONTEM
OS PRINCIPIOS DO CALCULO DIFFERENCIAL
LIVRES DE TODA A CONSIDERAÇÃO DE QUANTIDADES
INFINITAMENTE PEQUENAS OU DE DESVANECENTES,
DE LIMITES OU DE FLUXÕES, E REDUZIDOS
Á ANALYSE ALGEBRICA DAS QUANTI-
DADES FINITAS.
POR M. LA GRANGE
E DE ORDEM DE
SUA ALTEZA REAL
O PRINCIPE
NOSSO SENHOR
TRADUZIDA DO FRANCEZ
POR
MANOEL JACINTO NOGUEIRA DA GAMA
Cavalleiro Professo na Ordem de S. Bento de Aviz , Bacha-
rel Formado em as Faculdades de Mathematica , e Philo-
sophia pela Universidade de Coimbra , Capitão Tenente
da Armada Real , e Professor de Mathematica na Aca-
demia Real da Marinha.

PRIMEIRA PARTE.

LISBOA,
Na Offic. de JOAÓ PROCOPIO CORREA DA SILVA,
Impressor da Santa Igreja Patriarcal.
ANNO M. DCC. XCVIII.
Impressa por ordem de Sua Magestade.

MINEIRO LIVELADOR,
OU
HYDROMETRA,
COPIADO
DO
NOVO TRATADO DE LIVELAMENTO
DE
M. LE FEBURE,
E IMPRESSO DE ORDEM
DE S. A. R.
O PRINCIPE REGENTE
NOSSO SENHOR,
PARA O USO
DA
NAÇAÖ PORTUGUEZA,
POR
Fr. JOSE' MARIANO DA CONCEIÇAÖ VELLOSO.

LISBOA
NA OF. DE ANTONIO RODRIGUES GALHARDO,
Impressor dos Conselhos de Guerra, e do
Almirantado.

Anno de 1803.

111
LE FEBURE
Mineiro livelador, ou hydrometra, copiado do novo tratado de livelamento / de M. Le Febure; e impresso... para o uso da Nação Portugueza, por Fr. José Mariano da Conceição Velloso. – Lisboa : Na Of. de Antonio Rodrigues Galhardo, 1803. – VII, [1], 100, [1] p. : 7 grav. desdobr. ; 4.º (20 cm).

BB II-343; G. R. Trad. Port. I-2512; Saldanha da Gama, 136.

BINCM 7-2-A-1-1/17

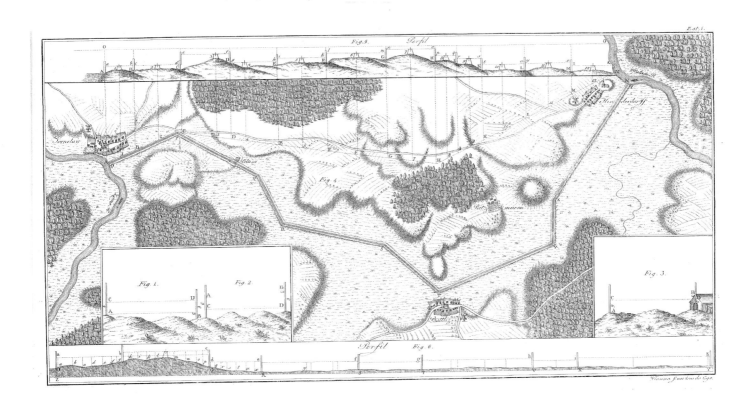

112

MARCANDIER,
Tratado sobre o canamo, / composto em francez por
Mr. Marcandier... ; traduzido... por Martim Francisco
Ribeiro d'Andrade... ; publicado por Fr. José
Marianno da Conceição Velloso... – Lisboa : Na Of.
de Simão Thaddeo Ferreira, 1799. – VII, [1], 90 p. ;
8.º (14 cm).

Inoc. vol. V, p. 56; BB I-30; G. R. Trad. Port. I-2187.

S.A. 28497 P.
S.A. 10902 //1 P. – Enc. com outras obras.

113

MELO, José Rodrigues de, S.J.
De rebus rusticis brasilicis carminum libri quatuor, /
Josephi Rodericii Melli; quibus accedit Prudentii
Amaralii De sachari opificio singulare carmen... ;
curante Fr. Josepho Mariano a Conceptione
Velloso... – Olysipone : Ex Typographia Patriarchali
Joannis Procopii Correae Silvii, 1798. – [8], 113 p. :
[4] grav. ; 4.º (20 cm).

Inoc. vol. III, p. 29; BB II-51.

S.A. 28374 P.

114

MEMÓRIA SOBRE A CANELEIRA

Memoria sobre a caneleira, para acompanhar a remessa das plantas, que o Principe N. Senhor manda transportar para o Brazil. – Lisboa : Na Regia Officina Typografica, [1797]. – 11, [1] p. ; 4.º (22 cm).

Bibliogr. consultada não refere.

VAR. 1522//12

115

MEMÓRIA SOBRE A CULTURA DO LOUREIRO CINAMOMO

Memoria sobre a cultura do loureiro cinamomo, vulgo, canelleira de Ceilão, que acompanhou a remessa das plantas da mesma feita de Goa para o Brazil pelo ilustrissimo Francisco da Cunha Menezes, então governador e capitão general do Estado da India / publicada... por Fr. José Mariano da Conceição Velloso... – [Lisboa] : Na Officina de Simão Thaddeo Ferreira, 1798. – 31 p. : 1 grav. desdobr. ; 8.º (18 cm).

Inoc. vol. v, p. 452; BB II-338; NUC NV 0077398.

SA. 28182 P. – Pert. ms. «Antonio Passos Agronomo»

MEMÓRIA SOBRE A CULTURA DO TABACO

Memoria sobre a cultura do tabaco, nos Estados
Unidos da America. – [sl. sn. sd.] – 15 p. ; 8.º (15 cm).

Bibliogr. consultada não refere.

S.A. 28186 P. – Pert ms. «Antonio R. Passos Agronomo»

(I)

MEMORIA
SOBRE A CULTURA
DO
TABACO,
NOS ESTADOS UNIDOS DA AMERICA.

PREPARA-SE huma pequena folha de
terra, cercada de hum vallado aberto, ou
com travessas; deve a terra ser pingue,
ou bem adubada; cultiva-se, ou lavra-se
muito fino, como se fosse para semear
grammas, ou algum outro grão muito pequeno; fazem-se canteiros, ou alfobres de
tal largura, que se possa andar de roda
delles, para mondallos, sem atropellar as
plantas de Tabaco. As sementes esparzem-
se muito bastas, para a producção das
plantas do Tabaco, muito á similhança,
do que se faz na producção das mudas de
couve, e transplantão-se por similhante
modo, de tal arte, que os versados no
manejo de huma horta de couves podem,
seguindo este papel, conduzir, e conservar huma plantação de Tabaco em optimo
estado. Semea-se logo pela primavéra, para que se tenhão mudas anticipadas, e reste ao Tabaco o tempo devido de amadu-
rar, antes de virem as geadas; e tenha tempo de apanhar as estações de tempo húmi-
do, e favoravel, para se renovarem as plantas,

MEMÓRIA SOBRE A CULTURA E PREPARAÇÃO DO
GIROFEIRO AROMÁTICO

Memoria sobre a cultura, e preparação do girofeiro
aromatico vulgo cravo da India nas ilhas de
Bourbon e Cayena, extrahida dos Annaes de
Chymica (e outras) / trasladada... por Fr. José
Mariano Velloso.... – Lisboa : Na Offic. de João
Procopio Correa da Silva, 1798. – [8], 31 p. : 1 grav.
aguarelada, 2 mapas desdobr. ; 8.º (15 cm).

Inoc. vol. v, p. 56; BB II-338; G..R. Trad. Port. I-2144.

S.A. 28356 P. - Pert. ms. «Antonio R. Passos Agronomo»
S.A. 11039 P.

MEMORIA
SOBRE
A CULTURA, E PREPARAÇAÕ
DO
GIROFEIRO AROMATICO
VULGO
CRAVO DA INDIA
Nas Ilhas de Bourbon, e Cayena, extrahida
dos Annaes de Chymica (e outras)

TRASLADADA DE ORDEM
DE SUA ALTEZA REAL
O PRINCIPE DO BRASIL
NOSSO SENHOR
POR
Fr. JOSE' MARIANO VELLOSO
Menor Reformado da Provincia do Rio
de Janeiro.

LISBOA;
Na Offic. de Joaõ Procopio Correa da Silva
Impreffor da Santa Igreja Patriarcal
ANNO M. DCC. XCVIII.

GIROFEIRO *aromatico.*

118

MEMÓRIAS E EXTRACTOS SOBRE A PIPEREIRA NEGRA
Memorias, e extractos sobre a pipereira negra (Piper
nigrum L.) que produz o fructo conhecido
vulgarmente pelo nome de pimenta da India nos
quaes se trata da sua cultura, commercio, usos etc.
etc. / publicadas... por Fr. José Mariano Velloso... –
Lisboa : Na Offic. de João Procopio Correa da Silva,
1798. – 40 p. : 1 grav. aguarelada desdobr. ; 8.º
(15 cm).

Inoc. vol. V, p. 56; BB II-338; Saldanha da Gama 108; NUC NV
0077399.

SA. 28580 P.
S.A. 28367 P.

MEMÓRIAS, E EXTRACTOS
SOBRE
A PIPEREIRA NEGRA
(PIPER nigrum L.)
QUE PRODUZ O FRUCTO CONHECIDO
VULGARMENTE PELO NOME DE
PIMENTA DA INDIA
Nos quaes se trata da sua cultura, com-
mercio, usos, &c. &c.
PUBLICADAS
DEBAIXO DOS AUSPICIOS E ORDEM
DE SUA ALTEZA REAL
O PRINCIPE DO BRASIL
NOSSO SENHOR
POR
Fr. JOSE' MARIANO VELLOSO
Menor Reformado da Provincia do Rio
de Janeiro.

LISBOA,
Na Offic. de Joaõ Procopio Correa da Silva
Impreffor da Santa Igreja Patriarcal
ANNO M. DCC. XCVIII.

119

MÉTODO DE CULTIVAR E PREPARAR TABACO
Methodo de cultivar, e preparar o tabaco,
communicado à Junta de Agricultura, em Boston... –
[Sl. sn. sd.] – 5 p. ; 8.º (15 cm).

Bibliogr. consultada não refere.

S.A. 28354 P.

METHODO
DE
CULTIVAR, E PREPARAR
O
TABACO,
Communicado á Junta de Agricultura, em
Boston, e publicado por ella.
Baltimore 2 de Agósto de 1786.

(De Maryland.)

O TABACO cultiva-se, e prepara-se
neste Estado, quasi segundo o methodo
que se segue.
Em Março, prepára-se hum canteiro
em algum lugar pingue da plantação,
queimando sobre elle muitos garavatos,
bu miudalhas, e destorroando a superficie
com hum ancinho miudamente.—Perto do
primeiro de Maio, semea-se largo, e vão
geralmente, as sementes misturadas com
cinzas, em ordem a esparzirem-se mais
igualmente.—Mondão-se das hervas as novas plantas do mesmo modo, que as ce-
bolas ainda muito tenras, ou as couves;
e como as ultimas, estão em termos de se
transplantarem, quando tem perto de duas
pollegadas de altura.
A terra, em que se dispõe, quando
se

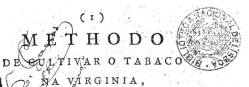

METHODO

DE CULTIVAR O TABACO NA VIRGINIA,

Extrahido da viagem de Smyth aos Estados unidos da America. Londres 1788. Vol. 2.
p. 127. até 139.

COmo o methodo de cultivar o tabaco na
Virginia naõ póde ser muito conhecido na
Inglaterra , se de todo naõ for desconhecido, como póde agradar sua descripçaõ , a pro-
veitarei esta occasiaõ de dar hum exacto esboço do modo de se produzir esta planta narco-
tica , que se tornou hum ramo assaz lucrativo
de commercio.

Escolhem-se no Outono varias tiras de terra
ferteis, lentas, mas naõ muito humidas , as
quais contenhaõ perto de hum quarto de acre ,
ou mais , conforme a grandeza da novidade ; e
o número de plantas , que ella póde exigir.

Roçaõ-se estas tiras de terra , que ordinaria-
mente se escolhem nos matos , e cobrem-se de
garavatos , e madeiras , até cinco , ou seis pés
de altura , e mais , os que se deixaõ ficar assim ,
até o tempo de semear o tabaco , que vem a
ser doze dias depois do Natal.

Escolhe-se commummmente a boca da noite ,
para queimar estes lugares , e depois de tudo
estar reduzido a cinzas , cava-se a terra , mis-
tura-se com as cinzas , e destorroa-se muito fino ; a semente do tabaco , que he em extremo
pequena , sendo tambem misturada com as cinzas , espalha-se entaõ , e passa-se-lhe ligeiramen-
te

120

MÉTODO DE CULTIVAR O TABACO NA VIRGÍNIA

Methodo de cultivar o tabaco na Virginia... – [s.l. s.n.
s.d.]. – 8 p. ; 8.º (15 cm).

Bibliogr. consultada não refere.

S.A. 28368 P. – Pert. ms. «Antonio R. Passos Agronomo.

METHODO

DE SE APROVEITAREM

TODAS AS

CARNES DO GADO VACCUM

NOS PAIZES , EM QUE SÓ O MA-
TAÕ , E ESFOLLAÕ PARA
PROVEITO DAS PELLES
POR MEIO

DAS SEGUINTES RECEITAS.

LISBOA,

Na Off. de Joaõ Procopio Correa da Silva
Impressor da Santa Igreja Patriarcal.
ANNO M. DCC. XCVIII.
Impressa por ordem de Sua Magestade.

121

MÉTODO DE SE APROVEITAREM TODAS AS CARNES DO
GADO VACUM

Methodo de se aproveitarem todas as carnes do
gado vaccum nos paizes, em que só o matão, e
esfollão para proveito das pelles por meio das
seguintes receitas. – Lisboa : Na Off. de João
Procopio Correa da Silva, 1798. – 18 p. ; 8.º (14 cm).

Bibliogr. consultada não refere.

BINCM 8-1-D-1-2/8

122

MILLY, Nicolas Christien de Thy, conde de, 1728-
-1784

Arte da porcelana, ou tractado sobre o modo de
fazer a porcelana / por M. o Conde de Milly ;
traduzido do francez... por José Ferreira da Silva... –
Lisboa : Na Impressão Regia, 1806. – 266 p. : 4 grav.
desdobr. ; 8.º (17 cm).

Inoc. vol. IV, p. 333; BB. II 261.

S.A. 16023 P.

123

NAVARRO, José Gregório de Morais,

Discurso sobre o melhoramento da economia rustica
do Brazil, pela introducção do arado, refórma das
fornalhas, e conservação de suas mattas, etc... / por
José Gregorio de Moraes Navarro... ; publicado por
Fr. José Marianno da Conceição Velloso. – Lisboa :
Na Of. de Simão Thaddeo Ferreira, 1799. – 20 p. ;
8.º (16 cm).

Inoc. vol. IV, p. 366; Saldanha da Gama, 137.

RES. 5780 P.

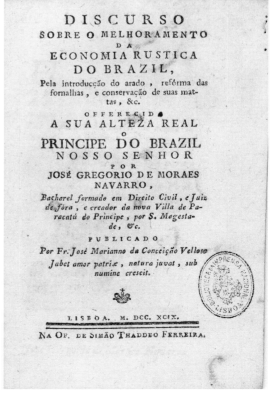

124

PALÁDIO PORTUGUÊS E CLARIM DE PALAS

Palladio Portuguez, e Clarim de Pallas que annuncia periodicamente os novos descobrimentos, e melhoramentos n'agricultura, artes, manufacturas, commercio, &. Offerecido aos senhores deputados da Real Junta do Commercio &. – Lisboa : Na Officina Patriarchal , 1796. – 2 vol.: 1.ª parte – pag. var.: 11 grav.; 2.ª parte – pag.var.: 1 grav . ; 8.º (18 cm).

Inoc. vol. VI, p. 334 e XVII, p. 333.

RES. 5030 P. – 1.ª parte.
H.G. 6659 V. – Fragmento de cada uma das partes.

225

125

PARKER, Richard,
Relação da cultura do tabaco na Virginia. – [sl. sn.
sd.]. – 12 p. ; 8.º (16 cm).

Assinatura do autor impressa na ult. p. – Bibliogr. consultada não
refere.

S.A. 28144 P.

126

PEREIRA, João Manso, 17 - - -1820
Memoria sobre a reforma dos alambiques ou de
hum proprio para a distillação das aguas ardentes...
/ por João Manso Pereira... – Lisboa : Na Offic. Patr.
de João Procopio Correa da Silva, 1797. – 55 p. : 2
grav. desdobr. ; 8.º (15 cm).

Inoc. vol. III, p.404; BB II-138, refere que esta memória é extraída
de obra de Baumé publicada em Paris, 1778.

S.A. 2951 P.

Fig. 1.

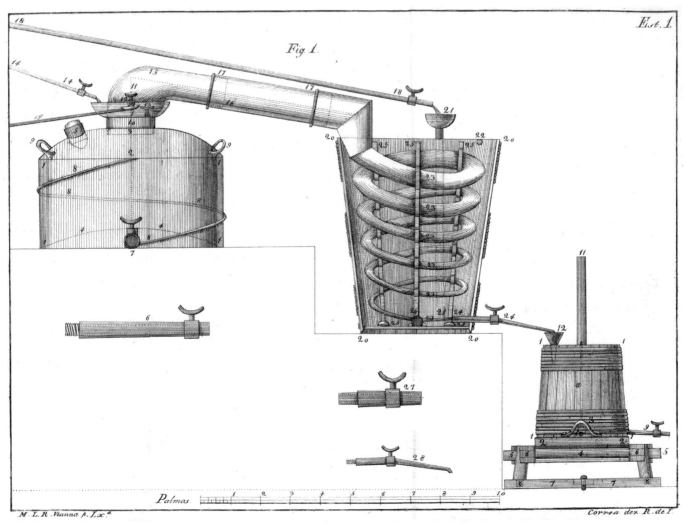

Palmas

M. L. R. Vianna f. Lx.ª
Correa del. R. de I.

127
PEREIRA, João Manso, 17 - - -1820
Memoria sobre o methodo economico de transportar
para Portugal a agua-ardente do Brazil, com grande
proveito dos fabricantes, e commerciantes... / por
João Manso Pereira... – [Lisboa] : Na Officina. de
Simão Thaddeo Ferreira, 1798. – 28 p. ; 2.º (29 cm).

Inoc. vol. III, p. 404; BB II-138.

S.C. 19941 P.

PEREIRA, José Maria Dantas ver ANDRADE, José
Maria Dantas Pereira de

MEMORIA
SOBRE O
METHODO ECONOMICO
DE
TANSPORTAR PARA
PORTUGAL
A AGUA-ARDENTE DO BRAZIL
Com grande proveito dos Fabricantes, e Commer-
ciantes,
APPRESENTADA, E OFFERECIDA
A SUA ALTEZA REAL
O
PRINCIPE DO BRAZIL
NOSSO SENHOR,
POR
JOÃO MANSO PEREIRA,
Professor emerito de Grammatica no Rio de Janeiro,
e actualmente empregado por S. Magestade em ex-
ames mineralogicos, &c.
NA
CAPITANIA DE S. PAULO,
IMPRESSA
DE
ORDEM DE SUA MAGESTADE.

ANNO. M. DCC. XCVIII.

NA OFFICINA DE SIMÃO THADDEO FERREIRA.

128
PROPOSTAS PARA FORMAR POR SUBSCRIÇÃO, NA
METRÓPOLE DO IMPÉRIO BRITÂNICO, UMA INSTITUIÇÃO
PÚBLICA
Propostas para formar por subscripção na metropole
do Imperio Britannico huma instituição publica para
derramar, e facilitar a geral introducção das uteis
invenções mechanicas, e melhoramentos, e para
ensinar por meio de cursos de lições phylosophicas,
e experiencias, aos communs fins da vida
apresentadas pelos administradores da instituição /
traduzidas do inglez... por Antonio Carlos Ribeiro
d'Andrade Machado da Silva e Araujo... – Lisboa :
Na Off. de Antonio Rodrigues Galhardo, 1799. –
46 p. ; 4.º (20 cm).

G. R. Trad. Port. I-2178.

S.C. 11426//12 P. –Enc. com outras obras.

PROPOSTAS
PARA FORMAR POR SUBSCRIPÇAõ
NA
METROPOLE DO IMPÉRIO BRITANNICO
HUMA INSTITUIÇAO PUBLICA
PARA DERRAMAR, E FACILITAR
A GERAL INTRODUCÇAõ
DAS
UTEIS INVENÇÕES MECHANICAS,
E
MELHORAMENTOS,
E
PARA ENSINAR
POR MEIO DE CURSOS
DE
LIÇÕES PHYLOSOPHICAS, E EXPERIENCIAS,
AOS
COMMUNS FINS DA VIDA
APPRESENTADAS
PELOS ADMINISTRADORES DA INSTITUIÇÃO
TRADUZIDAS DO INGLEZ
DE ORDEM
DE SUA ALTEZA REAL
POR ANTONIO CARLOS RIBEIRO D'ANDRADE
MACHADO DA SILVA E ARAUJO,
Bacharel Formado na Faculdade de Leis, e Bacharel na
de Phylosophia, pela Universidade de Coimbra.

LISBOA:
NA OFF. DE ANTONIO RODRIGUES GALHARDO,
Impressor da Serenissima Casa do Infantado.
ANNO M. DCC. XCIX.
Com Licença de Sua Magestade.

QUINOGRAFIA PORTUGUEZA
OU
COLLECÇAŎ DE VARIAS MEMORIAS
SOBRE VINTE E DUAS ESPECIES DE QUINAS,
TENDENTES AO SEU DESCOBRIMENTO
NOS VASTOS DOMINIOS DO BRASIL,
COPIADA
DE VARIOS AUTHORES MODERNOS,
Enriquecida com cinco Eſtampas de Qui-
nas verdadeiras, quatro de falſas,
e cinco de Balſameiras.
E COLLIGIDA DE ORDEM
DE SUA ALTEZA REAL
O PRINCIPE DO BRASIL
NOSSO SENHOR
POR
Fr. JOSE' MARIANO VELLOSO
Menor Reformado da Provincia do Rio
de Janeiro.

LISBOA;
Na Offic. de Joaŏ Procopio Correa da Silva
Impreſſor da Santa Igreja Patriarcal
ANNO M. DCC. XCIX.

129
QUINOGRAFIA PORTUGUESA
Quinografia portugueza ou collecção de varias
memorias sobre vinte e duas especies de quinas,
tendentes ao seu descobrimento nos vastos
dominios do Brasil, copiada de varios authores
modernos, enriquecida com cinco estampas de
quinas verdadeiras, quatro de falsas, e cinco de
balsameiras / colligida... por Fr. José Mariano
Velloso... – Lisboa : Na Offic. de João Procopio
Correa da Silva, 1799. – [16], 191, [8] p. : [17] grav.
aguareladas desdobr. ; 8.º (15 cm).

Inoc. vol. v, p.56; BB II-339; Saldanha da Gama, 51; NUC NV
0077402.

BINCM 6-2-B-1-3/20
S.A. 6361 P. – Faltam duas grav.
S.A. 29939 P.

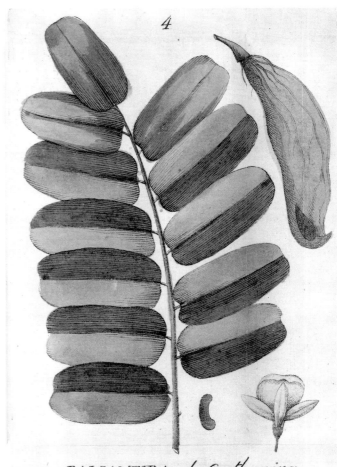

BALSAMEIRA de Carthagena.

130

REGIMENTO DE SINAIS PARA OS TELÉGRAFOS DA
MARINHA
Regimento de signaes para os telegraphos da
Marinha... – Lisboa : Na Impressão Regia, 1804. –
VI, [2], 67 : 1 grav. aguarelada. – 8.º (15 cm).

Inoc. não refere.

S.A. 3350 P.
S.C. 14380 P.

131

RELAÇÃO DO MODO COM QUE DESEMPENHOU O
CHEFE-DE-DIVISÃO, DONALD CAMPBELL
Relação do modo com que desempenhou o chefe de
divisão, Donald Campbell, a commissão de que o
encarregou, o Almirante Lord Nelson, na viagem ao
porto de Tripoli, a fim de effeituar a paz entre o baxá
daquella regencia, e a coroa de Portugal. – Lisboa :
Na Officina de Simão Thaddeo Ferreira, 1799. –
15 p. ; 4.º (19 cm).

Inoc. vol. VII, p. 71.

H.G. 23770//8 P. – Enc. com outras obras.

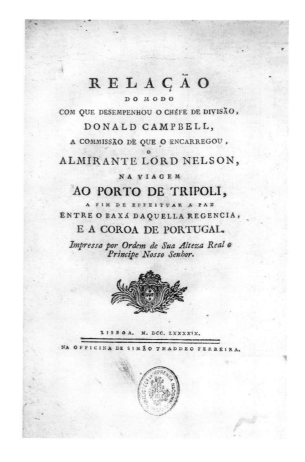

CALCULO
DAS
PENSÕES VITALICIAS,
POR
SAINT-CYRAN,
TRADUZIDO EM PORTUGUEZ,
E
DEDICADO
A
SUA ALTÊZA REAL
O
SERENISSIMO
PRINCIPE DO BRAZIL,
NOSSO SENHOR,
POR
JOSÉ MARIA DANTAS PEREIRA,
Capitão-Tenente da Armada Real, Lente de Mathematica da Real Academia dos Guardas-Marinha, &c.

LISBOA,
NA REGIA OFFICINA TYPOGRAFICA.
ANNO M.DCC.XCVII.
COM LICENÇA DE SUA MAGESTADE.

132

SAINT-CYRAN

Calculo das pensões vitalicias / por Saint-Cyran ; traduzido em portuguez... por José Maria Dantas Pereira... – Lisboa : Na Regia Officina Typografica, 1797. – [6], VIII, 34, 44, 22, [2] p. : 28 tábuas (25 desdobr.) ; 2.º (29 cm).

Bibliogr. consultada não refere.

S.A. 690 A. – Falta o f. desdobr. n.º XV – Enc. em carneira esponjada sobre pastas de papelão. Rótulo preto colado na lombada tem gravado o título. Corte das folhas tinto de amarelo.

METHODO
DE PREPARAR
A
COCHONILHA
SEGUNDO STAUTON (Inglez)

Author da Relaçaõ da Embaixada da China de Maclaurin.

LISBOA,
Na Off. de Joaõ Procopio Correa da Silva
Impreffor da Santa Igreja Patriarcal.
ANNO M.DCC.XCVII.
Com licença de Sua Mageftade.

133

STAUTON

Methodo de preparar a cochonilha / segundo Stauton (inglez)... – Lisboa : Na Off. de João Procopio Correa da Silva, 1797. – 7 p. ; 8.º (14 cm).

Bibliogr. consultada não refere.

BINCM 8-1-B- 1-2/76

134

TRAVASSOS, Francisco de Paula, 1764-1833
Taboas para o calculo da longitude geografica,
segundo o methodo de José Monteiro da Rocha... /
publicadas com a approvação da Sociedade Real
Maritima, por Francisco de Paula Travassos... –
Lisboa : Na Regia Officina Typografica, 1803. – [4],
XXVI, [2 br.], 196 p., IV f. desdobr. ; 2.º (30cm).

Inoc. vol. III, p.27.

S.A. 932 A.

TABOAS

PARA

O CALCULO DA LONGITUDE GEOGRAFICA,

SEGUNDO O METHODO

DE

JOSÉ MONTEIRO DA ROCHA,

DO CONSELHO DE S. A. R., COMMENDADOR DA ORDEM DE CHRISTO, VICE-REITOR

E DECANO DA FACULDADE DE MATHEMATICA DA UNIVERSIDADE

DE COIMBRA, ETC. ETC.

PUBLICADAS COM APPROVAÇAÕ

DA

SOCIEDADE REAL MARITIMA.

POR

FRANCISCO DE PAULA TRAVASSOS

PROFESSOR DE MATHEMATICA NA ACADEMIA REAL DA MARINHA ; E SECRETARIO

DA MESMA SOCIEDADE.

LISBOA:

NA REGIA OFFICINA TYPOGRAFICA.

ANNO M. DCCCII.

POR ORDEM DE SUA ALTEZA REAL.

135

URTUBIE DE ROGICOURT, Théodore Bernard Simon
Duturbisse,
Memoria, ou extracto sobre o salitre, trasladada do
Manual do artilheiro / de Theodoro d'Urtubie. –
Lisboa : Na Regia Officina Typographica, 1797. –
24 p. ; 4.º (21 cm).

BN Paris refere várias ed. anteriores.

BINCM 4-1-C-2-2/14

MEMORIA,

OU

EXTRACTO

SOBRE O SALITRE,

TRASLADADA

DO

MANUAL DO ARTILHEIRO

DE

THEODORO D'URTUBIE.

LISBOA

NA REGIA OFFICINA TYPOGRAFICA.

M. DCC. XCVII.

Com licença de Sua Mageftade.

ALOGRAPHIA
DOS ALKALIS FIXOS
VEGETAL OU POTASSA,
MINERAL OU SODA
E DOS SEUS NITRATOS,
SEGUNDO
AS MELHORES MEMORIAS ESTRANGEIRAS,
Que se tem escripto à este assumpto.
DEBAIXO DOS AUSPICIOS
E DE ORDEM
DE
SUA ALTEZA REAL
O
PRINCIPE DO BRAZIL
NOSSO SENHOR.
POR
Fr. JOSÉ MARIANNO DA CONCEIÇÃO VELLOSO,
Menor Reformado da Provincia da Conceição do Rio
de Janeiro, &c.

PARTE PRIMEIRA
Do Alkali fixo vegetal ou Potassa.

Iguari discunt, ament meminisse periti
Horat.

LISBOA. M. DCC. XCVIII.
NA OFFIC. DE SIMÃO THADDEO FERREIRA.

136

VELOSO, José Mariano da Conceição, 1742-1811, O.F.M., ed. lit.

Alographia dos alkalis fixos vegetal ou potassa, mineral ou soda, e dos seus nitratos, segundo as melhores memorias estrangeiras... / por Fr. José Marianno da Conceição Velloso... : Parte primeira [segunda]. – Lisboa: Na Offic. de Simão Thaddeo Ferreira,1798. – XIV, [2], 245, [3] p., 1 f. desdobr. : [1], 20 grav. aguareladas, 3 grav. p. b. desdobr. ; 4.º (21cm.).

Inoc. vol. V, p. 56; BB II-336, refere também uma 1.ª ed. datada de 1793, da Offic. de Simão Thaddeo Ferreira, com o título «Alografia vegetal da potassa mineral, ou soda e de seus nitratos...»; Saldanha da Gama, 88; NUC NV 0077382.

S.A. 5371 P. – Ex. grav. aguareladas.
TRUNC. 2731 V.

IOANNESIA   principe.

Veloso, José Mariano da Conceição, 1742-1811, O.F.M., ed. lit.

O fazendeiro do Brazil [cultivador] melhorado na economia rural dos generos já cultivados, e de outros, que se podem introduzir; e nas fabricas, que lhe são proprias, segundo o melhor, que se tem escrito a este assumpto... / colligido de memorias estrangeiras por Fr. José Mariano da Conceição Velloso. – Lisboa, 1798-1806. –10 vols. : t. 1.º, Parte 1.ª – Lisboa : Na Regia Officina Typografica, 1798. – [6], 192 p. : [1] grav. (frontispício), 4 grav. (3 desdobr.) ; t. 1.º, Parte 2.ª – [Lisboa] : Na Officina de Simão Thaddeo Ferreira, 1799. – VII, [1], 419 p. : [1] grav. (frontispício), 8 grav. desdobr. ; t. 2.º, Parte 1.ª – [Lisboa] : Na Officina de Simão Thaddeo Ferreira, 1798. – [38], 401, [7] p. : [1] grav. (frontispício), 13 grav. (4 desdobr.) ; t. 2.º, Parte 2.ª – [Lisboa] : Na Officina de Simão Thaddeo Ferreira, 1800. – VII, [1], 262, [1] p. : 1 grav. (frontispício), 13 grav. desdobr. ; t. 2.º, Parte 3.ª – [Lisboa] : Na Officina de João Procopio Correa da Silva, 1800. – XI, [1], 196, [2] p. : 3 grav. aguareladas; t. 3.º, Parte 1.ª – [Lisboa] : Na Officina de Simão Thaddeo Ferreira, 1800. – XXXIX, [1], 271 p. : [1] grav. (frontispício), 3 grav. (1 desdobr.) ; t. 3.º, Parte 2.ª – [Lisboa] : Na Officina de Simão Thaddeo Ferreira, 1799. – XI, [1], 232 p. : [1] grav. (frontispício), 22 i é 21 grav. desdobr.; t. 3.º, Parte 3.ª – Lisboa: Na Impressam Regia, 1805. – [14], 349, [2] p. : 1 grav. desdobr. ; t. 4.º, Parte 1.ª – Lisboa : Na Impressam Regia, 1805. – [10], 320, [1] p. : 2 grav. (1 desdobr.); t. 5.º, Parte 1.ª – Lisboa: Na Impressam Regia, 1806. – [14], 348, [2] p. : 15 grav. (10 desdobr.), 1 tabela desdobr. ; 8.º (18 cm).

A paginação, bem como o número e colocação das gravuras, diferem entre os exemplares da BN e os da BINCM. - O t. 2.º, parte 1.ª, teve 2.ª ed. na Impressão Régia, em 1806; o tomo 3.º, parte 1.ª, teve 2.ª ed. na Impressão Régia, em 1805. – Inoc. vol. V, p. 55; BB II-337; G. R. Trad. Port. I-2135; NUC NV 0077389.

S.A. 6758 P. / S.A. 6766 P. – Faltam a 2.ª parte do t. 1.º e a grav. 3 da 1.ª parte do t. 4.º. Obra com folhas soltas.
BINCM 7-1-A-1-1/21-26; 4-1-F-1-2/48-50

CANNA afsucareira

Vianna f.

O FAZENDEIRO
DO BRAZIL
Melhorado na economia rural dos generos já cultivados, e de outros, que se podem introduzir; e nas fabricas, que lhe são proprias, segundo o melhor, que se tem escrito a esse assumpto:
DEBAIXO DOS AUSPICIOS
E DE ORDEM
DE
SUA ALTEZA REAL
O
PRINCIPE DO BRAZIL
NOSSO SENHOR.
Colligido de Memorias Estrangeiras
POR
Fr. JOSÉ MARIANO DA CONCEIÇÃO VELLOSO,
*Menor Reformado da Provincia da Conceição
do Rio de Janeiro, &c.*

TOM. I. PART. I.
Da cultura das canas, e factura do assucar.

LISBOA
NA REGIA OFFICINA TYPOGRAFICA.
ANNO M. DCC. XCVIII.

O FAZENDEIRO
DO BRAZIL,
CULTIVADOR
Melhorado na economia rural dos generos já cultivados, e de outros, que se podem introduzir; e nas fabricas, que lhe são proprias, segundo o melhor, que se tem escrito a este assumpto:
DEBAIXO DOS AUSPICIOS,
E DE ORDEM
DE SUA ALTEZA REAL
O
PRINCIPE REGENTE,
NOSSO SENHOR.
Colligido de Memorias Estrangeiras
POR
FR. JOSÉ MARIANO DA CONCEIÇÃO VELLOSO,
*Menor Reformado da Provincia da Conceição
do Rio de Janeiro, &c.*

TOM. I. PART. II.
Da cultura das canas, e factura do assucar.

ANNO. M. DCC. XCVIII.

NA OFFICINA DE SIMÃO THADDEO FERREIRA.

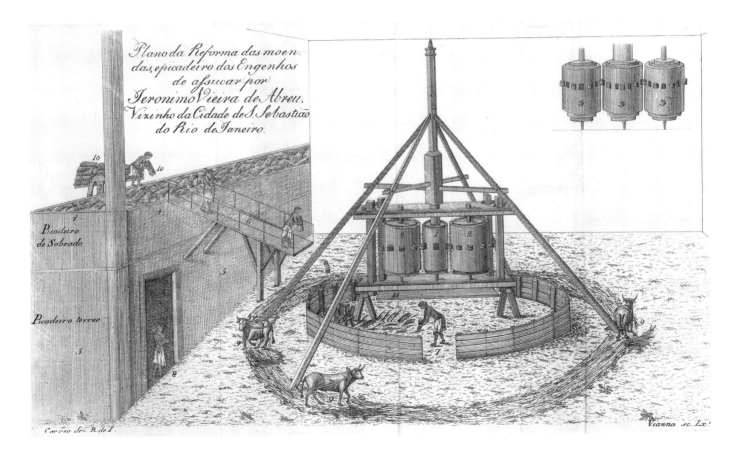

Plano da Reforma das moendas, e picadeiro dos Engenhos de assucar por Jeronimo Vieira de Abreu, Vizinho da Cidade de S. Sebastião do Rio de Janeiro.

Picadeiro de Sobrado

Picadeiro terreo

Correa dex. R. de I.

Vianna sc. Lx

235

O FAZENDEIRO
DO BRAZIL
Melhorado na economia rural dos generos já cultivados, e de outros, que se podem introduzir;
e nas fabricas, que lhe são proprias, segundo o melhor, que se tem escrito a este assumpto:

DEBAIXO DOS AUSPICIOS
E DE ORDEM
DE
SUA ALTEZA REAL
O
PRINCIPE DO BRAZIL
NOSSO SENHOR.
Colligido de Memorias Estrangeiras
POR
FR. JOSE MARIANO DA CONCEIÇÃO VELLOSO,
*Menor Reformado da Provincia da Conceição
do Rio de Janeiro, &c.*
TOMO II.
TINTURARIA.
PARTE I.
Cultura do Indigo, e extracção da sua fecula.

ANNO. M. DCC. XCVIII.

NA OFFICINA DE SIMÃO THADDEO FERREIRA.

S. M.
67
O FAZENDEIRO
DO BRAZIL,
CULTIVADOR,
Melhorado na economia rural dos generos já cultivados, e de outros, que se podem introduzir;
e nas fabricas, que lhe são proprias, segundo o melhor, que se tem escrito a este assumpto:

DEBAIXO DOS AUSPICIOS,
E DE ORDEM
DE SUA ALTEZA REAL
O
PRINCIPE REGENTE,
NOSSO SENHOR.
TRADUZIDO
DE L'ART DE L'INDIGOTIER
DE
M. DE BEUVAIS RASEAU.
POR
FR. JOSE MARIANO DA CONCEIÇÃO VELLOSO.
TOMO II.
TINTURARIA.
PARTE II.
Cultura da Indigoeira, e extracçaõ da sua fecula.
HYACINTHUM, Purpura, Coccigera. Ex. cap. XXV. ỹ. 17.

ANNO. M. DCCC.

NA OFFICINA DE SIMÃO THADDEO FERREIRA.

O FAZENDEIRO
DO BRAZIL,
CULTIVADOR
Melhorado na economia rural dos generos já cultivados, e de outros, que se podem introduzir;
e nas fabricas, que lhe são proprias, segundo o melhor, que se tem escrito a este assumpto:

DEBAIXO DOS AUSPICIOS,
E DE ORDEM
DE SUA ALTEZA REAL
O
PRINCIPE REGENTE,
NOSSO SENHOR.
Colligido de Memorias Estrangeiras
POR
FR. JOSÉ MARIANO DA CONCEIÇAÕ VELLOSO.
*Menor Reformado da Provincia da Conceição
do Rio de Janeiro, etc.*
TOM. II. PART. III.
Cultura do Cateiro, e criação da Cochonilha.

ANNO. M. DCCC.

NA OFFICINA DE JOAÕ PROCOPIO CORREA DA SILVA.

Freitasgrav.

INDIGOEIRA *tintureira.*

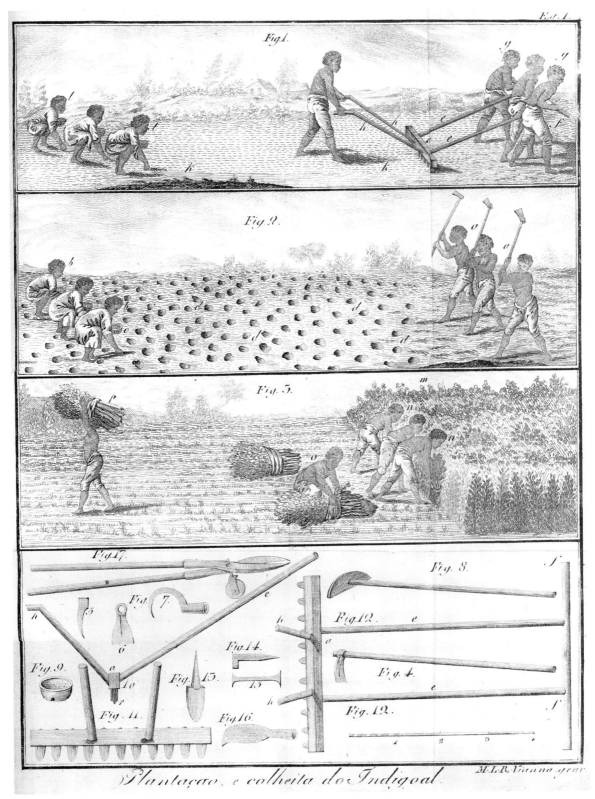

Plantação, e colheita do Indigoal.

M.L.R. Vianna grav.

[137]

237

O FAZENDEIRO
DO BRAZIL,
C U L T I V A D O R,
Melhorado na economia rural dos generos já cultivados, e de outros, que se podem introduzir;
e nas fabricas, que lhe são proprias, segundo o melhor, que se tem escrito a este assumpto:

D E B A I X O D O S A U S P I C I O S,
E DE ORDEM
DE SUA ALTEZA REAL
o
PRINCIPE REGENTE,
NOSSO SENHOR.
Colligido de Memorias Estrangeiras
P O R
FR. JOSE MARIANO DA CONCEIÇÃO VELLOSO.

TOMO III.
BEBIDAS ALIMENTOSAS.
PARTE I.

. . . . merito hac una Satis arbore felix
Dicenda est regio Sparsas nam hinc omnibus oris
Orbis opes trahit ad sese.

Knowl. ℣. 1947.

ANNO. M. DCCC.

NA OFFICINA DE SIMÃO THADDEO FERREIRA.

O FAZENDEIRO
DO BRAZIL,
C U L T I V A D O R,
Melhorado na economia rural dos generos já cultivados,
e de outros, que se podem introduzir; e nas fabricas, que lhe são proprias, segundo o melhor, que se tem escrito a este assumpto.

D E B A I X O D O S A U S P I C I O S,
E DE ORDEM
DE SUA ALTEZA REAL
o
PRINCIPE REGENTE,
NOSSO SENHOR.
Colligido de Memorias Estrangeiras
P O R
FR. JOSE' MARIANO DA CONCEIÇÃO VELLOSO.

TOMO III.
BEBIDAS ALIMENTOSAS.
CACAO.
PARTE III.

-- Quis potum Chocolatae nescit edulum?
Dat vegetum membris habitum, florensque venustae
Purpureum Majestatis, dat dulcia cordi
Lumina Laetitiae, nec forte potentior alter
Lenè Ciere viros, Venerenque accendere succus.

Coul. p. 300.

LISBOA. NA IMPRESSAM REGIA. Anno 1805.
Por Ordem Superior.

O FAZENDEIRO
DO BRAZIL,
C U L T I V A D O R,
Melhorado na economia rural dos generos já culti-
vados, e de outros, que se podem introduzir;
e nas fabricas, que lhe são proprias, se-
gundo o melhor, que se tem escri-
to a este assumpto:
D E B A I X O D O S A U S P I C I O S,
E DE ORDEM
DE SUA ALTEZA REAL
o
PRINCIPE DO BRAZIL,
NOSSO SENHOR.
T R A D U Z I D O
DO FAZENDEIRO DE CAFE DA ILHA DE S. DOMINGOS
{ *The Coffee planter of Saint Domingo* }
{ By P. J. Loborie L. L. D. }
POR ANTONIO CARLOS RIBEIRO D' ANDRADE,
Bacharel em Leis, e Filosophia.
TOMO III.
BEBIDAS ALIMENTOSAS.
PARTE II.
P U B L I C A D O
P O R
FR. JOSE MARIANO DA CONCEIÇÃO VELLOSO.

. . . . Arabum felicibus oris
Nascitur arbor olens . . . .
. . . . merito hac una Satis arbore felix
Dicenda est regio; Sparsas nam hinc omnibus oris
Orbis opes trahit ad sese.

Knowl. ℣. 1947.

ANNO. M. DCC. XCVIIII.

NA OFFICINA DE SIMÃO THADDEO FERREIRA.

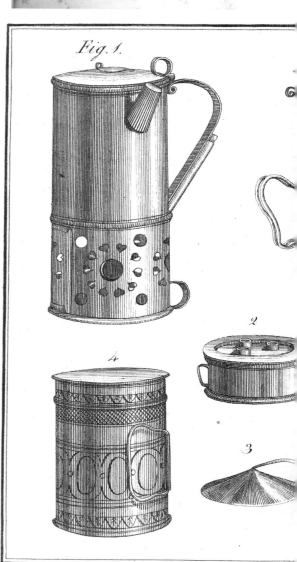

Fig. 1.

BEBIDAS ALIMENTOSAS
CAFE.

O FAZENDEIRO
DO BRAZIL,
CULTIVADOR,

Melhorado na economia rural dos generos já cultivados, e de outros, que se podem introduzir; e nas fabricas, que lhe são proprias, segundo o melhor, que se tem escrito a este assumpto.

DEBAIXO DOS AUSPICIOS,
E DE ORDEM
DE SUA ALTEZA REAL
o
PRINCIPE REGENTE,
NOSSO SENHOR.
Colligido de Memorias Estrangeiras
POR
Fr. JOSÉ MARIANO DA CONCEIÇÃO VELLOSO.

TOMO IV.
ESPECIERIAS.
PARTE I.

Castillæ Reges ditat Peruana Potosis,
Aurea Soffalæ fertur arena Tago
Omnibus his venis præferrem Caryophyllum,
Quem Liber Domini munere Belga tenet.

Rumph. Lib. II. Cap. 11. pag. 10.

LISBOA. NA IMPRESSAM REGIA. Anno 1805.
Por Ordem Superior.

O FAZENDEIRO
DO BRAZIL,
CULTIVADOR,

Melhorado na economia rural dos generos já cultivados, e de outros, que se podem introduzir; e nas fabricas, que lhe são proprias, segundo o melhor, que se tem escrito a este assumpto.

DEBAIXO DOS AUSPICIOS,
E DE ORDEM
DE SUA ALTEZA REAL
o
PRINCIPE REGENTE,
NOSSO SENHOR.
Colledão de Memorias Estrangeiras
POR
Fr. JOSÉ MARIANO DA CONCEIÇÃO VELLOSO.
Menor Reformado da Provincia da Conceição do Rio de Janeiro, etc.

TOMO V.
FILATURA.
PARTE I.

Ex lanis ingens illa pannorum multitudo elaboratur, atque Sindones texunt, alias viliores, alias pretiosissimas. Ex his vestes illæ Sacerdotibus olim AEgypti gratissimae parabantur.
Theophr.

LISBOA. NA IMPRESSAM REGIA. Anno 1806.
Por Ordem Superior.

Num. 5. *Algodoeiro Sião bastardo, grãos negros, e lisos.* ibid.

Num. 6. *Algodoeiro Sião franco.* 319

Num. 7. *Algodoeiro Seda grãos negros, e lisos.* ibid.

Num. 8. *Algodoeiro Seda, pequenos grãos cobertos de huma pluma azul verdoenga.* 320

Num. 9. *Algodoeiro Seda, capulho dividido em cinco lugares.* ibid.

Num. 10. *Algodoeiro Seda, dividido em quatro lugares.* ibid.

Memoria IV. sobre huma especie de Algodão chamado em São Domingos Algodão Seda, ou Santa Martha. Por Mr. Moreau de Saint Mery, *Correspondente da Sociedade.* (*Memoires de Agriculture, de Economie Rural, e Domestique* anno 1788 *trimestre de Automne* p. 132.) 323

Resolução Academica da Memoria de Mr. Moreau de S. Mery. Sobre o Algodão de Seda. P. MM. Desmarest, Abeille e Thouin. 334

Catalogo das especies dos Algodoeiros ultimamente conhecidos na Botanica segundo o systema naturae de Linne exposto por Gmelin. *Char. ess. gen.* 340

Continuação da Memoria III. sobre o Algodão. (*Commerce de l'Amerique par Marseille* T. II. p. 18) 342

Propriedades do Algodão. 343

Commercio do Algodão. 353

Algodão em lã. 346

Algodão fiado. ibid.

FIM.

FLORÆ FLUMINENSIS, S. A.

SEU

DESCRIPTIONUM PLANTARUM PRÆFECTURA

FLUMINENSI SPONTE NASCENTIUM

LIBER PRIMUS

AD SYSTEMA SEXUALE CONCINNATUS

AUGUSTISSIMÆ DOMINÆ NOSTRÆ

PER MANUS

·ILL.^{MI} AC EX.^{MI}

ALOYSII DE VASCONCELLOS & SOUZA

BRASILIÆ PRO-REGIS QUARTI

&c. &c. &c.

SISTIT

Fr. JOSEPHUS MARIANUS A CONCEPTIONE VELLOZO

Præsb. Ord. S. Franc. Reform. Prov. Flumin.

1790.

FLUMINE JANUARIO.

EX TYPOGRAPHIA NATIONALI.

1825.

241

138

VELOSO, José Mariano da Conceição, 1742-1811, O.F.M.

Florae fluminensis, seu descriptionum plantarum praefectura fluminensi sponte nascentium liber primus ad systema sexuale concinnatus... Aloysii de Vasconcellos & Souza Brasiliae pro-regis quarti &c. &c. &c. / sistit Fr. Josephus Marianus a Conceptione Vellozo Proesb. Ord. S. Franc. Reform. Prov. Flumin. 1790. – Flumine Januario : Ex Typographia Nationali, 1825. – [12], 352 p. ; 2.º (29 cm).

Inoc. vol. XIII, p.123; BB II-343; Saldanha da Gama 34; NUC NV 0077392.

S.A. 3609 A.
S.A. 4782 V.

VELOSO, José Mariano da Conceição, 1742-1811, O.F.M.

Petro Nomine ac Imperio Primo Brasiliensis Imperii Perpetuo Defensore Imo Fundatore Scientiarum Artium Litterarumque Patrono et Cultore Jubente Florae Fluminensis Icones nunc primo eduntur. Vol. I Editit Domnus Frater Antonius da Arrabida Episc. de Anemuria Caesarae Majestatis a Consiliis nec non Confessor, Cappelani Maximi Coadjutor Studiorium Principum ex Imp. Stirpe Moderator & Imperial Publicaeque Bibliothecae in Urbe Fluminensi Praefectus; curante J. Knecht. - Parisiis : ex. off. lithogr. Senefelder, 1827.– 11 vol. – 2.º (52 cm). –

1.º vol. [6], 21, [1], 14 p. : 153 grav. ; 2.º vol. [2]p. : 156 grav. ; 3.º vol. [2]p. : 168 grav. ; 4.º vol. [2]p. : 189 grav. ; 5.º vol. [2]p. : 135 grav. ; 6.º vol. [2]p. : 113 grav. ; 7.º vol. [2]p. : 164 grav. ; 8.º vol. [2]p. : 164 grav. ; 9.º vol. [2]p. : 128 grav. ; 10.º vol. [2]p. : 143 grav. ; 11 vol. [2]p. : 127 grav. – Inoc. vol. v, p. 55; BB II-343; Saldanha da Gama 144-174; NUC NV 0077395.

S.A. 3610 A./ SA. 3614 A.

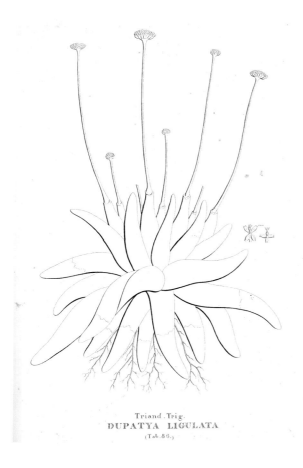

Triand . Trig.
DUPATYA LIGULATA
(Tab.86.)

INSTRUCÇÕES

PARA O TRANSPORTE POR MAR

ARVORES, PLANTAS VIVAS,
SEMENTES,

E DE OUTRAS DIVERSAS CURIOSIDADES
NATURAES.

DADAS A' LUZ

POR

Fr. JOSE MARIANO DA CONCEIÇÃO VELLOSO.

LISBOA
NA IMPRESSÃO REGIA.
ANNO 1805.
Por Ordem Superior.

140
VELOSO, José Mariano da Conceição, 1742-1811,
O.F.M., ed. lit.
Instrucções para o transporte por mar de arvores,
plantas vivas, sementes, e de outras diversas
curiosidades naturaes. / Dadas à luz por Fr. José
Mariano da Conceição Velloso. – Lisboa : Na
Impressão Regia, 1805. – 102 p.; 8.º (18 cm).

Inoc. vol. V, p.57.

S.A. 6992 P.
S.A. 28076 P.

BIBLIOGRAFIA

BB
MORAIS, Rubens Borba de
Bibliographia brasiliana: a bibliographical essay on rare books about Brazil published from 1504 to 1900 and works of Brazilian authors published abroad before the Independence of Brazil in 1822. - Amsterdam ; Rio de Janeiro : Colibris Editora, cop. 1958. — 2 vol.

BN Paris
FRANÇA. Bibliothèque Nationale
Catalogue générale des livres imprimés de la Bibliothèque Nationale : auteurs. — Paris : Imprimerie Nationale, 1897-1981.

G. R. Trad. Port.
RODRIGUES, A. A. Gonçalves
A tradução em Portugal: 1954-1834. — Lisboa : Imprensa Nacional — Casa da Moeda, 1992. — vol. 1

Inoc.
SILVA, Inocêncio Francisco da, *et al.*
Diccionario bibliographico portuguez : estudos… applicaveis a Portugal e ao Brasil. — Lisboa : Imprensa Nacional, 1858-1958. — 23 vol.

NUC
NATIONAL Union catalog : pre-1956 imprints… London : Mansell, 1968-1981. — 754 vol.

Saldanha da Gama
GAMA, José de Saldanha da
Biographia e appreciação dos trabalhos do botanico brasileiro frei José Marianno da Conceição Velloso. — Rio de Janeiro : Tipographia de Pinheiro & C.ª, 1869

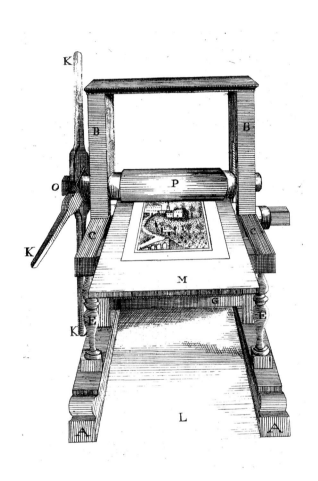

ANEXOS

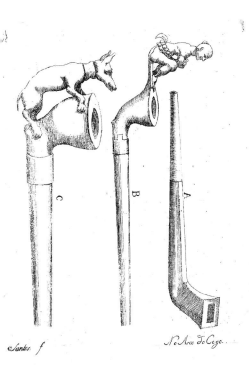

[Cat. n.º 76]

ABREVIATURAS

AC - Oficina da Casa Literária do Arco do Cego / Tipografia Calcográfica e Literária do Arco do Cego / Tipografia Calcográfica, Tipoplástica e Literária do Arco do Cego

ARG - Oficina de António Rodrigues Galhardo

IR - Impressão Régia

JPCS - Oficina de João Procópio Correia da Silva / Oficina Patriarcal de João Procópio Correia da Silva

OP - Oficina Patriarcal

ROT - Régia Oficina Tipográfica

STF - Oficina de Simão Tadeu Ferreira

AUTORES E TRADUTORES PORTUGUESES E «BRASILEIROS»*

MARGARIDA ORTIGÃO RAMOS PAES LEME

ABREU, Jerónimo Vieira de
Escreveu: *Respostas dadas a algumas perguntas que fizeram sobre as novas moendas dos engenhos de açúcar e novos alambiques* (AC, 1800).

ACCIOLI, José de Sá Bettencourt
Nasceu em 1755, em Caeté, Minas Gerais. Depois de tomar grau de bacharel em Filosofia pela Universidade de Coimbra, em 1787, esteve em França e Inglaterra, e, regressando ao Brasil, dedicou-se a trabalhos cerâmicos. Propunha-se também ocupar-se da fundição do ferro, quando foi denunciado como participante da Inconfidência Mineira de 1789. Fugiu para a Baía, onde foi preso e depois de absolvido; lá se estabeleceu com uma fazenda de plantio de algodão, distribuindo sementes e ensinando o cultivo desta planta. Em 1799 o governo incumbiu-o de relizar explorações mineralógicas, concernentes sobretudo a minas de salitre, mas foi empreendimento de pouca duração, devido à falta de verbas públicas. De regresso a Minas Gerais, estabeleceu-se em Caeté, onde, como coronel de milícias, teve relevante desempenho a favor da independência do Brasil. Faleceu em 28.2.1828.
Escreveu: *Memória sobre a plantação dos algodões...* (STF, 1798).

ALMEIDA, António de
Natural da província da Beira. Estudou Cirurgia em Lisboa e, em 1780, foi nomeado fiscal do banco do Hospital de S. José; em 1785 tornou-se cirurgião do mesmo banco e finalmente, em 1788, lente de Operações do referido hospital. Em 1791 foi a Londres aperfeiçoar-se em Cirurgia, regressando de novo a Portugal. Em 1810, suspeito de seguir o partido dos Franceses, foi exilado do Reino, fixando residência em Londres. Voltou a Portugal em 1814, onde foi cirurgião da Real Câmara e comendador da Ordem de Cristo, tendo sido

---

* Foram considerados não só os autores e/ou tradutores que nasceram em Portugal e no Brasil, mas também os que, embora estrangeiros, desenvolveram as suas actividades no Reino ou na colónia brasileira, casos de Antonil, Betendorf, Ciera, Damoiseau de Montfort, Julião e Napione. Excluiu-se do presente elenco frei José Mariano da Conceição Veloso, cuja biografia foi especialmente desenvolvida num dos textos desta publicação. Finalmente, as obras aqui referidas restringem-se àquelas constantes do Catálogo bibliográfico ora também publicado, mas obedecendo à actualização ortográfica e às abreviações adoptadas no *índice de títulos* que se lhe segue.
Agradeço ao Dr. Luís Farinha Franco toda a colaboração prestada no aperfeiçoamento destes dados biográficos.

destacado, em 1817, para acompanhar ao Rio de Janeiro a primeira mulher do príncipe D. Pedro, a arquiduquesa D. Leopoldina. Regressado finalmente a Portugal, morreu no Campo Grande, Lisboa, em 30.7.1822.
Escreveu: *Dissertação sobre o método mais simples e seguro de curar as feridas...* (ROT, 1797).

AMARAL, Prudêncio do
Nasceu em 1675, no Rio de Janeiro. Entrou para a Companhia de Jesus e foi lente no Colégio de Belém e no da Baía. Latinista, escritor e poeta, faleceu em Março de 1715, no Rio de Janeiro.
De sua autoria, foi publicado: *De sachari opificio singulare carmen...*, juntamente com *De rebus rusticis brasilicis carminum*, de José Rodrigues de Melo (JPCS, 1798).

ANDRADE, José Maria Dantas Pereira de
Nasceu em 1772, em Alenquer. Começou a sua carreira militar-científica ao ingressar na Armada em 1786, tendo sido promovido a primeiro-tenente em 1789. No ano seguinte tornou-se lente de Matemática na Academia dos Guarda-Marinhas, sendo mais tarde promovido a capitão-de-fragata. Foi sócio da Academia Real das Ciências. No Brasil, exerceu várias comissões importantes e chegou a chefe-de-esquadra, em 1817. Dois anos depois retornou a Lisboa, na qualidade de conselheiro do Almirantado, sendo nomeado conselheiro de Estado durante o regime constitucional de 1820-1823. Deste último ano até 1833 desempenhou as funções de secretário da Academia Real das Ciências de Lisboa, da qual era também sócio efectivo. Em 1834, porém, devido a uma sua anterior participação no governo de D. Miguel, teve que emigrar para a França, falecendo, em 22.10.1836, em Montpellier.
Escreveu: *Curso de estudos para o uso do comércio e da fazenda* (ROT, 1798); *Memória sobre um projecto de pasigrafia...* (AC, 1800).

ANTONIL, André João [pseud. anagramático de João António Andreoni]
Nasceu em Fevereiro de 1649, em Luca, na Toscana. Estudou Direito Civil na Universidade de Perúsia, durante três anos, antes de entrar, em 1667, para a Companhia de Jesus em Roma. No Colégio Romano, fora merecedor da primeira láurea de Retórica e Língua Latina. Embarcou para o Brasil em 1681, juntamente com o padre António Vieira. Em Salvador da Baía fez profissão solene dos quatro votos, em 1683, recebendo-a do padre Alexandre de Gusmão. Em 1688 era mestre dos noviços e secretário do visitador-geral, o padre António Vieira. De 1706 a 1709 foi provincial, e nesta qualidade visitou as missões dos índios tapuias nas capitanias do Rio Grande do Norte e Ceará. Permanecendo no Brasil, faleceu em 13.3.1716, no Real Colégio dos Jesuítas de Salvador da Baía, do qual tinha sido reitor por duas vezes.
De sua autoria, foi publicado: *Extracto sobre os engenhos de açúcar do Brasil...* (AC, 1800).

ARAGÃO, Francisco de Faria e
Nasceu em 25.10.1726, na vila de Castelo, próxima de Ferreira de Aves. Professou na Companhia de Jesus e, em 1759, quando da expulsão dos jesuítas, era mestre

de Teologia no Colégio da Lapa, em Lamego. Partiu então para a Alemanha, onde foi mestre dos príncipes de uma casa reinante, o que lhe valeu uma pensão, que não deixou de receber quando regressou a Portugal, em 1783 (instalando-se em casa de parentes, na sua terra natal). Trouxera consigo um pequeno gabinete de física e formou também, para seu uso, um jardim botânico, onde cultivava plantas exóticas, tendo igualmente mandado construir uma casa de madeira toda envidraçada, onde colocou enxames de abelhas, cujos hábitos observava. Faleceu em 1806.

Escreveu: *Tratado histórico e físico das abelhas* (AC, 1800), bem como *Breve compêndio ou tratado sobre a electricidade...* (AC, 1800), que foi pela primeira vez publicado anexo ao periódico *Paládio português e clarim de Palas* (JPCS, 1796).

Araújo, António Carlos Ribeiro de Andrade Machado da Silva e

Nasceu em 1.11.1773, em Santos, São Paulo. Era irmão de Martim Francisco Ribeiro de Andrade Machado (ver adiante) e do denominado "Patriarca da Independência", José Bonifácio de Andrada e Silva. Formado em Direito e em Filosofia pela Universidade de Coimbra, seguiu inicialmente a carreira da magistratura no Brasil, voltando-se depois para a política. Participou activamente da Revolução Pernambucana de 1817. Eleito deputado às Cortes portuguesas de 1821, teve uma actuante e agitada participação parlamentar. No Império brasileiro, foi deputado à Assembleia Constituinte e relator da comissão que apresentou o projecto da primeira constituição, ministro de Estado dos Negócios do Império e membro honorário do Instituto Histórico e Geográfico Brasileiro. Faleceu em 5.12.1845, no Rio de Janeiro.

Traduziu: *Cultura americana...*, vol. 2º (ARG, 1799), *Propostas para formar por subscrição, na metrópole do império britânico, uma instituição pública...* (ARG, 1799); *Considerações cândidas e imparciais sobre a natureza do comércio do açúcar...* (AC, 1800); *Tratado do melhoramento da navegação por canais...*, de Fulton (AC, 1800).

Araújo, Luís António de

Escreveu: *Memória cronológica dos tremores mais notáveis e irrupções de fogo...* (AC, 1801).

Bayard, Ildefonso Leopoldo

Nasceu em 3.9.1785, em Coimbra. Extremamente precoce, aos 15 anos de idade já exercia funções de tradutor no Arco do Cego. Condecorado com várias ordens honoríficas portuguesas e estrangeiras, foi ministro e secretário de Estado honorário, conselheiro de Estado extraordinário e ministro plenipotenciário, bem como sócio honorário do Instituto Histórico e Geográfico Brasileiro. Faleceu, assassinado por um criado, em 25.1.1856.

Traduziu: *Instituto dos pobres de Hamburgo* (AC, 1801).

Betendorf, João Filipe

Consta ter nascido em Agosto de 1625, no Luxemburgo. Em 1645, em Portugal, entrou para a Companhia de Jesus. Dedicado ao ensino de Humanidades, foi para o Brasil em 1674, como missionário entre os indígenas da província do

Maranhão, onde foi reitor do colégio da sua Ordem durante catorze anos. Além disso, exerceu as funções de superior durante nove anos. Faleceu em 5.8.1698. De sua autoria, foi publicado: *Compêndio da doutrina cristã, na língua portuguesa e brasílica* (STF, 1800).

BINGRE, Francisco Joaquim
Nasceu em 9.7.1763, na freguesia de São Tomé de Canelas, distrito de Aveiro. Veio para Lisboa, onde cursou os estudos de Humanidades, matriculando-se a seguir na Aula do Comércio, que parece não ter concluído. De ascendência austríaca, casou e teve filhos em Portugal, mas quando a sua mãe foi acometida de doença mental, conduziu-a para a Áustria (onde já estava o seu pai), juntamente com a restante família. Após o falecimento dos pais, regressou a Lisboa, onde teve ocasião de traçar os fundamentos da chamada Segunda Arcádia, ou Academia de Belas-Artes, que teve duração efémera. Ficou conhecido pelo epíteto de "o Cisne do Vouga". Por volta de 1801 conseguiu ser despachado para escrivão e tabelião no julgado de Mira, vila próxima de Aveiro, nunca mais voltando à capital. Em 1834, contudo, devido à nova organização judiciária, foi desapossado do referido cargo e reduzido progressivamente à indigência. Teria perecido na miséria, se não lhe valessem alguns amigos e pessoas caridosas que o ajudaram durante os muitos anos que ainda viveu, pois veio a falecer com quase 93 anos de idade, em 26.3.1856.
Escreveu: *Ode à paz* (AC, 1801).

BOCAGE, Manuel Maria de Barbosa du
Nasceu em 15.9.1765, em Setúbal. Após os primeiros estudos, assentou praça de cadete no regimento de Infantaria de Setúbal, em 1780, sendo despachado guarda-marinha para a Índia, em 1786. Em 1789, depois de promovido ao posto de tenente de Infantaria, fugiu para Macau, de onde embarcou para Lisboa, chegando à capital em 1790. Bocage foi, por algum tempo, sócio da Nova ou Segunda Arcádia, assinando as suas produções literárias com o pseudónimo de Elmano Sadino. Em 1797, acusado de ser autor de "papéis ímpios, sediciosos e satíricos", foi preso e condenado a sofrer uma correcção expiatória, ou seja, a ser doutrinado pelos padres da Congregação do Oratório. Libertado em 1798, veio a falecer em 21.12.1805.
Escreveu: *Elogio para se recitar no teatro da rua dos Condes* (AC, 1801).
Traduziu: *Canto heróico sobre as façanhas dos Portugueses na expedição de Tripoli...*, de José Francisco Cardoso de Morais (AC, 1800); *Os jardins ou a arte de aformosear as paisagens: poema*, de Delille (AC, 1800); *O consórcio das flores*, de Lacroix (AC, 1801); *As plantas: poema*, de Castel (AC, 1801).

BOTELHO, José de São Bernardino
Nasceu em 20.5.1742, em Lisboa, filho do capitão-mor e governador da fortaleza de Santo António de Gorupá, no Pará. Concluídos os seus primeiros estudos, entrou para a Congregação dos Cónegos Seculares de São João Evangelista (Loios). Exerceu durante 35 anos o ministério paroquial, inicialmente como reitor da igreja de Vilarinho de São Romão, em Celeirós, depois em Santa Maria Maior, Alijó, como prior em Santa Maria de Torres Novas, e, finalmente, como abade de

Joze de S. Bernardino.
Abbade, Refeitorario de Gouvêa.

BN/Iconografia

São João de Gondar, de onde passou, em 1802 ou 1803, para cónego da Basílica Patriarcal de Lisboa. Neste último exercício faleceu, em 23.11.1827.
Escreveu: *Ode ao feliz governo de Sua Alteza Real, o Príncipe Regente...* (AC, 1801).

BROTERO, Félix de Avelar
Nasceu em 25.11.1744, na freguesia do Tojal, termo de Lisboa. Doutor em Medicina pela Universidade de Reims e incorporado em 1791 na de Coimbra, onde lhe foi também conferido o capelo na Faculdade de Filosofia e onde desempenhou as funções de lente da cadeira de Botânica e Agricultura, na qual obteve jubilação depois de vinte anos de exercício. Foi director do Museu Real e Jardim Botânico do Palácio da Ajuda, deputado às Cortes Constituintes de 1821 e sócio da da Academia Real das Ciências de Lisboa, e bem assim membro de diversas sociedades europeias de História Natural. Faleceu em 4.8.1828, no sítio de Alcolena, em Belém, tendo sido sepultado na igreja do convento de São José de Ribamar, em Algés.
Escreveu: *Phitographia lusitaniae selectior...* (AC, 1801).

CÂMARA, Manuel Arruda da
Nasceu em 1752, em Pombal, na Paraíba, então pertencente à capitania de Pernambuco. Em 1783, no convento de Goiana, professou a regra dos carmelitas calçados, com o nome de frei Manuel do Coração de Jesus. Veio para Portugal e cursou, na Universidade de Coimbra, as Faculdades de Medicina e Filosofia, sem todavia as concluir, devido às perseguições do governo contra os estudandes afeiçoados às doutrinas da Revolução Francesa, como era o seu caso. Dirigindo-se para a França, continuou os estudos de Medicina na Escola de Montpellier, pela qual recebeu finalmente o título de doutor. Nessa mesma altura impetrou da Cúria Romana o breve da sua secularização, que lhe foi conferido. Voltou para Portugal e, depois de curta demora, foi para o Brasil, onde exerceu não só a clínica médica como, graças aos seus conhecimentos de botânica e mineralogia, integrou várias comissões científicas governamentais, destacando-se aquela incumbida de dar parecer e aperfeiçoar a *Flora fluminense*, de frei José Mariano da Conceição Veloso. Auguste de Saint-Hilaire perpetuou o seu nome, criando o género botânico *Arrudea*, da família das gutíferas. Faleceu em 1810 ou 1811, em Pernambuco, de enfermidade contraída durante as investigações que realizava em lugares insalubres.
Escreveu: *Memória sobre a cultura dos algodoeiros...* (AC, 1799).

CARVALHO, António José Vieira de
Lente de Anatomia, Cirurgia e Operações no Hospital Real Militar de Vila Rica (actual Ouro Preto) e cirurgião-mor do regimento de Cavalaria regular de Minas Gerais.
Traduziu: *Observações sobre as enfermidades dos negros...,* de Dazille (AC, 1801).

CIERA, Francisco António
De origem italiana, segundo consta, e filho de Miguel António Ciera, engenheiro que exercera o magistério na Universidade de Coimbra. Quando lente da Academia Real de Marinha, foi encarregado pelo ministro Luís Pinto de Sousa

Coutinho de organizar a triangulação geral de Portugal. De colaboração com os engenheiros Carlos Frederico Caula e Pedro Folque, a tarefa foi iniciada em 1788, prosseguindo com vigor durante cinco anos, com a montagem de alguns marcos geodésicos para a definição de triângulos. Interrompidos, todavia, por longo período, em consequência, ao que parece, de críticas e intrigas, tais trabalhos só foram retomados depois da morte de Francisco António. Sua actividade científica manifestou-se também em estudos astronómicos, efectuados entre 1778 e 1787, a respeito dos quais redigiu algumas memórias, publicadas pela Academia Real das Ciências de Lisboa, da qual era sócio. Faleceu em 1814.
Traduziu, juntamente com Custódio Gomes de Vilas-Boas, o *Atlas celeste*, de Flamsteed (IR, 1804).

COSTA, Manuel Rodrigues da
Nasceu em 1754, na freguesia de Carijós, comarca de São João d'El-Rei, Minas Gerais. Comprometido com a Inconfidência Mineira de 1789, valeu-se da sua condição de presbítero secular para não sofrer pena maior do que ser remetido para Lisboa e ficar encarcerado durante quatro anos, ocupando-se então do estudo de manufacturas e indústrias. Regressado ao Brasil, acompanhado de um fabricante de panos e de um vinhateiro, fundou uma fábrica de tecidos, além de se dedicar à plantação de vinhas e oliveiras. Todos esses projectos abortaram, porém, devido à falta de apoios governamentais, e outro insucesso teve uma sua proposta apresentada ao conde de Linhares, visando o melhoramento das estradas e da navegação fluvial, bem como o incremento do povoamento dos sertões de Minas Gerais. No Brasil independente, foi deputado à Assembleia Constituinte. Faleceu em 19.1.1840, em Barbacena, Minas Gerais.
Traduziu: *Tratado da cultura dos pessegueiros* (AC, 1801).

COSTA, Vicente José Ferreira Cardoso da
Nasceu em 5.4.1765, em Salvador da Baía, filho de um desembargador portuense. Veio fazer os estudos secundários em Lisboa, frequentando as aulas da Congregação do Oratório. Em 1779 ingressou no curso jurídico da Universidade de Coimbra, recebendo o grau de doutor em 1785 e exercendo por dois anos o magistério. Dedicando-se em seguida à magistratura, chegou em 1799 a desembargador da Relação do Porto e foi encarregado de várias comissões de serviço público. Em 1810, envolvido na "Setembrisada" e acusado de ser partidário da causa de França, foi deportado para os Açores, onde se casou em 1815 e onde afinal veio a falecer, em 14.8.1834.
Escreveu: *Oração dirigida ao... Príncipe Regente de Portugal* (AC, 1800).

DAMOISEAU DE MONTFORT, Marie Charles Théodore (Barão de Damoiseau)
Astrónomo francês, nascido em 9.4.1768, em Besançon. Filho de um militar, seguiu também a carreira das armas. Emigrou durante a Revolução Francesa, tendo servido na Sardenha, no Piemonte e, finalmente, em Portugal, empregado inicialmente na Marinha, como major de Artilharia, mas passando depois para o Observatório Astronómico de Lisboa. Regressou a França em 1807, acompanhando o exército de Junot. Foi reformado em 1817 e faleceu em 6.4.1846, em Paris.
Escreveu: *Memória relativa aos eclipses de sol visíveis em Lisboa, desde 1800 até 1900...* (AC, 1801).

FERREIRA, Jerónimo de Barros
Nasceu em 3.12.1750, em Guimarães. Foi pintor e retratista, professor de desenho e pintura histórica. Faleceu em 30.10.1803.
Traduziu: *A arte da pintura*, de Du Fresnoy (AC, 1801).

FIGUEIRA, Luís
Nasceu, em 1574, em Almodôvar, no Alentejo. Jesuíta, foi algumas vezes ao Brasil, integrando missões de conversão dos índios. Em 1643, partindo de Lisboa para o Maranhão, veio a falecer no naufrágio, ocorrido entre os dias 30 de Junho e 1 de Julho, na baía do Sol.
De sua autoria, foi publicado: *Arte da gramática da língua do Brasil* (OP, 1795).

GAMA, Manuel Jacinto Nogueira da
Nasceu em 8.9.1765, em São João d'El-Rei, Minas Gerais. Bacharel formado em Matemática e Filosofia pela Universidade de Coimbra e cavaleiro professo na Ordem de Avis. Foi capitão-tenente da Armada Real e exerceu o magistério em Lisboa, como lente substituto de Matemática na Academia Real da Marinha, de 1791 até 1801, quando recebeu despacho como inspector-geral das nitreiras e fábrica da pólvora de Minas Gerais. Promovido a tenente-coronel do Corpo de Engenheiros em 1802, partiu para o Brasil em 1804, onde permaneceu, tendo sido, depois da independência, deputado à Assembleia Constituinte, senador, presidente do Tesouro Público, ministro de Estado da Fazenda, conselheiro de Estado e marechal-de-campo reformado. Agraciado com o título nobiliárquico brasileiro de marquês de Baependi. Faleceu em 15.2.1847, no Rio de Janeiro.
Traduziu: *Reflexões sobre a metafísica do cálculo infinitesimal*, de Carnot (JPCS, 1798); *Ensaio sobre a teoria das torrentes e rios...*, de Fabre e outros autores (JPCS, 1800); *Teórica das funções analíticas*, de La Grange (JPCS, 1798).

GOMES, Bernardino António
Nasceu em 29.10.1768, em Santa Maria de Paredes, concelho de Arcos de Valdevez. Frequentou o curso da Faculdade de Medicina da Universidade de Coimbra, tendo sido premiado sucessivamente durante oito anos e formando-se em 1793. Obteve pouco depois o partido de medicina de Aveiro e, em 1797, a nomeação de médico da Armada, com a graduação de capitão-de-fragata, servindo como tal até 1810, quando requereu e obteve a sua exoneração. Durante esses treze anos de serviço, desempenhou muitas e importantes comissões, tanto no continente como no ultramar (inclusive em Gibraltar). Em 1817 foi nomeado médico honorário da Real Câmara, e encarregado de acompanhar a arquiduquesa D. Leopoldina em sua viagem de Liorne para o Rio de Janeiro. Regressando depois a Lisboa, veio a falecer em 13.1.1823.
Escreveu: *Memória sobre a ipecacuanha fusca do Brasil ou cipó das nossas boticas* (AC, 1801).

GOMES, José Caetano
Nasceu na segunda metade do século XVIII. Tesoureiro-mor do Erário do Rio de Janeiro, deputado da Mesa de Inspecção daquela mesma cidade, deputado da Real Junta do Comércio, membro da Directoria-Geral dos Diamantes e sócio

honorário da Sociedade Auxiliadora da Indústria Nacional. Faleceu por volta de 1835, no Rio de Janeiro.

Escreveu: *Memória sobre a cultura e produtos da cana-de-açúcar* (AC, 1800).

GUIMARÃES, Manuel Ferreira de Araújo

Nasceu em 5.3.1777, em Salvador da Baía. Não tendo podido entrar, por falta de meios, na Universidade de Coimbra, ingressou na Real Academia de Marinha, chegando a lente de Matemática na Academia Real dos Guarda-Marinhas. Foi sócio da Sociedade Real Marítima. Voltou para a Baía em 1805, acompanhando o conde da Ponte, então seu protetor. Por influência do conde de Linhares foi transferido para o Corpo de Engenheiros, como capitão, alcançando posteriormente o grau de brigadeiro, com o qual se reformou, exonerando-se também nessa ocasião de outros cargos que exercia, como os de deputado da Junta da Academia Militar e de director da Imprensa Régia do Rio de Janeiro. Após a independência do Brasil, para a qual contribuiu activamente, foi deputado à Assembleia Constituinte. Faleceu em 24.10.1838, no Rio de Janeiro.

Traduziu: *Curso elementar e completo de matemáticas puras,* de La Caille (JPCS, 1800); *Tratado elementar da análise matemática,* de Cousin (JPCS, 1802).

JULIÃO, Carlos

Nasceu por volta de 1738, em Turim, no Piemonte. Militar de carreira, veio para Lisboa em 1763, quando o conde de Lippe comandava o Exército português. Em 1774 embarcou para a Índia, onde permaneceu durante cerca de seis anos e meio. Em 1789, já regressado ao Reino e morando em Oeiras, solicitou o hábito da Ordem de Avis, sendo-lhe deferido, com a concessão de uma tença. Sabe-se que esteve também no Brasil, em Macau e em Mazagão, e que produziu manuscritos com ilustrações da sua própria lavra. Em 1801 era sargento-mor (posto correspondente ao de actual major), com exercício no Arsenal Real do Exército, e em 1807 foi nomeado inspector do mesmo Arsenal, no impedimento de Napione (ver adiante). Chegou a ser coronel e foi reformado, em 1811, como brigadeiro.

Traduziu: *Experiências e observações sobre a liga dos bronzes...,* de Napione (AC, 1801).

LEME, António Pires da Silva Pontes

Nasceu em Mariana, Minas Gerais, em 1757. Formado em Matemática pela Universidade de Coimbra, exerceu a função de lente da Academia Real de Marinha, chegando a capitão-de-fragata da Armada Real. Foi cavaleiro professo na Ordem de Avis e sócio da Academia Real das Ciências de Lisboa. Fez parte da missão de demarcação das fronteiras do Brasil, que se seguiu ao Tratado do Pardo. Em 1798 foi indigitado por D. Rodrigo de Sousa Coutinho para governador da capitania do Espírito Santo. Faleceu em 1806, no Brasil.

Traduziu: *Construção e análise de proposições geométricas...,* de Atwood (JPCS, 1798).

LIMPO, Manuel do Espírito Santo

Nasceu em Olivença, quando então na posse de Portugal. Tenente-coronel do Corpo de Engenheiros, capitão-de-fragata da Armada Real, lente de Matemática

e Navegação na Academia Real de Marinha e director do Observatório Astronómico da mesma Academia. Foi também sócio da Academia Real das Ciências de Lisboa. Faleceu em 29.10.1809, em Lisboa.
Traduziu: *Ensaio de táctica naval*, de Clerk (AC, 1801).

LISBOA, José da Silva
Nasceu em 16.7.1756, em Salvador da Baía, filho de um arquitecto lisboeta. Veio concluir os seus cursos preparatórios em Portugal, matriculando-se em 1774 nos cursos jurídicos e filosóficos da Universidade de Coimbra, pela qual, em 1779, se formou em Cânones. Regressou a Salvador como professor de Filosofia Racional e Moral, e, posteriormente, ensinou também Grego. Retornou a Portugal em 1797, publicando em Lisboa a sua primeira obra de direito mercantil e economia política, além de obter a sua jubilação do magistério e o cargo de deputado da Mesa da Inspecção da Agricultura e Comércio de Salvador da Baía. Em 1807 acompanhou a família real para o Brasil, e graças aos seus argumentos devem os brasileiros a carta régia de 1808, que franqueava os portos daquele continente às nações amigas de Portugal (considerado o primeiro passo para a independência). Em 1815 foi nomeado censor do Desembargo do Paço e encarregado do exame de todas as obras destinadas à imprensa. No Brasil independente, foi eleito deputado à Assembleia Constituinte, chegando depois a senador. Escritor prolífico e orador talentoso, foi também comendador de várias ordens honoríficas e desembargador aposentado no Supremo Tribunal de Justiça. Agraciado com o título nobiliárquico brasileiro de visconde de Cairú. Faleceu em 20.8.1835, no Rio de Janeiro.
Escreveu: *Princípios de direito mercantil e leis de marinha...* (AC, 1801).

MACEDO, José Agostinho de
Nasceu em 11.9.1761, em Beja. Foi primeiramente eremita agostiniano, tendo professado em 1778, no convento de Nossa Senhora da Graça de Lisboa, tomando o nome de frei José de Santo Agostinho. Sem vocação, porém, para a vida claustral, foi expulso por sentença conventual em 1792, mas interpôs vários recursos e conseguiu da Santa Sé um breve de secularização para passar a presbítero secular, o que teve ocasião em 1794. Exerceu durante muitos anos, em Lisboa, o ministério do púlpito, levando a primazia aos seus congéneres. Foi pregador régio, nomeado em 1802, e censor do ordinário, entre 1824 e 1829. Era sócio da Arcádia de Roma e, em Lisboa, da efémera Academia de Belas-Artes, também conhecida como Nova ou Segunda Arcádia, onde usou o pseudónimo de Elmiro Tagídeo. Foi deputado às Cortes ordinárias de 1822 e, finalmente, substituto cronista do reino, por nomeação de D. Miguel, em 1830. Faleceu em 2.10.1831, em Pedrouços, tendo sido sepultado na igreja do convento de Nossa Senhora dos Remédios, no largo do Rato.
Escreveu: *Contemplação da Natureza: poema...* (AC, 1801).

MACHADO, Martim Francisco Ribeiro de Andrade
Nasceu em 1775, em Santos, São Paulo. Era irmão de António Carlos Ribeiro de Andrade Machado da Silva e Araújo (ver antes) e do denominado "Patriarca da Independência", José Bonifácio de Andrada e Silva. Formou-se em Matemática pela Universidade de Coimbra. Regressando ao Brasil, foi inspector das minas e

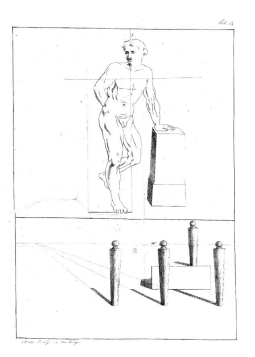

[Cat. n.º 43]

matas da capitania de São Paulo, função que exerceu durante vinte anos. No Império brasileiro, foi deputado à Assembleia Constituinte e várias vezes membro das assembleias gerais legislativas, bem como ministro e secretário de Estado da Fazenda. Faleceu em 23.2.1844, em Santos, São Paulo.

Traduziu: *Manual do mineralógico...*, de Bergman, 2 vol. (JPCS/ARG, 1799-1800); *Tratado sobre o cânhamo*, de Marcandier (STF, 112).

MELO, José Rodrigues de

Nasceu no Porto. Padre jesuíta, foi para Roma em 1759, onde permaneceu alguns anos, seguindo depois para o Brasil. Considerado grande latinista e poeta, faleceu posteriormente a 1822, em Salvador da Baía.

Escreveu: *De rebus rusticis brasilicis carminum*, publicado juntamente com *De sachari opificio singulare carmen...*, de Prudêncio do Amaral (JPCS, 1798).

MENDONÇA, Hipólito José da Costa Pereira Furtado de

Nasceu em 13.8.1774, na Colónia do Sacramento, então sob o domínio português. Veio para Portugal, onde cursou Direito e Filosofia, na Universidade de Coimbra, tomando o grau de bacharel. De 1798 a 1800 esteve nos Estados Unidos da América, como encarregado de negócios, aproveitando para se dedicar também ao estudo da agricultura, sobretudo do cultivo do cânhamo e do tabaco. De volta a Portugal, foi nomeado em 1801 deputado literário da Junta da Impressão Régia, e nesse exercício partiu para Londres, incumbido por D. Rodrigo de Sousa Coutinho de tratar de diversos assuntos, entre os quais a aquisição de máquinas e de livros. Mal regressou a Lisboa, porém, foi preso em fins de Julho de 1802 sob a acusação de ser *maçon*, o que ele próprio confirmou; após três anos de detenção, conseguiu todavia evadir-se dos cárceres da Inquisição, retornando a Inglaterra após inúmeras peripécias. Em Londres, onde fundou uma loja maçónica, viveu o resto da sua vida, empregando-se sobretudo no ensino das várias línguas em que era versado e na redacção do periódico *O Correio Brasiliense*, proibido em Portugal e considerado uma das publicações que mais contribuíram para a independência do Brasil. Em virtude deste último facto, Hipólito foi nomeado agente do Brasil imperial junto à corte de Londres, mas faleceu pouco depois, em Kensington, em 11.9.1823.

Escreveu: *Descrição da árvore açucareira e da sua utilidade e cultura...* (AC, 1800); *Descrição de uma máquina para tocar a bomba a bordo dos navios...* (AC, 1800). Traduziu: *Memória sobre a broncocele ou papo da América setentrional*, de Barton (AC, 1801); *História breve e autêntica do Banco de Inglaterra...*, de Fortune (AC, 1801); *Ensaios políticos, económicos e filosóficos*, de Benjamin Thompson, conde de Rumford (AC, 1801).

MENESES, José Joaquim Viegas

Nasceu em 1778, em Vila Rica (actual Ouro Preto), Minas Gerais. Estudou em Mariana e em São Paulo, ordenando-se presbítero secular. Viajou para Portugal em 1797, e na Oficina do Arco do Cego adquiriu conhecimentos sobre as técnicas da gravura e da tipografia. Regressou ao Brasil antes de 1806, data em que realizou a impressão de um opúsculo, utilizando chapas de cobre, em Vila Rica. Nesta mesma localidade faleceu, em 1.7.1841.

Traduziu: *Tratado da gravura a água-forte e a buril...*, de Bosse (AC, 1801).

MORAIS, Inácio Paulino de
Traduziu: *Compêndio de agricultura...*, 5 vol. (AC/ROT, 1801-1803).

MORAIS, José Francisco Cardoso de
Nasceu em 23.4.1761, em Salvador da Baía. Fez no Brasil os seus estudos de Humanidades, seguindo depois para Portugal. De regresso a Salvador, foi nomeado professor régio de Língua Latina. Poeta inspirado e grande apreciador dos vates da antiguidade, compôs muitas poesias em latim e em português. Faleceu em 1842 ou 1843.
Escreveu: *De rebus a Lusit. ad Tripolim virilit. gestis carmen*, traduzida por Bocage (AC, 1800).

NAPIONE, Carlo Antonio Galeani, dito Napion
Nasceu em 1756, em Turim, no Piemonte. Na sua pátria, como major do Corpo Real de Artilharia, combateu contra os Franceses, e veio para Portugal em 1800, a convite de D. Rodrigo de Sousa Coutinho. Foi tenente-general, conselheiro do Conselho Supremo Militar e de Justiça, inspector-geral de Artilharia no Arsenal do Exército e sócio da Real Academia das Ciências. Trabalhou na reconstrução do edifício da fábrica de pólvora de Barcarena e tinha vastos conhecimentos de química, metalurgia e mineralogia. Em 1807, acompanhou a família real para o Brasil e faleceu em 24.6.1814, no Rio de Janeiro.
Escreveu: *Experiências e observações sobre a liga dos bronzes...*, traduzida por Carlos Julião (AC, 1801).

NAVARRO, José Gregório de Morais
Nasceu em Minas Gerais. Bacharel formado em Direito Civil, pela Universidade de Coimbra, foi o primeiro juiz-de-fora da vila de Paracatu do Príncipe, cabendo--lhe "inaugurá-la" em 1798.
Escreveu: *Discurso sobre o melhoramento da economia rústica do Brasil...* (STF, 1799).

PEREIRA, João Manso
Nasceu em Minas Gerais ou no Rio de Janeiro. Nesta última cidade, foi professor régio emérito de Gramática Latina, e como membro da Sociedade Literária do Rio de Janeiro, foi acusado e preso na devassa de 1794, mas logo solto como inocente. Autodidacta em Ciências Naturais, foi empregado por ordem do governo, durante certo tempo, em investigações mineralógicas na então província de São Paulo. Além disso, foi fabricante de diversos produtos, como vinho, açúcar, aguardente, bem como exercitava os seus dotes de artesão, produzindo vários objectos com matérias-primas brasileiras, que oferecia depois a individualidades, como o vice--rei D. Luís de Vasconcelos e Sousa ou D. João VI. Faleceu em 20.8.1820, no Rio de Janeiro.
Escreveu: *Cópia de uma carta sobre a nitreira artificial...* (AC, 1800); *Cópia da continuação de uma carta sobre a nitreira artificial...* (AC, 1800).

PINHEIRO, José Feliciano Fernandes
Nasceu em 9.5.1774, em Santos, São Paulo. Cursou Direito na Universidade de Coimbra, onde, em 1798, tomou o grau de bacharel em Cânones. Apenas

formado, foi despachado para o estabelecimento literário do Arco do Cego, onde realizou, entre outros trabalhos, traduções de obras em inglês. Regressou ao Brasil em 1800, como juiz das Alfândegas do Rio Grande do Sul, e no ano seguinte recebeu a patente de auditor-geral de todos os regimentos dessa parte do Brasil. Eleito deputado às Cortes portuguesas de 1821, chegou a tomar assento, mas proclamada a independência do Brasil, regressou, tornando-se deputado à Assembleia Constituinte e, em seguida, o primeiro presidente da província do Rio Grande do Sul. Em 1825 foi ministro de Estado dos Negócios do Império e, em 1826, senador. Um dos fundadores do Instituto Histórico e Geográfico Brasileiro, foi o seu primeiro presidente, sendo também vice-presidente da Sociedade Auxiliadora da Indústria Nacional, bem como membro de muitas outras corporações científicas e literárias da Europa. Agraciado com o título nobiliárquico brasileiro de visconde de São Leopoldo. Faleceu em 6.7.1847, em Porto Alegre, Rio Grande do Sul.

Escreveu: *História nova e completa da América* (AC, 1800).
Traduziu: *Cultura americana...*, vol. 1.º (ARG, 1799); *Discursos apresentados à Mesa da Agricultura, sobre vários objectos...* (AC, 1800); *Colecção de memórias sobre os estabelecimentos de humanidade: n.º 1 – Relações circunstanciadas sobre um estabelecimento formado em Munique a favor dos pobres*, de Benjamin Thompson, conde de Rumford (AC, 1801); *Sistema universal de história natural...* (AC, 1801).

ROCHA, José Monteiro da

Nasceu em 1734, em Canavezes. Professor de Matemática e ingresso na Companhia de Jesus, sabe-se que esteve no Brasil, supondo alguns autores que tenha frequentado o colégio mantido pelos jesuítas em Salvador da Baía. Por volta de 1770 estava em Portugal, tendo sido um dos homens encarregados pelo marquês de Pombal de redigir os estatutos para a reforma da Universidade de Coimbra. Requereu a jubilação em 1795, sem que tal impedisse posteriormente a sua nomeação para director perpétuo da Faculdade de Matemática e do Observatório Astronómico, bem como de continuar a exercer o cargo de vice-reitor (1783-1801). Nos primeiros anos do século XIX foi ainda escolhido para mestre do futuro D. Pedro IV, função que desempenhou até à partida da família real para o Brasil. Foi sócio da Academia Real das Ciências de Lisboa. Faleceu em 1819.

Escreveu: *Explicação da tabuada náutica para o cálculo das longitudes* (AC, 1801).

SILVA, José Ferreira da

Nasceu em Sabará, Minas Gerais. Com base em escritos que deixou, pressupõe-se que seria formado em Medicina.

Traduziu: *História dos principais lazaretos da Europa...*, de Howard (AC, 1800); *Método com que se governa o Estado de Ragusa e Dalmácia...* (AC, 1800); *Manual prático do lavrador...*, de Chabouillé (AC, 1801); *Observações sobre a propriedade da quina do Brasil*, de Comparetti (AC, 1801); *A arte da porcelana...*, do conde de Milly (IR, 1806); *Arte de louceiro...* (IR, 1807).

SILVEIRA, Tristão Álvares da Costa

Nasceu em Elvas. Doutor pela Universidade de Coimbra, em 1795, cuja Faculdade de Matemática cursou à custa da Casa Pia de Lisboa, onde tinha sido educado. Foi lente da Academia dos Guarda-Marinhas de Lisboa, capitão-tenente da Armada Real e major do Corpo de Engenheiros. Era sócio da Academia Real das Ciências de Lisboa. Foi regente da cadeira de Cálculo, da Universidade de Coimbra, desde 1801 até 1811, quando faleceu.

Escreveu: *Lições de cálculo diferencial ou método directo das fluxões* (AC, 1801).

Sousa, Gabriel Soares de

Consta ter nascido por volta de 1540, em Portugal. Foi para o Brasil pelos anos de 1565-69, estabelecendo-se como colono na Baía, onde casou e se tornou senhor de engenho e vereador da câmara municipal. Somente em 1584 regressou à Europa, para solicitar da Coroa várias concessões que o habilitassem à descoberta e posse de minas situadas nas cabeceiras do rio São Francisco, despachos que obteve apenas em 1590. No ano seguinte retornou ao Brasil, conduzindo 360 colonos e 4 religiosos carmelitas. Apesar de sofrer um naufrágio na costa de Sergipe, em que perdeu alguma gente, conseguiu alcançar a Baía, onde logo deu início à sua expedição. Depois, porém, de ter avançado cem léguas pelo rio São Francisco acima, pereceu de moléstia devida à insalubridade do sítio. A sua obra sobre o Brasil permaneceu inédita por mais de dois séculos, sendo mérito de frei José Mariano da Conceição Veloso o imprimir excertos dela, pela primeira vez, na Oficina do Arco do Cego.

De sua autoria, foi publicado: *Descrição geográfica da América portuguesa* (AC, 1800).

[Cat. n.º 43]

Sousa, José Carlos Pinto de

Consta que se formou em Direito pela Universidade de Coimbra, tendo servido depois em cargos de magistratura no ultramar.

Escreveu: *Biblioteca histórica de Portugal e seus domínios ultramarinos* (2 ª ed. AC, 1801).

Sousa, Paulo Rodrigues de

Traduziu: *Arte do carvoeiro ou método de fazer carvão de madeira,* de Duhamel du Monceau (AC, 1801).

Teles, Vicente Coelho de Seabra Silva

Nasceu em 1764, em Congonhas do Campo, Minas Gerais. Formou-se em Filosofia pela Universidade de Coimbra, mas quando ainda era estudante escreveu um compêndio de química, cujo primeiro volume publicou antes da sua formatura, o que lhe propiciou ser admitido como sócio na Academia Real das Ciências de Lisboa. Ademais, por carta régia de 1791, foi despachado demonstrador de Química, recebendo o grau de doutor e sendo incorporado, sem defender tese nem fazer exame privado, no quadro dos docentes da referida universidade, onde assumiu depois as funções de lente substituto das cadeiras de Zoologia, Mineralogia, Botânica e Agricultura. Chegou a ser um abastado fazendeiro no Brasil, mas faleceu em Março de 1804, antes de completar 40 anos de idade.

Escreveu: *Memória sobre a cultura do arroz em Portugal e suas conquistas...* (AC, 1800); *Memória sobre os prejuízos causados pelas sepulturas dos cadáveres nos templos...* (AC, 1800); *Nomenclatura química portuguesa, francesa e latina* (AC, 1801).

TRAVASSOS, Francisco de Paula
Nasceu por volta de 1764, em Elvas. Doutor em Matemática e lente substituto da mesma Faculdade, na Universidade de Coimbra. Foi também lente de Matemática na Academia Real de Marinha de Lisboa, capitão-tenente da Armada Real e coronel do Corpo de Engenheiros. Sócio efetivo e director de classe na Academia Real das Ciências de Lisboa, além de secretário da Sociedade Real Marítima e Geográfica. Faleceu em 6.7.1833, em Lisboa.
Publicou as *Tábuas para o cálculo da longitude geográfica...* (ROT, 1803).

VILAS-BOAS, Custódio Gomes de
Nasceu em 1744, em Guimarães ou Barcelos. Formou-se em Matemática pela Universidade de Coimbra, em 1782. Foi cavaleiro da Ordem de Cristo, brigadeiro de Artilharia, lente de Matemática jubilado na Academia Real de Marinha e governador da praça de Valença. Foi também sócio da Academia das Ciências de Lisboa. Morreu em 6.4.1808.
Traduziu, juntamente com Francisco António Ciera, o *Atlas celeste,* de Flamsteed (IR, 1804).

BIBLIOGRAFIA

BLAKE, Augusto Vitorino Alves do Sacramento
    Diccionario bibliographico brazileiro. – Rio de Janeiro: Typ. Nacional, 1883-1902. – 7 vol.
CANABRAVA, Alice P.
    "João António Andreoni e sua obra", in ANDREONI, João António (André João Antonil) - Cultura e Opulência do Brasil. – São Paulo: Companhia Editora Nacional, s.d. - (col. "Roteiro do Brasil", vol. 2).
DICIONÁRIO de história da Igreja em Portugal / direcção de António Alberto Banha de Andrade. – Lisboa : Editorial Resistência, imp. 1980. – Em publicação.
DICIONÁRIO de História de Portugal / direcção de Joel Serrão. – Porto: Livraria Figueirinhas, [1985]. – 6 vol.
LEITE, Serafim
    História da Companhia de Jesus no Brasil. – Rio de Janeiro: Instituto Nacional do Livro, 1949.
LIMA, Henrique de Campos Ferreira
    "Carlos Julião", in Boletim do Arquivo Histórico Militar, vol. 11º. – Vila Nova de Famalicão: s.n., 1941.
MACEDO, Joaquim Manuel de
    Anno Biographico Brazileiro. – Rio de Janeiro: Typographia e Lithographia da Imprensa do Instituto Artistico, 1876. – 3 vol.
MACHADO, Cirilo Volkmar
    Collecção de memorias, relativas às vidas dos pintores, e escultores, architetos, e gravadores portuguezes... – Lisboa: Imp. de Victorino Rodrigues da Silva, 1823.
MADAHIL, António Gomes da Rocha
    Notícia do "Estro do Bingre". - Separata do Arquivo do Distrito de Aveiro, nº 29. – Coimbra: Coimbra Editora, 1963.
NOUVELLE biographie générale / sous la direction de M le Dr. Hoefer. – Paris: Firmin Didot Frères, 1892. – 46 vol.
SILVA, Inocêncio Francisco da, et al.
    Diccionario bibliographico portuguez : estudos... aplicáveis a Portugal e ao Brasil. – Lisboa: Imprensa Nacional, 1858-1958. – 23 vol.
TABORDA, José da Cunha
    Regras da arte da pintura... – Lisboa: Impressão Regia, 1815.
VARNHAGEN, Francisco Adolfo de
    História geral do Brasil. – São Paulo: Edições Melhoramentos : Instituto Nacional do Livro, 1975. — 5 vol.
VELHO SOBRINHO, J. F.
    Dicionário bio-bibliográfico brasileiro. – Rio de Janeiro: Ministério da Educação, 1937-1940.

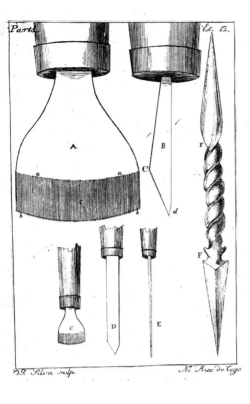

GRAVADORES*

ANA PAULA TUDELA

ANTÓNIO JOSÉ QUINTOS

[Último quartel do Séc. XVIII —?].

Foi aluno da antiga Casa Pia.

A partir de Fevereiro de 1801 juntou-se ao corpo de gravadores do Arco do Cego.

O seu nome aparece também na lista dos iluminadores da casa.

Assina tanto «Quintos», como «Quinto».

Passa para a Impressão Régia, quando a Casa Literária do Arco do Cego é ali integrada, surgindo, a partir de Janeiro de 1802, nas respectivas folhas de despesa.

Obras do Catálogo: 12, 36, 44, 66.

ANTÓNIO JOSÉ CORREIA (VIEIRA?)

Aparece registado no livro *Continuação das despezas dos trabalhos litterarios*, a partir de Abril de 1800, como gravador figurista.

Existem dois «Correias» no Arco do Cego, este e Nicolau José Correia. O segundo surge, porém, no referido livro, desde Junho de 1799.

A partir de Janeiro de 1802, consta, nas folhas de despesa da Impressão Régia, um António José Correia Vieira. Uma pista a seguir para compreender as duas formas como este artista assina: "Correia Vieira" e "Vieira", distinguindo-se assim do já referido Nicolau José Correia.

Obras do Catálogo:

Correia Vieira: 76.

Vieira: 14, 77.

Correia: 18, 105, 137 - (possível autoria).

ANTÓNIO MARIA OLIVEIRA

Fez parte do corpo de gravadores da Casa Literária do Arco do Cego, a partir de Abril de 1800, como candidato a gravador arquitecto, segundo consta na *Lista de todas as pessoas...* da Casa.

No livro *Continuação das despesas* aparece sempre como António Maria ou António Maria Oliveira. Nas gravuras assina «Oliv.ª».

---

* As biografias aqui apresentadas fazem parte de um trabalho em curso, coordenado por Miguel Faria, a desenvolver no ciclo de conferências programado para Janeiro de 2000, na Universidade Autónoma de Lisboa.

Com a integração da Tipografia Calcográfica e Tipoplástica, na Impressão Régia, o gravador passa a constar nas respectivas folhas de despesa.

Entre os discípulos de Bartolozzi aparece um António Maria de Oliveira Monteiro, natural de Lisboa (1785-1845), que não pudemos apurar ser o mesmo das oficinas do Arco do Cego.

Obras do Catálogo: 17, 77.

BERNARDINO DE SENA

Entrou para a Oficina Literária do Arco do Cego em Junho de 1799, constando na *Lista de todas as pessoas...* como gravador de paisagem e ornato. É um dos dez artistas enunciados no «Mapa de Trabalho dos Gravadores» do Arco do Cego. Segundo o livro *Continuação das despezas dos trabalhos litterarios*, gravou chapas da «Fábrica do Ferrol», da «Rega dos Campos» e do «Engenho de Jerónimo Vieira». Não encontrámos, contudo, estampas com a sua assinatura nas obras identificadas.

Em Junho de 1801, aparece no livro *Continuação das despezas* do Arco do Cego, pela última vez.

Não localizámos, nas fontes impressas e na bibliografia de referência sobre a matéria, nenhuma citação sobre este artista.

Obras do Catálogo: Não assinou gravuras das obras do catálogo.

CONSTANTINO COSTA OLIVEIRA

Aparece pela primeira vez no livro *Continuação das despezas* da Casa Literária do Arco do Cego em Maio de 1800.

A primeira chapa que abriu, segundo o próprio artista subscreve na gravura, foi «A Sultana», pela qual lhe foi atribuído um prémio de 12$800 reis, em 25 de Agosto de 1801.

Obras do Catálogo: 77.

DANIEL OKEEFFE

Este gravador aparece no livro *Continuação das despezas* da Tipografia do Arco do Cego em Setembro de 1801, a ganhar 800 reis por dia.

Em Fevereiro de 1802, o artista consta da «Folha de despeza que fez a Impressão Regia... com a extinta Caza Litteraria do Arco do Cego». Não aparece citado nas fontes impressas, nem nas bibliografias de referência sobre a matéria.

Obras do Catálogo: Não assinou gravuras das obras do catálogo.

DIOGO JOSÉ REBELO

Foi discípulo da Aula de Gravura da Impressão Régia.

Em Novembro de 1799 juntou-se à Aula de Joaquim Carneiro da Silva, na Casa Literária do Arco do Cego, onde teve o estatuto de gravador de paisagem e ornato.

A sua assinatura aparece num grande número de estampas, realizando trabalhos variados de gravura.

Em 1802 continua agregado ao grupo proveniente da extinta Casa do Arco do Cego, como se pode ver nas folhas de despesa da Impressão Régia.

Obras do Catálogo: 16, 28, 32, 38, 58, 65, 66, 67, 81, 108.

DOMINGOS JOSÉ DA SILVA

Natural de Lisboa, [1784 – 1863].

Em 1793, com 9 anos, frequentou a Aula de Desenho de Eleutério Manuel de Barros, que também lhe deu lições de pintura.

Aos 15 anos, em Novembro de 1799, entra para a Casa Literária do Arco do Cego, como gravador figurista, segundo a *Lista de todas as pessoas...* É um dos dez artistas enunciados no «Mapa de Trabalho» do Arco do Cego.

Durante a sua estada na Casa Literária deu-nos a conhecer trabalhos tais como gravuras de «Anacreonte», da «Flora de Londres», e desenhou e abriu o retrato de Bocage, entre outros.

Em Maio de 1802 aparece na folha das despesas da Impressão Régia com a extinta Casa.

Obras do Catálogo: Não assinou gravuras nas obras do catálogo.

FRANCISCO TOMÁS DE ALMEIDA

Natural de Lisboa, [1778 – 1866].

Aprendeu desenho na Aula da Fundição e foi aluno de Joaquim Carneiro da Silva, na Casa Literária do Arco do Cego, onde aparece pela primeira vez, em Junho de 1799.

Foi gravador de paisagem e ornato, sendo um dos dez artistas enunciados no «Mapa de Trabalho» da casa.

Entre Janeiro e Fevereiro de 1800 abriu 5 chapas do «Mineiro Geometra», apesar dos exemplares conhecidos da obra terem sido publicados sem estampas.

Permaneceu na Casa Literária até à sua integração na Impressão Régia, em Dezembro de 1801.

Continuou a trabalhar para a Impressão Régia, segundo nos dão notícia as folhas de despesa da casa de 1802.

Posteriormente, foi um dos mais hábeis discípulos de Bartolozzi.

Obras do Catálogo: 8, 15, 18, 19, 21, 37, 38, 77, 91, 137.

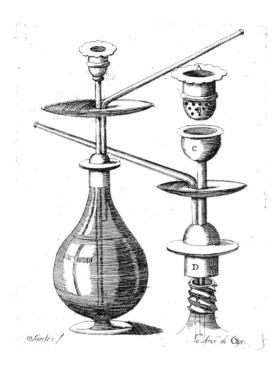

GREGÓRIO JOSÉ DOS SANTOS

Candidato a gravador figurista, entra para a Casa Literária do Arco do Cego em Abril de 1800.

Em Dezembro de 1801, quando a Casa é integrada na Impressão Régia, o artista continuou a fazer parte do corpo de gravadores sob a nova administração.

Não aparece citado nas fontes impressas, nem nas bibliografias de referência, sobre a matéria.

Obras do Catálogo: 1, 14, 17, 43, 45, 76, 77.

INÁCIO JOSÉ MARIA DE FIGUEIREDO

Junta-se ao projecto do Arco do Cego em Outubro de 1799, como gravador de paisagem e ornato.

É um dos dez artistas enunciados no «Mapa de Trabalho» da Casa.

Quando a tipografia é integrada na Impressão Régia, o gravador também transita para ali, continuando com os trabalhos iniciados no Arco do Cego.

Não aparece citado nas fontes impressas, nem nas bibliografias de referência sobre a matéria.

Obras do Catálogo: 15, 18, 21, 38, 105, 108, 137.

INÁCIO JOSÉ DE FREITAS

[? – c.1817].

Aluno do Arsenal, onde aprendeu a gravura a relevo, foi mais tarde discípulo de Joaquim Carneiro da Silva na Casa Literária do Arco do Cego, na qual entrou em Junho de 1799.

Fez parte do corpo de dez gravadores enunciados no «Mapa de Trabalho» da Casa.

Deixa de constar do livro *Continuação das despezas* do Arco do Cego em Maio de 1800, não se sabendo para onde se transferiu.

Obras do Catálogo: 35, 137.

JOÃO DA ROSA

Gravador de paisagem e ornato, a sua passagem pela Casa Literária do Arco do Cego foi fugaz. Aparece no livro *Continuação das despezas* da tipografia a partir de Abril de 1800, sendo o último registo de Novembro de1800.

O seu nome completo seria «João Tiburcio da Roza», segundo consta na *Lista de todas as pessoas…*

Não aparece citado nas fontes impressas, nem nas bibliografias de referência sobre a matéria.

Obras do Catálogo: Não assinou gravuras nas obras do catálogo.

João José Jorge

[1777 — 1835/36].

Entrou para a Casa Literária do Arco do Cego, em Novembro de 1800, com cerca de 23 anos, como candidato a gravador.

Segundo Raczynski, foi discípulo de Joaquim Carneiro da Silva, o que terá ocorrido antes da sua entrada no Arco do Cego, visto que à data o mestre já não se encontrava nesta casa.

O seu nome continuou a aparecer nas folhas de despesa da Impressão Régia, quando a Casa Literária foi integrada naquela instituição.

Obras do Catálogo: 12, 32, 43.

Joaquim Inácio Ferreira de Sousa

Natural de Lisboa, [c. 1781 — ?].

Foi discípulo de Eleutério Manuel de Barros, na Aula Pública de Desenho, em 1796.

Na Casa Literária do Arco do Cego vamos encontrá-lo, a partir de Outubro de 1799, com a designação de gravador de paisagem e ornato.

Para além da participação nas obras identificadas do Arco do Cego, aparece-nos ainda a receber 1$200 reis pela abertura de uma chapa da «Flora de Londres», em Fevereiro de 1800.

A partir de Dezembro de 1801, quando a Casa Literária é integrada na Impressão Régia, o artista continua a aparecer nas folhas de despesa da nova administração.

Obras do Catálogo: 18, 21, 38, 77, 87, 122, 137.

José Joaquim Marques

Gravador figurista, entra para a Casa Literária do Arco do Cego, em Junho de 1799.

Para além da grande quantidade de estampas abertas pelo artista, identificadas em várias obras editadas pelo Arco do Cego, aparecem ainda, nas contas da casa, vários pagamentos pela abertura de chapas da «Fábrica do Ferrol», a 6$000 e 6$400 reis cada.

Fez parte do corpo de gravadores da casa, enunciados no «Mapa de Trabalho» do Arco do Cego e ali permaneceu até à integração da tipografia na Impressão Régia, em Dezembro de 1801.

Em 1802 aparece nas folhas de despesas da Impressão Régia com a extinta Casa.

Obras do Catálogo: 15, 17, 27, 28, 32, 38, 91, 108, 137.

MANUEL LUÍS RODRIGUES VIANA

Natural de Lisboa, [1770 —?].

Em 1799, quando a Casa Literária do Arco do Cego dá início à sua actividade editorial, Viana encontrava-se no Arsenal, onde aprendeu a arte de abridor com João de Figueiredo. Entra no Arco do Cego em Junho de 1799, embora a sua assinatura apareça nas gravuras das obras editadas pelo P.ᵉ Veloso desde 1797, sendo um dos artistas destacados para o primitivo núcleo de apoio aos «trabalhos literários».

Para além de artista gravador, Viana também foi abridor de tipos.

Está entre os gravadores da casa enunciados no «Mapa de Trabalho» do Arco do Cego.

Em 1802 faz parte do corpo de gravadores da extinta Tipografia do Arco do Cego sob a administração da Impressão Régia.

Ainda estava nesta casa em 1846.

Obras do Catálogo: 19, 23, 28, 32, 35, 50, 108, 111, 126, 136, 137.

3, 22, 61, 76, 113 (possível autoria).

NICOLAU JOSÉ CORREIA

[1.ª metade do Séc. XVIII – 1814].

Foi antigo aluno da Aula da Fundição de João de Figueiredo, na Escola do Arsenal. Dali saiu, por ordem de D. Rodrigo da Sousa Coutinho, para integrar o grupo de artistas destacados para a abertura das gravuras destinadas à *Flora Fluminense* de Frei Veloso.

Foi gravador de paisagem e ornato e fez parte do corpo de gravadores da casa enunciados no «Mapa de Trabalho» do Arco do Cego.

A sua assinatura aparece nas gravuras das edições literárias de frei Veloso desde 1798.

Com a integração da Casa Literária do Arco do Cego na Impressão Régia, o artista continuou a fazer parte do corpo de gravadores da extinta Casa, até Março de 1802. Em Abril desse ano passou para o Laboratório da Fundição.

Obras do Catálogo: 76, 94, 113.

18, 76, 105, 137 (possível autoria).

PAULO DOS SANTOS FERREIRA SOUTO

Segundo a *Lista de todas as pessoas...* foi gravador arquitecto, tendo entrado para a Tipografia do Arco do Cego em Outubro de 1800.

Em Abril de 1801 aparece como «administrador da Caza» no documento «Caixa da receita, e despeza da Officina Litteraria do Arco do Cego».

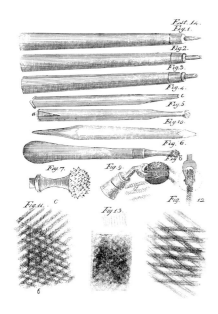

Após a integração da Casa Literária do Arco do Cego na Impressão Régia, Souto consta da folha de despesas de Fevereiro de 1802 e a partir daí perdemos-lhe o rasto.

Não aparece citado nas fontes impressas, nem nas bibliografias de referência sobre a matéria.

Obras do Catálogo: 21, 32, 43, 45, 108.

P.ᴱ Silva

Aparece a abrir algumas das estampas do *Tratado da Gravura*, de Bosse, um personagem desconhecido que assina «O P.ᵉ Silva» e «O P. Silva».

Estão registados os seus serviços para a tipografia no livro *Continuação das despezas dos trabalhos litterarios*, uma única vez.

Obras do Catálogo: 12.

Raimundo Joaquim da Costa

Natural de Lisboa, [1778 – c. 1862].

Foi discípulo de Eleutério de Barros, no desenho, e de Joaquim Carneiro da Silva, na gravura.

Em Novembro de 1799 faz parte do corpo de gravadores do Arco do Cego e aí permanece até à integração da tipografia na Impressão Régia.

Para além das chapas que abriu e que saíram nas obras da Casa Literária localizadas, aparece ainda a receber pela abertura de uma chapa de «Anacreonte», em 25 de Setembro de 1801.

Quando a Tipografia do Arco do Cego é integrada na Impressão Régia, o gravador continua a fazer parte da casa.

Em 1804 foi escolhido por Vieira Portuense para substituto de desenho da Real Academia de Marinha e Comércio do Porto.

Obras do Catálogo: 28, 35.

Romão Elói de Almeida

Entra para a Tipografia do Arco do Cego em Março de 1800, como gravador figurista.

Acumulou ainda as funções de «director de gravura», como nos é transmitido no recibo n.º 4, de 2 de Abril de 1801, do documento «Caixa de Receita e Despeza».

Durante a sua estada no Arco do Cego ilustrou um grande número de obras, das mais variadas áreas temáticas.

BN/Iconografia

Quando a Casa Literária é integrada na Impressão Régia, Romão Elói continua a constar das folhas de despesa da tipografia. O artista, porém, com a integração, perdeu o estatuto de director, razão que o levou, em 1807, a pedir o cargo de abridor supra-numerário da Moeda do Rio de Janeiro.

Obras do Catálogo: 1, 4, 16, 24, 28, 38, 51, 57, 68, 76, 108.

ROMÃO J. ABRANTES

Candidato a gravador figurista, entrou para a Tipografia do Arco do Cego em Outubro de 1800, onde permaneceu até à sua extinção, em Dezembro de 1801. A partir de Fevereiro de 1802, o gravador aparece citado nas folhas de despesa da Impressão Régia.

Obras do Catálogo: 38, 77.

TEODORO ANTÓNIO DE LIMA

Natural de Lisboa, [c. 1780 – c. 1847].

Foi discípulo de Figueiredo e abridor de cunhos no Arsenal.

Em Junho de 1799 trabalhava na Tipografia do Arco do Cego, estando entre os dez gravadores de paisagem e ornato da casa.

Quando em 1802 a Casa Literária é integrada na Impressão Régia, o artista também para ali transita.

Ainda nesse mesmo ano, começa a frequentar as aulas de Bartolozzi, tornando--se um dos seus melhores discípulos.

Depois disso foi professor substituto da Aula do Colégio dos Nobres e posteriormente professor do Colégio Militar, estabelecido no antigo convento de Rilhafoles.

Praticou dois métodos de gravura: o buril e o ponteado.

Obras do Catálogo: 18, 108.

VENTURA DA SILVA NEVES

Sobrinho e discípulo de Joaquim Carneiro da Silva, começou a frequentar a Aula da Impressão Régia em 1776.

Em Junho de 1799 passa para a Casa Literária do Arco do Cego. O seu nome aparece no livro *Continuação das despezas* com alguma irregularidade. É, sobretudo a partir de Maio de 1801 que a sua presença se torna mais assídua. Está registado no livro de despesas que o artista recebeu 12$800 reis por abrir duas chapas do «Reino Animal».

Quando a Casa Literária do Arco do Cego é integrada na Impressão Régia, o artista passa a constar das folhas de despesa da nova administração.

Obras do Catálogo: 89, 99, 108.

VITORIANO DA SILVA

Referido como gravador de paisagem e ornato na *Lista de todas as pessoas...*, Victoriano passou para a Fundição ou Tipoplástica assim que esta foi instalada no Arco do Cego.

O percurso deste artista na Tipografia do Arco do Cego não deixa de ser curioso. Entrou para a Casa Literária em Junho de 1799, a ganhar 100 reis por dia. Em Março de 1800 passou para 500 reis diários.

Em Fevereiro de 1801 a Fundição começou a funcionar e o artista deixou de constar da relação dos gravadores, até Abril de 1801, altura em que volta a aparecer como abridor de punções na Tipoplástica.

Nesta nova função começou a receber o salário de 800 e 950 reis diários, sucessivamente, num curto espaço de tempo.

A partir de 3 de Abril de 1802, após a integração da Casa Literária na Impressão Régia, passou a constar da lista de despesas do Laboratório da Fundição.

Obras do Catálogo: 18, 28, 38.

BIBLIOGRAFIA

Fontes Primárias:

Arquivo Histórico da Imprensa Nacional - Casa da Moeda , Fundo IN:

— *Continuação das despezas dos trabalhos litterarios encarregados por S. Alteza Real o Principe Regente Nosso Senhor ao Muito Reverende Padre Mestre Frei Joze Mariano da Conceição Vellozo...* (de Junho de 1799 a Setembro de 1801).
— «Caixa da receita, e despeza da Officina Litteraria do Arco do Cego a cargo do thezour.º Marcos Aurelio Rodrigues, desde 2 de Abril the 9 de Dezembro de 1801», in *Documentos do Caixa*, 1801.
— «Relação das dividas da Officina Chalcographica da Caza Litteraria do Arco do Cego, meses de Outubro e Novembro de 1801», in *Documentos do Caixa*, 1801.
— «Folha de despeza que fez a Impressão Regia no mez... (Janeiro a Junho de 1802), com a extinta Caza Litteraria do Arco do Cego», in *Documentos do Caixa*, 1802.
— «Conta dos dias a receber do mestre abridor de punções Caetano Teixeira Pinto, encarregado do Laboratório da Fundição do Arco do Cego, de Janeiro a Junho de 1802», in *Documentos do Caixa*, 1802.

Arquivo Histórico Ultramarino:

— Ministério do Reino, Maço N.º 27 — *Lista de todas as pessoas que se achão, por ordem de Sua Alteza, o Príncipe Regente Nosso Senhor, na factura das obras literarias do Arco do Cego.*
— Ministério do Reino, Maço N.º 27 — *Requerimento de Eloy de Almeida*, s.d.

Fontes Impressas:

— *Documentos para a História da Arte em Portugal, Arquivo Histórico Ultramarino, Núcleo de Pergaminhos e Papéis dos Séculos XVII a XIX*, Lisboa, F. C. Gulbenkian, 1972.
— MACHADO, Cyrillo Volkmar — *Collecção de Memorias Relativas às Vidas dos Pintores, e Escultores, Architetos, e Gravadores Portuguezes, e dos Estrangeiros, que estiverão em Portugal*, Lisboa, Imp. de Vitorino Rodrigues da Silva, 1823.
— RACZYNSKI, conde de — *Dictionnaire Historico-Artistique du Portugal*, Paris, Jules Renouard et C.ie, 1847.
— *Gazeta de Lisboa*, nº 113, Lisboa, Impressão Régia, 1817.

Bibliografia de Referência:

— CHAVES, Luís — *Subsídios para a História da Gravura em Portugal*, Coimbra, s.n., 1927.
— FORJAZ, Jorge Pamplona – «História e Técnica da Gravura Artística (Bibliografia Analítica)», separata do *Boletim n.os 27/28 de 1969/70*, Angra do Heroísmo, Jan/1978.
— SOARES, Ernesto — *Francisco Bartolozzi e os Seus Discípulos em Portugal*, Gaia, Ed. Apolino, 1930.
— SOARES, Ernesto — *Gregório Francisco de Assis e Queiroz, Gravador Português do Século XIX (Elementos Biográficos)*, Lisboa, Imprensa Limitada, 1928.
— SOARES, Ernesto — *História da Gravura em Portugal: Os Artistas e as suas Obras*, Tomos I e II, Lisboa, 1940.
— VASCONCELOS, A. Tibúrcio — «Colecção de Estampas e Índice de Gravadores», Separata da *Revista de Guimarães*, Guimarães, s.d.

TINTURARIA
COCHONILHA

Viana f. no Arco do Cego.

ÍNDICES

ÍNDICE ONOMÁSTICO

AUTORES PRINCIPAIS E SECUNDÁRIOS

ABREU, Jerónimo Vieira de
1

ACCIOLI, José de Sá Betencourt
84

ADET
73

ALMEIDA, António de
85

AMARAL, Prudêncio do
113

ANDRADE, António Carlos Ribeiro de
ver
ARAÚJO, António Carlos Ribeiro de Andrade
Machado da Silva e

ANDRADE, José Maria Dantas Pereira de
2, 86, 132

ANDRADE, Martim Francisco Ribeiro de
ver
MACHADO, Martim Francisco Ribeiro de Andrade

ANDREONI, João António
ver
ANTONIL, André João

ANTONIL, André João, pseud.
3

ARAGÃO, Francisco de Faria e
4, 5

ARAÚJO, António Carlos Ribeiro de Andrade Machado da Silva e
22, 35, 99, 128

ARAÚJO, Luís António de
6

ARRÁBIDA, António da
139

ATWOOD, George
88

BARBUT, Jacques
89

BARTON, Benjamin Smith
7

BAYARD, Ildefonso Leopoldo
40

BELIDOR
105

BERCHTOLD, Leopoldo de
90

BERGMAN, Torbern
91

BERTHOLLET, Claude Louis, conde de
8, 92

BERTRAND, Philippe
9

BETENCOURT, José de Sá
ver
ACCIOLI, José de Sá Betencourt

BETENDORF, João Filipe
93

BINGRE, Francisco Joaquim
10

BOCAGE, Manuel Maria de Barbosa du
11, 16, 26, 42, 53

BOSSE, Abraham
12

BOSSUT
105

BOTELHO, José de São Bernardino
13

BROTERO, Félix de Avelar
14

CÂMARA, Manuel Arruda da
15

CARDOSO, José Francisco
ver
MORAIS, José Francisco Cardoso de

CARNOT, Lazaro Nicolas Margueriti
94

CARVALHO, António José Vieira de
25

CASTEL, René Richard Louis de
16

CHABOUILLÉ
17

CHAPTAL, Jean Antoine
95, 96

CIERA, Francisco António
108

CLERK, John
18

COMPARETTI, André
20

COSTA, Manuel Rodrigues da
77

COSTA, Vicente José Ferreira Cardoso da
23

COUSIN, Jacques Antoine Joseph
98

DAMOISEAU DE MONTFORT, Marie Charles Théodore, barão de Damoiseau
24

DAZILLE, Jean Barthélemy
25

DE GENSSANE
100

DELILLE, Jacques
26

DICKSON, James
27

DOYLE, Henry
29

DU FRESNOY, Charles Alphonse
30

DUHAMEL DU MONCEAU
31, 103

DUPAIN
104

DUTRONE LA COUTURE, Jacques François
32

FABRE
105

FALKONER, D. G.
33

FERBER
91

FERREIRA, Jerónimo de Barros
30

FIGUEIRA, Luís
107

FLAMSTEED, John
108

FORTIN
108

FORTUNE, Thomas
34

FULTON, Robert
35

GAMA, Manuel Jacinto Nogueira da
105, 110

GOMES, Bernardino António
36

GOMES, José Caetano
37

GUIMARÃES, Manuel Ferreira de Araújo
98, 109

HAFFENFRATZ
73

HOFFMAN, D. Georg. Franc.
38

HOWARD, John
39

JULIÃO, Carlos
56

KNECHT, F. J.
139

LA CAILLE, Nicolas Louis de
109

LA GRANGE, Joseph Louis
110

LA METHERIE
91

LACROIX, Demétrius de
42

LAIRESSE, Gérard
43, 44, 45

LALANDE
108

LE FEBURE
111

LEME, António Pires da Silva Pontes
88

LIMPO, Manuel do Espírito Santo
18

LISBOA, José da Silva
46

MACEDO, José Agostinho de
47

MACHADO, Martim Francisco Ribeiro de Andrade
91, 112

MARCANDIER
112

MARIE
109

MARTYN, Thomas
66

MASSAC
48

MECHAIN
108

MELO, José Rodrigues de
113

MENDONÇA, Hipólito José da Costa Pereira Furtado de
7, 34, 50, 51, 75

MENESES, José Joaquim Viegas
12

MILLY, Nicolas Christien de Thy, conde de
122

MONGEZ
91

MORAIS, Inácio Paulino de
21

MORAIS, José Francisco Cardoso de
53, 54

MURET, Jean Louis
55

NAPIONE, Carlo Antonio
56

NAVARRO, José Gregório de Morais
123

PARKER, Richard
125

PATULLO
58

PEREIRA, Hipólito José da Costa Pereira
ver
MENDONÇA, Hipólito José da Costa Pereira Furtado de

PEREIRA, João Manso
59, 60, 126, 127

PEREIRA, José Maria Dantas
ver
ANDRADE, José Maria Dantas Pereira de

PERSOON, Christian Henrik
61

PINHEIRO, José Feliciano Fernandes
28, 62, 68, 74, 99

PONTES, António Pires da Silva
ver
LEME, António Pires da Silva Pontes

REGI, Francesco Maria de
105

ROCHA, José Monteiro da
65, 134

ROUSSEAU, Jean Jacques
66

RUMFORD, conde de
ver
THOMPSON, Benjamin

SAINT-CYRAN
132

SILVA, António Carlos Ribeiro de Andrade Machado da
ver

ARAÚJO, António Carlos Ribeiro de Andrade Machado da Silva e

SILVA, José Ferreira da
17, 39, 52, 87

SILVEIRA, Tristão Álvares da Costa
67

SOUSA, Gabriel Soares de
69

SOUSA, José Carlos Pinto de
70

SOUSA, Paulo Rodrigues de
31

STAUTON
133

TELES, Vicente Coelho de Seabra Silva
71, 72, 73

THEVENEAU
109

THIÉRY DE MENONVILLE
92

THOMPSON, Benjamin, conde de Rumford
74, 75

THORIO, Raphaele
76

TRAVASSOS, Francisco de Paula
65, 134

URTUBIE DE ROGICOURT, Théodore Bernard Simon Duturbisse
135

VELOSO, José Mariano da Conceição
3, 5, 9, 15, 19, 22, 27, 29, 32, 35, 37, 38, 43, 44, 45, 48, 55, 59, 60, 61, 62,
71, 72, 76, 80, 81, 82, 83, 89, 91, 92, 93, 96, 99, 100, 102, 104, 111, 112,
113, 115, 117, 118, 123, 129, 136, 137, 138, 139, 140

VIALLET
105

VILAS-BOAS, Custódio Gomes
108

ÍNDICE DE TÍTULOS

Alografia dos alcalis fixos...
136

Ao sereníssimo, piíssimo...
ver
Canto heróico sobre as façanhas dos Portugueses

Aos faustíssimos anos...
ver
Elogio para se recitar no teatro da rua dos Condes

Arte da gramática da língua do Brasil
107

Arte (A) da pintura
30

Arte (A) da porcelana...
122

Arte de louceiro...
87

Arte do carvoeiro ou método de fazer carvão de madeira
31

Atlas Celeste
108

Aviário brasílico...
80

Biblioteca histórica de Portugal e seus domínios ultramarinos
70

Breve compêndio ou tratado sobre a electricidade...
4

Cálculo das pensões vitalícias
132

Canto heróico sobre as façanhas dos Portugueses na expedição de Tripoli...
53

Cartas sobre os elementos de botânica
66

Ciência (A) das sombras relativas ao desenho
104

Colecção de memórias inglesas sobre a cultura e comércio do linho cânhamo
97

Colecção de memórias sobre a quássia amarga e simaruba
19

Colecção de memórias sobre os estabelecimentos de humanidade
74

Compêndio da doutrina cristã, na língua portuguesa e brasiliana
93

Compêndio de agricultura...
21

Compêndio sobre a cana e sobre os meios de se lhe extrair o sal essencial
32

Considerações cândidas e imparciais sobre a natureza do comércio do açúcar..
22

Consórcio (O) das flores
42

Construção e análise de proposições geométricas...
88

Contemplação da Natureza: poema...
47

Cópia da continuação de uma carta sobre a nitreira artificial...
59

Cópia de uma carta sobre a nitreira artificial...
60

Cultura americana...
99

Curso de estudos para uso do comércio e da fazenda
86

Curso elementar e completo de matemáticas puras
109

De paeto seu tabaco carminum
ver
Hymnus tabaci

De rebus a Lusit. ad Tripolim virilit. gestis carmen
54

De rebus rusticis brasilicis carminum
113

Descrição da árvore açucareira e da sua utilidade e cultura...
50

Descrição de uma máquina para tocar a bomba a bordo dos navios...
51

Descrição do branqueamento dos tecidos e fiados de linho e algodão...
8

Descrição geográfica da América portuguesa
69

Descrição sobre a cultura do cânhamo ou cânave...
103

Descriptio et adumbratio plantarum et classe criptogamica...
38

Dicionário português e brasiliano
101

Discurso prático acerca da cultura, maceração e preparação do cânhamo
102

Discurso sobre o melhoramento da economia rústica do Brasil...
123

Discursos apresentados à Mesa da Agricultura, sobre vários objectos...
28

Dissertação sobre o método mais simples e seguro de curar as feridas...
85

Elogio para se recitar no teatro da rua dos Condes
11

Ensaio de táctica naval
18

Ensaio sobre a teoria das torrentes e rios...
105

Ensaio sobre o modo de melhorar as terras
58

Ensaios políticos, económicos e filosóficos
75

Experiências e observações sobre a liga dos bronzes...
56

Explicação da tabuada náutica para o cálculo das longitudes
65

Exposição de um novo remédio curativo e preservativo da peste...
90

Extracto acerca do método de se fazer nitrato de potassa ou salitre
95

Extracto sobre o método de se preparar a potassa
106

Extracto sobre os engenhos de açúcar do Brasil...
3

Fasciculus plantarum criptogamicarum...
27

Fazendeiro (O) do Brasil criador
81

Fazendeiro (O) do Brasil [cultivador]
137

Florae fluminensis...
138

Florae fluminensis icones
139

Grande (O) livro dos pintores, ou arte da pintura...
43

Helmintologia portuguesa...
89

História breve e autêntica do Banco de Inglaterra...
34

História dos principais lazaretos da Europa...
39

História nova e completa da América
62

Hymnvs tabaci
76

Instituto dos pobres de Hamburgo
40

Instrução sobre a cultura das batatas
41

Instruções para o transporte, por mar, de árvores, plantas vivas, sementes...
140

Jardins (Os), ou a arte de aformosear as paisagens: poema
26

Lições de cálculo diferencial ou método directo das fluxões
67

Manual do mineralógico...
91

Manual prático do lavrador...
17

Meio (O) de se fazer pintor em três horas...
49

Memória cronológica dos tremores mais notáveis e irrupções de fogo...
6

Memória ou extracto sobre o salitre
135

Memória relativa aos eclipses do sol visíveis em Lisboa, desde 1800 até 1900...
24

Memória sobre a broncocele ou papo da América setentrional
7

Memória sobre a caneleira...
114

Memória sobre a cultura da urumbeba e sobre a criação da cochonilha
92

Memória sobre a cultura do arroz em Portugal e suas conquistas...
71

Memória sobre a cultura do loureiro cinamomo...
115

Memória sobre a cultura do tabaco nos Estados Unidos da América
116

Memória sobre a cultura dos algodoeiros...
15

Memória sobre a cultura e preparação do girofeiro aromático...
117

Memória sobre a cultura e produtos da cana-de-açúcar
37

Memória sobre a ipecacuanha fusca do Brasil ou cipó das nossas boticas
36

Memória sobre a moagem dos grãos...
55

Memória sobre a plantação dos algodões...
84

Memória sobre a qualidade e sobre o emprego dos adubos ou estrumes
48

Memória sobre a reforma dos alambiques...
126

Memória sobre as moléstias dos agricultores
33

Memória sobre o método económico de transportar para Portugal a aguardente do Brasil...
127

Memória sobre os prejuízos causados pelas sepulturas dos cadáveres nos templos...
72

Memória sobre os queijos de Roquefort
96

Memória sobre um projecto de pasigrafia...
2

Memória ou extracto sobre o salitre
135

Memórias e extractos sobre a pipereira negra...
118

Método com que se governa o Estado de Ragusa e Dalmácia...
52

Método de cultivar e preparar o tabaco
119

Método de cultivar o tabaco na Virgínia
120

Método de preparar a cochonilha
133

Método de se aproveitarem todas as carnes do gado vacum...
121

Mineiro do Brasil...
100

Mineiro livelador ou hidrómetra
111

Naturalista instruído...
82

Nomenclatura química portuguesa, francesa e latina
73

Notícia da sopa de Rumford...
57

Observações sobre a propriedade da quina do Brasil
20

Observações sobre as enfermidades dos negros...
25

Ode à paz
10

Ode ao feliz governo de Sua Alteza Real, o Príncipe Regente...
13

Oração dirigida ao... Príncipe Regente de Portugal
23

Paládio português e clarim de Palas...
124

Phitographia lusitaniae selectior...
14

Plantas (As): poema
16

Princípios da arte da gravura...
44

Princípios de direito mercantil e leis de marinha...
46

Princípios do desenho...
45

Propostas para formar por subscrição, na metrópole do império britânico, uma
instituição pública...
128

Quinografia portuguesa...
129

Reflexões sobre a metafísica do cálculo infinitesimal
94

Regimento de sinais para os telégrafos da Marinha...
130

Relação da cultura do tabaco na Virgínia
125

Relação das memórias apresentadas à Sociedade Real Marítima...
63, 64

Relação das moedas dos países estrangeiros...
83

Relação do modo com que desempenhou o chefe-de-divisão, Donald
Campbell...
131

Respostas dadas a algumas perguntas que fizeram sobre as novas moendas
dos engenhos de açúcar e novos alambiques
1
Sistema universal de história natural...
68

Tábuas para o cálculo da longitude geográfica
134

Tentamen dispositionis methodicae fungorum...
61

Teórica das funções analíticas...
110

Tratado da água...
9

Tratado da cultura dos pessegueiros
77

Tratado da gravura a água-forte e a buril...
12

Tratado do melhoramento da navegação por canais...
35

Tratado elementar da análise matemática
98

Tratado histórico e físico das abelhas
5

Tratado sobre a cultura, uso e utilidade das batatas...
29

Tratado sobre o cânhamo
112

Tributo de gratidão que a pátria consagra a Sua Alteza Real, o Príncipe
Regente...
78

Vassalagem (A) : cantata a três vozes...
79

ÍNDICE DE IMPRESSORES

Lisboa

Arco do Cego

    Oficina da Casa Literária do Arco do Cego
        2, 5, 13, 15, 22, 23, 35, 37, 41, 53, 60, 62, 63, 64, 71, 72, 80, 82, 83

    Tipografia Calcográfica e Literária do Arco do Cego
        1, 3, 4, 6, 17, 18, 19, 20, 26, 28, 29, 33, 34, 39, 42, 50, 51, 52, 55, 57, 59, 69 (?), 74, 77

    Tipografia Calcográfica, Tipoplástica e Literária do Arco do Cego
        7, 8, 9, 10, 11, 12, 16, 24, 25, 30, 31, 32, 36, 40, 43, 44, 45, 46 (t. 3.º, 4.º, 6.º — parte 1.ª), 47, 48, 49, 56, 58, 65, 66, 67, 68, 70, 73, 75, 78, 79, 81

    Typographia Domus Litterariae ad Arcum Caeci
        54, 61

    Typographia Domus Chalcographicae ac Litterariae ad Arcum Caeci
        27, 38, 76

    Typographia Domus Chalcographicae, Typoplasticae ac Litterariae ad Arcum Caeci
        14, 21 (vol. 1.º)

Impressão Régia
  ver
Régia Oficina Tipográfica

Oficina de António Rodrigues Galhardo
    97, 99, 100, 111, 128

Oficina de João António da Silva
    90

Oficina de João Procópio Correia da Silva
  ver
Oficina Patriarcal de João Procópio Correia da Silva

Oficina de Simão Tadeu Ferreira
    46 (t. 5.º, 7.º), 84, 92, 93, 102, 106, 112, 115, 123, 127, 131, 136, 137 (t. 1.º – parte 2.ª, t. 2.º – parte 1.ª e 2.ª, t. 3.º – parte 1.ª e 2.ª)

Oficina Patriarcal
    101, 107, 124

Oficina Patriarcal de João Procópio Correia da Silva / Oficina de João Procópio Correia da Silva / Typographia Patriarchali Joannis Procopii Correae Silvii
    88, 89, 91, 94, 95, 96, 98, 103, 104, 105, 109, 110, 113, 117, 118, 121, 126, 129, 133, 137 (t. 2.º – parte 3.ª)

Régia Oficina Tipográfica / Impressão Régia
    21 (vol. 2.º – 5.º), 46 (t. 1.º, 2.º, 6.º – parte 2.ª), 85, 86, 87, 108, 114, 122, 130, 132, 134, 135, 137 (t. 1.º – parte 1.ª, t. 3.º – parte 3.ª, t. 4.º – parte 1.ª, tomo 5.º – parte 1.ª), 140

Paris

Officina Lithographicae Senefelder
    139

Rio de Janeiro

Typographia Nationali
    138

s.l. s.n.
    116, 119, 120, 125

ÍNDICE CRONOLÓGICO

1795

101, 107

1796

124

1797

85, 90, 114, 126, 132, 133, 135

1798

84, 86, 88, 94, 95, 103, 104, 106, 110, 113, 115, 117, 118,121, 127, 136, 137 (t. 1.º, parte 1.ª ; t. 2.º, parte 1.ª)

1799

15, 63, 89, 91 (t. 1.º), 92, 96, 97, 99, 102, 112, 123, 128, 129, 131, 137 (t. 1.º, parte 2.ª ; t. 3.º, parte 2.ª)

1800

1, 2, 3, 4, 5, 13, 22, 23, 26, 27, 28, 29, 35, 37, 39, 41, 50, 51, 52, 53, 54, 55, 57, 59, 60, 61, 62, 64, 69, 71, 72, 76, 80, 82, 83, 91 (t. 2.º), 93, 105, 109, 137 (t. 2.º, partes 2.ª e 3.ª ; t. 3.º, parte 1.ª)

1801

6, 7, 8, 9, 10, 11, 12, 14, 16, 17, 18, 19, 20, 21 (vol. 1.º), 24, 25, 30, 31, 32, 33, 34, 36, 38, 40, 42, 43, 44, 45, 46 (t. 3.º; t. 4.º; t. 6.º, parte 1.ª), 47, 48, 49, 56, 58, 65, 66, 67, 68, 70, 73, 74, 75, 77, 78, 79, 81,100

1802

21 (vol. 2.º, 3.º e 4.º), 98

1803

21 (vol. 5.º), 46 (t. 2.º; t. 6.º, parte 2.ª), 111, 134

1804

87, 108, 130

1805

137 (t. 3.º, parte 3.ª; t. 4.º, parte 1.ª), 140

1806

46 (t. 1.º), 122, 137 (t. 5.º, parte 1.ª)

1808

46 (t. 5.º; t. 7.º)

1825

138

1827

139

s. d.

116, 119, 120, 125

ÍNDICE GERAL

Apresentação	*Carlos Reis*	7
Nota prévia: Da Ideia à Prática	*Fernanda Campos*	9
D. Rodrigo de Sousa Coutinho e a Casa Literária do Arco do Cego	*Diogo Ramada Curto*	15
José Mariano da Conceição Veloso (1742-1811): um frade no Universo da Natureza	*Fátima Nunes e João Brigola*	51
Um Breve Itinerário Editorial: do Arco do Cego à Impressão Régia	*Margarida Ortigão Ramos Paes Leme*	77
Mecenato Político e Economia da Edição nas Oficinas do Arco do Cego	*Manuela Domingos*	91
Da Facilitação e da Ornamentação. a Imagem nas Edições do Arco do Cego	*Miguel Faria*	107

CATÁLOGO BIBLIOGRÁFICO

Obras impressas no Arco do Cego	141
Obras impressas noutras tipografias	199

ANEXOS

Autores e tradutores portugueses e «brasileiros»	*Margarida Ortigão Ramos Paes Leme*	247
Gravadores	*Ana Paula Tudela*	261

ÍNDICES

Onomástico (autores principais e secundários)	273
De títulos	277
De impressores	281
Cronológico	282

1 002922 530008